U0003962

LOCUS

LOCUS

LOCUS

LOCUS

from

vision

from 126 不對稱陷阱
當別人的風險變成你的風險，如何解決隱藏在生活中的不對等困境
Skin in the Game
Hidden Asymmetries in Daily Life
作者：Nassim Nicholas Taleb
譯者：羅耀宗
責任編輯：吳瑞淑
封面設計：林育鋒
校對：呂佳真
出版者：大塊文化出版股份有限公司
台北市105022南京東路四段25號11樓
www.locuspublishing.com
電子信箱：locus@locuspublishing.com
讀者服務專線：0800 006 689
電話：（02）8712 3898
傳真：（02）8712 3897
郵撥帳號：1895 5675
戶名：大塊文化出版股份有限公司
法律顧問：董安丹律師、顧慕堯律師

總經銷：大和書報圖書股份有限公司
地址：新北市新莊區五工五路2號
TEL：(02) 89902588（代表號）　FAX：(02) 22901658
初版一刷：2018年11月
初版八刷：2022年12月

定價：新台幣400元
Printed in Taiwan

國家圖書館出版品預行編目資料

不對稱陷阱：當別人的風險變成你的風險，如何解決隱藏在生活中的不對等困境 / 納西姆・尼可拉斯・塔雷伯（Nassim Nicholas Taleb）著 ; 羅耀宗譯. -- 初版. -- 臺北市 : 大塊文化, 2018.11　面；　公分. -- (from ; 126)

譯自 : Skin in the game : hidden asymmetries in daily life
ISBN 978-986-213-927-1(平裝)

1.風險管理　2.悖論

541.6　　107016445

納西姆·尼可拉斯·塔雷伯作品

不確定（INCERTO）系列

探討不透明、運氣、不確定性、機率、人為錯誤、風險，以及在我們不了解這個世界時如何做決定。以個人隨筆的形式表現，內容不相互重疊的部冊，採自傳式章節、故事、寓言，加上哲學、歷史與科學方面的討論，能以任何順序閱讀。

《隨機騙局》（FOOLED BY RANDOMNESS；二〇〇一年、二〇〇四年）

談我們如何錯將運氣好當作自己能力強；隨機如何看起來不像隨機；當買賣如果比煎蛋容易，談績效就沒有意義；以及牙醫和投機客大不同。

《黑天鵝效應》（THE BLACK SWAN；二〇〇七年、二〇一〇年）

談衝擊力強大的罕見事件，如何主宰歷史；我們如何編造故事，當起事後諸葛，以為了解它們；它們如何不可能以科學方法去估計；這如何使得某些領域——但不是其他的領域——完全不可預測和不可預料；知識的確認方法如何行不通；以及無視於黑天鵝的「偽專家」，如何使我們建立的系統，傾向於在面對極端事件時愈來愈脆弱。

《黑天鵝語錄》（THE BED OF PROCRUSTES；二〇一〇年、二〇一六年），哲學警句。

《反脆弱》（ANTIFRAGILE；二〇一二年）

談有些事件如何喜歡失序（因此喜歡波動性、時間、混亂、變異性和壓力源），而其他事件卻不喜歡；我們可以如何根據脆弱–強固–反脆弱的程度，將事物分類；我們可以如何根據非線性反應，但不需要對程序的歷史了解太多，而找到（反）脆弱（這解決了大部分的黑天鵝問題），以及只有在你喜歡（若干）波動性的情況下才能存活。

《不對稱陷阱》（SKIN IN THE GAME；二〇一八年），本書。

「不確定系列」的技術附件

由學術論文、雜記、附註、（非常）技術性的評論與發展構成。

Skin in the Game

不對稱陷阱

Nassim Nicholas Taleb 著
羅耀宗 譯

目次

致兩位有勇氣的人：

榮・保羅（Ron Paul），希臘人中的羅馬人

拉爾夫・納德（Ralph Nader），希臘腓尼基聖徒

第一部

前言

本書雖然獨立成冊，卻是「不確定系列」的延伸，針對隨機性的問題，以及如何過活、吃、睡、爭吵、打架、交朋友、工作、玩樂，和在不確定之下做決定，結合了(a)實務上的討論、(b)哲學故事和(c)科學和分析性評論。雖然適合廣大的讀者群閱讀，但不要被騙了：「不確定系列」是隨筆，不是在其他地方做過的枯燥無聊作品的普及版（這裡撇開「不確定系列」的技術性附件不談）。

《不對稱陷阱》一書談四個主題：(a)知識的不確定性和可靠性（包括實務上和科學上的知識，假使兩者有差別的話），或者，用比較沒那麼文雅的話來說，屁話檢測；(b)人類事物的對稱性，亦即公平、公正、責任和互惠；(c)交易時的資訊分享，以及(d)複雜系統和真實世界中的理性。當一個人……有切膚之痛（skin in the game）的時候，這四個主題顯然難分難解。①不只公平、商業效率和風險管理需要有切膚之痛：了解這個世界也需要有切膚之痛。

首先，本書談屁話識別和過濾，也就是理論和實務、虛有其表和真材實料，以及學術界（以這個詞的最糟意義來說）和真實世界之間的差異。在學術界中，散發著尤吉貝拉主義（Yogiberrism）的氣息，學術界和真實世界沒有差別；在真實世界中則有。②

①原書註：要弄清楚爲什麼眞實生活中，倫理、道德責任和技能不能輕易分離，不妨用下述的例子去想。當你告訴負有某種責任的人，例如記帳員，說「我信任你」。你的意思是指：一、你信任他的倫理（他不會把錢轉到巴拿馬）；二、你信任他的記帳準確度；或者三、兩者兼而有之？本書的總體要點是：在眞實世界中，很難將一邊的倫理和另一邊的知識與能力區隔開來。

其次，是談生活中對稱和互惠的扭曲：你要得到獎酬，也必須承受若干風險，而不是讓別人承擔你犯錯之後需要付出的代價。如果你造成他人必須承受風險，而且他們受到傷害，那麼你需要為此付出若干代價。就像你想被人如何對待，就應該以那種方式對待別人，面對不公平和不公正的事件，你會想要和別人分攤責任。

如果你發表某個意見，有人照著去做，那麼你自己需要對它的後果負起道德上的責任。假使你準備發表經濟上的看法：

不要告訴我，你「認為」會怎麼樣，只要告訴我，你的投資組合裡面有什麼。

第三，本書要談一個人實務上應該和別人分享多少資訊，例如，你即將花一大筆儲蓄去買中古車，銷售員對於車子，應該——或者不應該——告訴你什麼。

第四，本書談理性和時間的考驗。真實世界中的理性，不是《紐約客》（*New Yorker*）雜誌的新聞記者覺得什麼事情有道理，或者某位心理學家使用天真的一階模型（first-order model），而是遠為深入和統計上的某種東西，和你本身的存活有關聯。

不要把這裡定義的和本書使用的切膚之痛一詞，誤以為只是誘因問題，只有效益或利益的部分（就像財務上一般理解的那樣）。不，它談的是對稱，比較像是分擔有傷害的部分，如果什麼事出了差錯，就會遭到懲罰。相同的觀念把誘因、買中古車、倫理、契約理論、學習（真實生活相對於學術界）、康德的律令、市政電力、風險科學、知識分子和現實之間的接觸、官員的承擔、機率性社會公義、選擇權理論、正直的行為、屁話供應者、神學的概念綁在一起……暫時說到這裡。

切膚之痛不是那麼明顯的層面

本書比較正確但比較拗口的書名是：《切膚之痛不是那麼明顯的層面：那些隱藏的不對稱和它們的後果》（*The Less Obvious Aspects of Skin in the Game: Those Hidden Asymmetries and Their Consequences*）。我不喜歡讀的書點破顯而易見的事。我喜歡拍案稱奇，所以出於切膚之痛的初心，為了互惠起見，我不會帶讀者走上枯燥沉悶的大學講課式、可預測的旅程，而是我喜歡經歷的那種冒險。

因此本書的組織方式如下所述。讀者不需要看大約六十頁以上的篇幅，才能理解切膚之痛（也就是對稱性）大部分層面的重要性、普遍性和無處不在。但是千萬不要不厭其詳，過度解釋為什麼某些重要的事情那麼重要。無止境地證明一個原則站得住腳，只會貶低它的價值。

要走不單調沉悶的路，就需要聚焦在第二步：叫人吃驚的含義——沒有立即浮上心頭的那些

② 譯註：根據維基百科的資料，暱稱尤吉．貝拉（Yogi Berra）的勞倫斯．彼得．貝拉（Lawrence Peter Berra），是前美國職棒大聯盟的捕手、教練與球隊經理，曾經十八次入選全明星賽，獲得十次世界大賽冠軍，球員生涯平均打擊率是．二八五，整個生涯擊出三百五十八支全壘打，一千四百三十個打點。貝拉講話經常脫線、不知所云，但幽默中似乎富含深意。

隱藏性不對稱——和比較不明顯的後果，其中有些相當令人坐立不安，也有許多出乎意料地對我們有幫助。了解切膚之痛運作的方式，有助於我們了解現實的精細母體（fine-grained matrix）底下的深奧謎團。

舉例來說：

心胸極其狹窄的少數人為什麼會把持運轉這個世界，並將他們的品味強加在我們身上？普遍主義（又譯普世主義）為什麼剛好毀滅了它想幫助的人？今天的奴隸為什麼會多於羅馬時代？為什麼外科醫生看起來不應該像外科醫生？為什麼基督教的神學，繼續堅持耶穌基督人性化的一面，而這必然有別於神性？歷史學家記述戰爭，不談和平，如何混淆了我們？以廉價的方式示意（signaling；沒有任何風險）如何在經濟和宗教的環境中同樣失靈？具有明顯性格缺陷的公職候選人，看起來如何比資歷無可挑剔的官員更為真實？我們為什麼崇拜漢尼拔（Hannibal）？企業在專業經理人想要把事情做好的那一刻，為何會倒閉？異教徒在人口中如何更為對稱？外交事務應該如何執行？為什麼你不應該捐錢給慈善機構，除非它們以極為分散的方式運作（以現代的行話來說，稱作優步化〔Uberized〕）？為什麼基因和語言以不同的方式散布？為什麼社群的規模很重要（一旦將規模，也就是社群的人數增多一點，漁民社群就會從合作走向對抗）？為什麼行為經濟學無法用來研究個人的行為——以及市場和參與者的偏見幾乎沒有關係？為什麼理性會存活，而且只有理性才會存活？風險承擔的基礎邏輯是什麼？

但是在作者看來，切膚之痛主要是談公義、榮譽和犧牲。這些事情攸關人類的存在。

把切膚之痛當作一種規則來應用，會減低隨著文明而增長的下述分歧所造成的影響：起而行和坐而言或空口說白話（tawk）、後果和意圖、實務和理論、榮譽和名聲、一技之長和招搖撞騙、具體和抽象、倫理和法律、真實和粉飾、商販和官僚、創業家和執行長、坐擁實力和虛張聲勢、愛情和淘金、科芬特里（Coventry）和布魯塞爾、奧馬哈和華盛頓特區、人類和經濟學家、作者和編輯、學問和學術界、民主和治理、科學和科學主義、政治和政治人物、愛情和金錢、精神和證書、老加圖（Cato the Elder）和歐巴馬、品質和廣告、承諾和示意，以及居於核心的集體和個人之間。

我們先用兩個小插曲，來把上述清單開列的項目連結幾個點，目的只是管窺這個觀念如何超越各個類別。

序一：擊殺安泰俄斯

一直離不開母親——我不斷看到軍閥——鮑伯．羅賓和他的交易——喜歡發生車禍的系統

希臘神話中的巨人，或者某種半巨人安泰俄斯（Antaeus），是大地女神蓋亞（Gaea）和海神波塞頓（Poseidon）的兒子。他有個奇怪的工作，就是強迫路過他國家，也就是（希臘）利比亞的人和他搏鬥；他用腳把受害者踩個粉身碎骨。這個可怕的嗜好，顯然是為了表達孝心；安泰俄斯想以死者的頭骨為原物料，為他的父親波塞頓建立一座神廟。

安泰俄斯被視為所向無敵，卻有個罩門。他那強大的力量，來自與大地之母的接觸。肉體如果不與大地接觸，便會喪失所有力量。海克力斯（Hercules）的十二項艱難任務之一（這故事的另一種說法），需要完成的家庭功課，便是擊殺安泰俄斯。他設法將安泰俄斯舉起來，遠離地面，在他的雙腳接觸不到大地母親之際扼殺他，取走他的生命。

就像第一個插曲中的安泰俄斯，我們一直認為知識不能脫離與地面接觸，無憑無據。事實

上，任何東西都不能分開不接觸地面。而與真實世界接觸，是可以透過切膚之痛來達成——暴露在真實世界中、為它的後果（不論好壞）付出代價。你的皮膚擦傷，會引導你去學習和發現，這是有機示意的機制，希臘人稱之為從痛苦中學習（pathemata mathemata；「透過痛苦，引導你的學習」，家中有幼兒的母親對此知道得相當清楚）。我在《反脆弱》一書中指出，我們本來相信是大學「發明」的大部分東西，實際上是靠修修補補發現的，稍後才用某種正規化機制加以正當化。我們靠修修補補、透過反覆試驗摸索、經驗和時間的運作，換句話說，與大地接觸而得到的知識，大大優於某種只顧私利、忙著躲避我們的制度或機構所做的推理得到的。

接下來，我們將把這應用在被人誤稱為「政策制定」上。

安泰俄斯之後的利比亞

現在來講第二個插曲。我在幾千年後寫這些文字時，據推斷安泰俄斯所在的土地，也就是利比亞，如今有奴隸市場，而這是為了「推翻獨裁者」所謂的「政權更替」失敗所致。沒錯，二〇一七年，停車場中臨時設立的奴隸市場中，遭捕的撒哈拉沙漠以南非洲人被賣給出價最高的人。

一群被歸類為干預推手（interventionistas）的人（本書撰稿時，這樣的人有比爾・克里斯托爾〔Bill Kristol〕、湯馬斯・佛里曼〔Thomas Friedman〕和其他人①）。他們推動了二〇〇三年入侵伊拉克，以及二〇一一年拔除利比亞領導人的行動，而且正主張對敘利亞等另一批國家，施加額外的這種政權更替，因為敘利亞有個「獨裁者」。

這些干預推手和美國國務院中的朋友，協助製造、訓練和支持伊斯蘭叛亂分子（那時候屬於「溫和派」），最後演變成蓋達組織（al-Qaeda）的一部分。二〇〇一年九月十一日，以飛機撞毀紐約世貿大樓的，正是這個蓋達組織。他們很神奇地沒有想起來，那個蓋達組織本身正是由美國製造（或者養大），協助美國對抗蘇聯的「溫和叛亂分子」組成的。我們會談到，這些受過教育的人，並沒有料到竟會遭受這種報應。

所以我們嘗試在伊拉克進行所謂的政權更替那種事，卻以慘敗收場。我們在利比亞再度嘗試做那種事，而現在那個地方有活躍的奴隸市場。但是我們滿足於「拔除獨裁者」的目標。以完全相同的推論來說。醫生應該給有「溫和」癌細胞的病人注入藥劑，以改善他的膽固醇數值，並且在病人死後，自豪地宣稱得到勝利，尤其是如果驗屍報告顯示膽固醇讀數十分漂亮的話。但是我們知道醫生不會對病人施以致命的「治療」，或者不會以這種粗暴的方式去做，而且那麼做的理由十分明顯。醫生通常會有少量的切膚之痛、對於複雜的系統了解相當模糊，以及幾千年下來，與日俱進的倫理，決定了他們的行為。

而且，不要放棄邏輯、知識和教育，因為嚴謹但更高階的邏輯推論會顯示，除非找到某種方式推翻所有的經驗證據，否則主張政權更替，也意味著提倡奴隸買賣或國家的類似退化（因為這些已經是典型的結果）。所以這些干預推手不只缺乏實務上的見識，也不曾以史為鑑，但他們甚

---

①原書註：干預推手有個共同的主要屬性：他們通常不是舉重選手。

至不會做單純的推論，因而淹沒在擦脂抹粉的半抽象、充滿熱門詞彙的論述之中。

他們有三個毛病：一、他們以靜態的方式，而不是動態的方式思考；二、他們以單向度，而不是多向度思考；三、他們從行動的角度去思考，從來不考慮互動。本書從頭到尾，會更深入探討受過教育（或者應該說是受過半生不熟的教育）的笨蛋這個心理推論缺陷。我現在可以把這三個缺陷說明得完整一點。

第一個毛病是，他們沒有能力思考第二步，而且不知道需要這麼做——蒙古的幾乎每一位農民、馬德里的每一位侍者、舊金山的每一家汽車服務營運商，都知道現實生活恰好有第二、第三、第四、第n步。第二個毛病是他們也沒有能力區分多向度問題和它們的單向度表示方式——就像多向度的健康和它那抽絲剝繭簡化後的膽固醇讀數。他們想不通經驗上複雜的系統並沒有明顯的單向度因果機制，而且你不會在不透明的情況下，把一個系統搞得一團糟。這個缺陷的延伸，是他們比較獨裁者的行為和挪威與瑞典總理的行為，而不是當地替代人選的行為。第三個毛病是他們沒辦法預測藉攻擊而提供幫助的那些人，或者從回饋而坐大的勢力，後來會演變成什麼樣子。

玩別人的命②

當崩垮發生，他們會提到不確定性，也就是一位（非常）頑固的傢伙寫了一本書，把它稱作黑天鵝（衝擊力很高的出乎意料事件）的某種東西，卻不了解如果結果充滿不確定性，那就不應該去弄亂一個系統，或者推而廣之，如果一個人對結果毫無概念，那就應該避免採取下檔損失很大的行動。在這裡，極其重要的一點是：下檔損失不會影響干預推手。他繼續在有暖氣調節、雙車庫、一條狗以及一小塊不用除草劑的草坪遊樂區，可以給他過度受保護的二・二個孩子玩耍的舒適郊區房子中，照常過活。

不妨想像有類似智障的人，不了解不對稱性、不會開飛機。不適任的飛機駕駛員，也就是不能從經驗中學習，或者不在意冒他們不了解的風險，可能會害死許多人。但是他們最後會消失在例如百慕達三角之類的海底中，不再對他人和人類構成危險。但是住在這裡的不是這樣的人。

所以，我們這裡最後住滿了我們所說的知識推手，他們懷著妄想，從字面上來說，則是不折不扣的精神錯亂，原因很簡單，因為他們從來不必為所採取的行動造成的後果付出代價，一而再，再而三，喊出剝除了所有深度的現代主義口號（例如，他們不斷使用「民主」一詞，卻鼓勵砍人頭的行為；民主是他們在研究所念的東西）。一般來說，當你聽到有人引用抽象的現代主義概念，你大可認為他們接受了一些教育（卻還不夠，或者念錯了學科），而且擔負的責任太少。

現在，一些無辜的人——亞茲迪教徒（Ezidis）、近東（和中東）的基督教少數族群、曼德恩人（Mandean）、敘利亞人、伊拉克人、利比亞人——必須為現在坐在舒適的空調辦公室中那些干預推手犯下的錯誤付出代價。我們會談到這將違反聖經寫就之前、巴比倫孕育的公義概

②原書註：原文是 LUDIS DE ALIENO CORIO。

念——以及人類賴以存活的底層母體之倫理結構。

干預的原則和醫療人員的原則一樣，首先不造成傷害；尤有甚者，我們主張沒有承受風險的人，絕對不應該參與制定決策。

此外，

我們一直很瘋狂，但力不足以毀滅世界。而今我們已做得到。

我們會回頭談「謀和」的干預推手，並且檢視他們的和平程序如何打了死結，以色列和巴勒斯坦的問題就是這方面的好例子。

軍閥仍然處處有

切膚之痛的觀念交織到歷史裡面：歷史上，所有的軍閥和戰爭販子本身都是戰士，而且除了一些奇怪的例外，社會是由冒險犯難的人在運轉，不是靠風險轉移者。

出類拔萃的人物都會冒險犯難——他們所冒的風險遠高於普通公民。羅馬皇帝叛教者尤利安（Julian the Apostate，本書更後面會談到他）在永無寧日的波斯灣邊界戰爭中死於沙場——以皇帝之尊。由於歷史學家通常喜歡寫傳奇故事，我們也許只能猜測凱撒大帝、亞歷山大和拿破崙的事蹟，但在這裡，證據確鑿。一位皇帝在戰鬥中身先士卒，被波斯長矛插進胸口（尤利安沒穿盔甲），歷史上找不到比這更好的證據了。在他之前的羅馬皇帝瓦勒良（Valerian），在同一條戰線遇俘，據說被波斯沙普爾國王（Persian Shapur）當作上馬時的人肉腳凳。拜占庭的最後一位皇帝君士坦丁十一世（Constantine XI Palaeologus）最後露面時，脫下紫色長袍，然後加入揚尼斯·達爾馬圖斯（Ioannis Dalmatus）和堂兄弟狄奧斐盧斯·帕里奧洛格斯（Theophilus Palaeologus）的行列，在土耳其軍隊的劍尖下破口大罵，抬頭挺胸面對必然的死亡。然而傳說君士坦丁接受一項條件而投降。自重的君王不會接受這種條件。

這些不是孤立的軼事。本書作者的統計推論相當令人信服：死於床上的羅馬皇帝不到三分之一——而且我們可以說，由於其中只有少數是因為真正年邁而死，要是他們活得更長一點，不是會遇到政變，就是會上戰場。

即使在今天，從社會契約得到正當性的君王，也需要出生入死冒險犯難。英國王室要它的子嗣之一安德魯王子在一九八二年的福克蘭戰爭中，比「平民」冒更多的風險，他搭乘的直升機飛在前線。為什麼？因為那是貴族的義務；領主的地位傳統上是由保護他人、以個人承受風險交換顯赫地位而來的——而他們碰巧仍然記得那個契約。如果你沒有領主之風，就沒辦法當領主。

鮑伯·魯賓的交易

有人認為，將我們自己從上層階級有戰士的狀態中解放出來，意味著文明和進步。事實不然。在此同時，官僚這個結構，讓一個人可以很方便地和他或她的行動後果分離開來。

而且，有人可能會問：由於中央集權化的系統必然需要不直接暴露在錯誤成本中的人民，那麼我們可以做些什麼？

哦，我們別無選擇，除非下放權力，或者說得客氣些，地方化；目的是減少這些免除切膚之痛的決策者人數。

權力下放是根據說宏觀屁話（macrobull***t）比說微觀屁話（microbull***t）容易的簡單概念而來。

權力下放可以減低大型的結構不對稱性。

但是別愁，如果我們沒有下放權力和分散責任，它本身會以摔得鼻青臉腫的方式發生：一個沒有切膚之痛機制的系統，在失衡蓄積的情況下，最後會崩垮和自我修復原來的方式。如果它存活下來的話。

舉例來說，由於系統中隱藏和不對稱的風險日積月累，銀行在二〇〇八年崩垮：銀行家、風險移轉高手使用在理論之外無法運作的學術界風險模式（因為學者在實務上對風險一無所知），而能從被隱藏的某一類爆炸性風險中安穩地賺錢，然後在爆炸之後，以遭遇不確定性為由（是的，同樣是那個非常頑固的作者所提的同樣那個無法預見和無法預測的黑天鵝作祟），並把過去的收入牢牢放進口袋。對此，我稱之為鮑伯．魯賓交易（Bob Rubin trade）。

鮑伯．魯賓交易是在說什麼？羅伯特．魯賓（Robert Rubin）③是美國前財政部長，是那個把他的名字簽在你用來買咖啡的鈔票上的人。在二〇〇八年銀行崩垮之前的十年內，從花旗銀行（Citibank）領得超過一億二千萬美元的薪酬。這家銀行周轉失靈時，是納稅人把它救起來的，他卻沒有開出任何支票——他以不確定性為藉口，把責任推得一乾二淨。硬幣擲出去，人頭他贏，如果是反面，他則高喊遇上黑天鵝。魯賓也沒有承認他將風險移轉給納稅人：西班牙語法專家、助理教師、罐頭工廠領班、素食營養顧問，以及助理地方檢察官文書人員「讓他停損出場」，也就是承受他的風險，為他的損失付出代價。但是自由市場受傷最為慘重，因為已經傾向於厭惡金融家的大眾，開始將自由市場和更高階的腐敗與任人唯親形式混為一談，可是實際上完全相反：藉紓困機制，使得這些事情成為可能的，是政府，不是市場。這不只是紓困而已：政府的干預大體上傾向於消除該負責任的人的切膚之痛。

好消息是，儘管串通一氣的歐巴馬政府努力想要保護這場遊戲和尋租（rent-seeking）的銀行家④，承擔風險的企業卻開始轉向稱作避險基金（hedge funds）的小型獨立結構。這個動向會發生，主要原因在於系統過度官僚化，因為堆疊文件的人（他們認為工作主要就是堆疊文件）以各

③譯者註：羅伯特的小名是鮑伯。

式各樣的規定，給銀行過重的負擔。但是不知為什麼，在數以千頁額外的法令規定中，他們獨獨漏掉了考慮切膚之痛。相反的，在下放權力的避險基金空間中，擁有者兼操作者至少持有基金淨值的一半，使得他們相對於任何顧客暴露在更多的風險之中，一旦有事，他們個人會隨著船隻而下沉。

系統藉消去而學習

如果你只想從本書挑出一個重點章節，那麼這一節就是。干預推手的案例就是我們故事的核心，因為這顯示他們缺乏切膚之痛，既有倫理上，又有認識論上的影響（也就是和知識有關）。我們見到干預推手不會去學習，因為他們不是本身所犯錯誤的受害人，而且，如同前面所說的從經驗中學習所暗示的：

相同的風險移轉機制也妨礙了學習。

從更為實務的層面來說，

你永遠無法完全說服別人，相信他是錯的；只有現實才辦得到這件事。

準確地說，事實上現實並不在意贏家論點是什麼；能夠存活下去才重要。

因為

> 現代化給我們下的詛咒是：我們所住的世界中，擅長於解釋勝過擅長於了解的一類人愈來愈多，

或者擅長於解釋的人勝過動手去做的人愈來愈多。

所以，在我們稱為學校，這些安全防衛十分嚴密的監獄中，我們教導囚犯的，不全然是學習。在生物學中，學習是透過代際選擇（intergenerational selection）的過濾過程，印記在細胞層級的東西——我堅決認為，切膚之痛比威懾更具過濾效果。滅絕的風險存在時，演化才有可能發生。此外，

> 沒有切膚之痛，就沒有演化。

---

④原書註：尋租是一種試著利用保護性的法令規定或「權益」來獲得收入的行爲，卻沒有給經濟活動增加任何東西，也沒有增加其他人的財富。正如胖子東尼（Fat Tony；幾頁之後，我們會介紹他）定義的，這就好像被迫交保護費給黑手黨，卻沒有得到保護的經濟效益那樣。

最後這一點再明白不過了，但是我不斷見到沒有切膚之痛的學者捍衛演化論，卻同時拒絕接受切膚之痛和風險分攤的概念。他們拒絕接受無所不知的造物主設計這個世界的概念，同時硬要把人的設計加在世界之上，好像他們知道所有的後果似的。大體而言，人們愈是崇拜神聖不可侵犯的狀態（或者等同於大公司），他們愈是痛恨切膚之痛。他們愈是相信自己能夠預測，愈是痛恨切膚之痛。他們愈是穿得冠冕堂皇，愈是痛恨切膚之痛。

回頭談干預推手，我們見到人們沒有從他們——以及別人——所犯的錯誤學到太多；相反的，系統藉選擇比較不會犯某類錯誤的人，以及消除其他人的方式在學習。

系統藉消去部分、否定法⑤而學習。

我們提過，許多不良的飛行員，目前沉屍在大西洋海底，許多危險的不良汽車駕駛人，靜靜躺在當地的墓園，那裡有漂亮的人行道，兩邊林木蒼翠。交通不只是因為人們從錯誤中學習，變得更為安全，更因為系統在學習的緣故。系統的經驗不同於個人的經驗；它是立基於過濾的過程。

到目前為止小結如下：

切膚之痛可以抑制人的傲慢。

接著，我們要在序二更深入探討，並且考慮對稱（symmertry）的概念。

⑤原書註：否定法：我們比較清楚知道什麼是錯的，至於什麼是對的，則沒那麼清楚，以及知識是靠減法而成長的原則。此外，知道某件事錯了，比找到修正方法要容易。消去的行動，比加進的行動要強固。因爲加法可能有看不見的複雜回饋環。這一點，在《反脆弱》一書有相當深入的探討。

序二：對稱性簡介

後設後設專家評斷後設專家——妓女、非妓女、玩票者——法國人有漢摩拉比的這樣東西——大仲馬總是例外

一、從漢摩拉比到康德

在最近的生活知識化之前，切膚之痛式的對稱，被人默認為有組織社會的首要規則，即使任何集體生活形式中，一個人會遇到或與其他人交手一次以上，也是這樣。這個規則，甚至必須先於人類定居之前，因為它盛行在複雜、非常複雜的動物王國形式中。或者，用另一種方式來說，它必須盛行在那裡，否則生命會滅絕——風險移轉會使系統崩垮。法律、神或者其他的觀念會存在，是為了修復這種失衡，以矯正這種不對稱性。

我們來簡短地從漢摩拉比（Hammurabi）走到康德（Kant）這條路，因為在文明化生活的歷程中，這個規則日益完善。

在巴黎的漢摩拉比

約三千八百年前，漢摩拉比法典銘刻在巴比倫一座中央公共場所的玄武岩石柱上，讓每一個識字的人看或者講給不識字的人聽。漢摩拉比法典總共有兩百八十二條律法，被視為我們最早的成文法典。這套法典有個中心主題：建立交易雙方之間的對稱性，如此就沒有人能將隱藏的尾部風險（tail risk）或者鮑伯・魯賓式的風險，移轉給別人。是的，鮑伯・魯賓交易已有三千八百年的歷史，和人類的文明一樣古老。所以法規要制止它。

尾部是什麼意思？現在只要知道它是發生頻率低的極端事件就行。稱作尾部，是因為在畫鐘型曲線式的頻率時，它位於極左或極右的位置（發生頻率低），而且由於我無法立即了解的某種理由，人們開始稱之為「尾部」，於是這個名詞就這樣定了下來。

漢摩拉比最知名的禁令如下：「如果建築商蓋了房子，房子倒塌，造成屋主死亡——那麼建築商應該判死刑。」

因為，就像金融交易人，隱藏風險的最佳處所是「在角落」，也就是將脆弱性埋在罕見事件中，只有建築師（或者交易人）能夠察覺——他們想在崩垮發生時，時間和地點都相距很遠。我從學校畢業時，一位因為喝酒而滿臉通紅的英國老銀行家，主動給我事業生涯的建議：「我只借長期貸款。到期時，我早已不在人世，或者在很遠的地方才找得到我。」他在國際銀行服務，每隔五年，換一個國家，因此能夠靠他的把戲存活下來。還有，我回想起來，他每隔十年換一位太太，每隔十二年換一家銀行，但是他不必躲到很遠的地方或很深的地下：直到最近，當某件事情後來出了差錯，沒有人會去挖回（也就是要求歸還）以前發放給銀行家的紅利。瑞士人在二〇〇八年開始把錢挖回來，並不叫人意外。

眾所周知的同態懲罰法（lex talionis），也就是「以眼還眼」，來自漢摩拉比的法條。這是一種比喻，不是字面上如此。你不必真的把眼睛挖出來——因此法規遠比乍看之下要具有彈性。例如，在猶太教法典《塔木德經》（Talmudic）一則有名的討論（在傷害與賠償〔Bava Kamma〕一冊），一位拉比表示，如果真的要照字面上所寫去做，那麼如果一個人弄瞎了雙眼人，那麼取他一眼，便只懲罰一半，而盲眼人可以免除懲罰。或者，如果一個無名小卒殺害一位英雄呢？同樣的，粗心大意的醫生切錯了腿，你不需要將他截肢。由於拉爾夫．納德（Ralph Nader）的努力，透過法院，而不是法令規定執行的侵權制度，會施予某種懲罰，足以保護消費者和公民，不受強而有力的機構傷害。法律制度顯然可能產生一些討人厭的事物（尤其是在侵權方面）和它的尋租人階級，但是和抱怨沒有律師比起來，有律師可以抱怨要好得多。

從比較實務的層面來說，有些經濟學家試著指責我想要翻轉現代所提供的破產保護；有些甚至抨擊我試圖把銀行家推上斷頭台。我並沒有那麼死板：只是希望施予若干懲罰，足以降低鮑伯．魯賓交易的吸引力，並且保護大眾。

現在，由於某個我不知道的理由，那些奇怪的東西之一，只能在法國看到。刻在灰黑色玄武

表一、道德對稱的演化

摘自塔雷伯與桑迪斯（Sandis），二〇一六年

漢摩拉比／同態懲罰法	第十五條聖潔與公義法律	白銀法則	黃金法則	普遍定律表述
「以眼還眼，以牙還牙」（漢摩拉比、出埃及記21:24）	「愛鄰如已」（利未記19:18）		「你們願意人怎樣待你們，你們也要怎樣待人」（馬太福音7:12）	「只有在你能夠透過那個準則，同時希望它會成為普遍定律的時候，才根據它去行事。」（康德1785, 4:421）

岩石柱上的漢摩拉比法典，收藏在巴黎的羅浮宮博物館。而正常情況下，懂很多我們懂得不多事情的法國人，似乎不知道有它的存在；只有拿著自拍桿的韓國觀光客，似乎聽過那個地方。

我倒數第二次到那個地方朝聖時，碰巧在博物館建築的一間會議室中，向法國金融家談這本書的觀念與切膚之痛的概念。我在美國聯邦準備理事會（Federal Reserve Board）前任主席班．柏南克（Ben Bernanke）之後演說，儘管他的外表（和個性）與美索不達米亞的雕像相當類似，卻是缺乏切膚之痛的縮影。叫我難過的是，當我以當時情況之反諷，也就是約四千年前我們處理這些事情更為圓熟，以及那座石柱距我演說的地方只有三百

呎之遠，公開向聽眾發問時，儘管法國金融家表現出高雅的文化，與會者卻沒人聽懂我在講些什麼。除了知道漢摩拉比是美索不達米亞地緣政治的要角，沒人知道他的事蹟，或者想到他與切膚之痛和銀行家責任之間的關係。

表一列出了漢摩拉比以降，對稱規則的進程，所以我們來往階梯上爬吧。

白銀勝過黃金

我們用很快的速度，通過各種法規，走到漢摩拉比之右。基督教聖經《利未記》是漢摩拉比法規的甜味劑。黃金法則（Golden Rule）要求你希望別人怎麼對待你，就用那種方式去對待別人。比較強固的白銀法則（Silver Rule）說，己所不欲，勿施於人。比較強固？怎麼說？為什麼白銀法則比較強固？

首先，它告訴你自掃門前雪，不要決定怎麼做對別人有「好處」。和什麼事情是好的比起來，我們對於什麼事情是壞的，清楚得多。白銀法則可以視為負黃金法則（Negative Golden Rule），而且如同每三個星期我的卡拉布里亞（Calabrese，也講卡拉布里亞語）的理髮師讓我看到的，否定法（採取消去的行動）比肯定法（採取加法①的行動）更強而有力，也比較不容易犯錯。

現在來談談對待他人的「他人」。「你」可以是單數或複數，因此可以指一個人、一支籃球隊，或者卡拉布里亞語理髮師東北協會。「他人」也是一樣。這個觀念零碎散亂，因為可以用在所有的層級：人類、部落、社會、社會團體、國家等，假使每一個都是可以分離的獨立單位，而且能夠彼此應對。就像個人希望被如何對待（或者避免遭到惡意對待），就應該以那種方式去對待別人，家庭這個單位應該用相同的方式去對待其他家庭。而且，有些事情使得序一的干預推手更加令人反感，所以國家也應該如此。雅典的機智演說家伊索克拉底早在西元前五世紀就警告我們，國家應該根據白銀法則對待其他國家。他寫道：

「與弱小國家往來的方式，應該和你認為強國與你往來的適當方式相同。」

沒有人比伊索克拉底更能體現對稱性的概念。他活了超過一個世紀，並在九十幾歲的時候，做出重大的貢獻。他甚至提出黃金法則的罕見動態版本：「對待父母的方式，要像你要求子女對待你的方式那樣。」我們必須等到傑出的棒球教練尤吉．貝拉，才聽得到對稱關係的另一個這種動態法則：「我參加別人的葬禮，所以他們會來參加我的。」

當然了，更有效的方式，是反向而行，對待別人子女的方式，要像你希望別人的父母對待你的子女那樣。②

美國憲法第一修正案背後的觀念，是建立白銀法則式的對稱：你可以享有你的宗教自由，只要你允許我享有自己的；你有權反駁我，只要我有權反駁你。事實上，沒有一個民主政體沒有這種自我表達權利的無條件對稱性，而最嚴重的威脅，是向下沉淪，以某些言論可能傷害某些人的情感為由，限制言論。這種限制，不見得來自國家本身，而是來自媒體和文化生活中，過度活躍的思想警察強而有力的知識單一文化當權機構。

忘了普遍性

將對稱性應用到個人與集體之間的關係，我們會得到美德、古典的美德，也就是現在所說的「美德倫理」（virtue ethics）。但是還有下一步：一路到表一右邊的是伊曼努爾・康德（Immanuel Kant）的定然律令（categorical imperative），我概括為：行為舉止有如你的行動可以概化為所有情況下、所有地方每個人的行為。實際的文字比較難懂：「只有在你能夠透過那個準則（maxim），同時希望它會成為普遍定律（universal law）的時候，才根據它去行事，」康德在所謂的第一表述（formulation）中寫道。而且，在所謂的第二表述中，「對待人類的行為方式，無論是對你自己，或者對別人，千萬不能只是把人當作達到目的的手段，而一定要同時當作目的。」

表述，表述個頭（shmormulation），忘了康德，因為他說得太複雜，而事情變得複雜就會出

---

①原書註：「己所不欲，勿施於人」（伊索克拉底〔Isocrates〕、長者希勒爾〔Hillel the Elder〕、摩訶婆羅多〔Mahabharata〕）。「不要對你的同伴做你討厭的事：整個摩西五經（Torah）就在講這一點；其餘就是解釋；起而學習。」拉比希勒爾長者引用《利未記》第十九章第十八節。「對別人所做的事，如果加在你身上，會讓你痛苦，那就不要做。這是道德的精髓。」

②原書註：新約中有個惡僕逼債的寓言故事，違反了對稱性的原則（《馬太福音》第十八章第二十一至三十五節）。有個富有同情心的借款人，免除了一位僕人背負的龐大債務，但後者後來卻懲罰欠他的錢少得多的另一位僕人。大部分評論者似乎漏掉了其中眞正的訊息是（動態）對稱性，而不是寬恕。

問題。所以我們會基於一個主要的理由，跳過康德的激進方法：

普遍性行為在理論上很偉大，在實務上卻是災難。

為什麼？正如我們將在本書不厭其煩表示的，我們都是局部性和務實的動物，對規模十分敏感。小不是大；有形不是抽象；情感不同於邏輯。正如我們表示微觀運作得比宏觀要好，在你向車庫管理員打招呼時，最好避免說得非常一般普通。我們應該聚焦在周遭的環境中，我們需要簡單的實務法則。更糟的是，一般和抽象，往往吸引和序一所說干預推手類似的自以為是精神病患者。

換句話說，康德並沒有規模縮放（scaling）的概念——可是我們許多人是康德普遍性的受害人（如同我們見過的，現代喜歡抽象勝於明確；社會公義戰士被抨擊為「將人視為類別，而不是個人」）。在宗教之外，偉大的政治思想家伊莉諾．歐斯壯（Elinor Ostrom，第一章會稍微談到她）之前，極少人有規模縮放的概念。

事實上，本書的深層訊息在於：普遍主義走過頭兩三步，這實在危險——它將微觀和宏觀混為一談。同樣的，黑天鵝觀念的難題是柏拉圖簡單切割（Platonification），也就是在將一件事情轉型為抽象構念（abstract construct）的過程中，漏掉了核心但隱藏的要素，接著導致崩垮。

二、從康德到胖子東尼

我們把時間拉到現在，也就是交易、高度交易的現在。以胖子東尼的話來說，在新澤西州，對稱性的意思很簡單，就是：不說廢話，不聽廢話。他所用的更務實方法是

先從善待你遇到的每一個人開始。但如果某個人想要對你行使權力，那你就對他行使權力。

胖子東尼是誰。他是「不確定系列」中的人物。在舉止、行為、不確定下的選擇、談吐、生活風格、腰圍、飲食習慣等方面，和國務院的分析師或經濟學演說者恰好相反。他也冷靜鎮定，除非真的有人惹他發火。他靠幫助他通常稱為「冤大頭」（the suckers）的人而致富。這些冤大頭總是看著錢離開他們（或者經常見到的情形，是客戶的錢離開他們，因為這些人往往拿別人的錢去下賭）。

這個對稱性的東西，碰巧和我自己的專業，也就是當選擇權交易人，有直接相關。選擇權交易中，一個人（選擇權買方）根據合約，依事先約定的價格，享有上檔利益（將來的利得），另一人（賣方）負有下檔損失（將來的虧損）的責任。就像保險契約，繳了保費，就能移轉風險。任何故意破壞這種對稱性的行為——移轉責任——必然導致狀況一發不可收拾，正如我們在二

○○八年的經濟危機中看到的那樣。

這種對稱性，也涉及一筆交易的利益是否相稱。我們來溫習一下先前的論點：如果銀行家的利潤歸他們所有，而他們的一些損失悄悄移轉給社會（包括西班牙語法專家、助理教師……），那就會有一個根本性的問題，也就是隱藏性風險會持續不斷升高，直到最後崩垮。法令規定就算能辦到，表面上看起來是補救措施，實際上卻因為有助於風險隱藏，而使問題更加惡化。

於是這把我們帶到了所謂的代理（agency）問題。

騙子、傻瓜，或兩者都是

白銀法則（提醒一下，這個法則是說：己所不欲，勿施於人）在實務上的一個延伸是：

> 不要聽信靠給別人建議維生的人所提的建議，除非他們的建議錯了，自己也會遭殃。

請回想一下前面所說的「我信任你」一語如何橫跨倫理與知識兩個領域。講到不確定，總是有不懂隨機性的傻瓜和利用隨機性的騙子；第一種人不了解隨機性，第二種人則有不懷好意的誘因。傻瓜會去冒他不了解的風險，誤將過去的好運氣當作自己能力高超。另一種騙子，則將風險移轉給別人。經濟學家談到切膚之痛時，只關注第二種人。

我們來把代理觀念講得清楚一點。保險公司十分清楚這個觀念且有研究。簡單地說，你對自己的健康情形了解得遠比任何保險公司要多。所以你在別人知道之前，察覺自己有病時，會有投保的誘因。在適合你的時候，而不是在你健康的時候投保，最後你會使得保險系統蒙受的損失，多於你對它的投入，因此造成各式各樣不知情的人（同樣的，包括西班牙語法專家在內）支付的保費升高。保險公司會以高自負額和其他的方法過濾，以消除這種失衡。

代理問題（或者委託－代理問題〔principal-agent problem〕）也在交易時的利益不相稱顯現出來：只做一次性交易的供應商，利益和你並不相稱——因此可能隱藏資訊，不讓你知道。

但是單有反誘因還不夠：這個世界上真的有笨到沒下限的傻瓜。有些人不知道自身的利益是什麼——只要看看成癮者、工作狂、為情所困的人、支持大政府的人、新聞媒體、書評人，或者可敬的官僚就知道。他們都因為某種神祕的理由，行動違反本身的利益。所以過濾在其他的狀況中，扮演某種角色：不懂隨機性的傻瓜，遭到現實掃地出門，因此他們不再傷害別人。你一定還記得演化的基礎，是系統靠消去而變得聰明。

還有一點：我們可能沒辦法事先知道某項行動是否愚蠢——但現實知道。

因果不透明和偏好顯示出來③

我們現在來把切膚之痛的認識論層面，帶到更高的層級上。切膚之痛和真實世界有關，不是表象而已。拿胖子東尼的座右銘來說：

你不是真心想爭贏一項論點。你只是想贏而已。

事實上，不管你追求什麼，都想贏：錢、領土、語法專家的心，或者（粉紅色）敞篷車。如果只是把注意焦點放在言詞上，一個人是站在非常危險的斜坡上，因為

我們擅長於動手做，遠遠勝過了解。

假充內行的騙子和社會中真正有一技之長的人，例如講宏觀屁話的政治「科學家」和水管工，或者新聞記者和黑手黨培養的人之間有不一樣的地方。動手做的人會贏，是靠動手做，不是靠說服別人。整個領域（例如經濟學和其他的社會科學）本身會成為騙術，是因為缺乏切膚之痛將它們連結回到大地（而參與者還在辯稱他們做的是「科學」）。第九章會說明他們如何精心發展各種儀式、職銜、協議和正式程序，以隱藏這方面的不足。

你心中可能不知道要往哪裡去，但是動手去做，就會知道。

即使是經濟學，也是根據「顯示性偏好」（revealed preferences）的概念。人們「認為」怎麼樣無關緊要——你會想要避免進入軟爛不扎實和自己在那邊打轉的心理學學科。人們對於他們的所作所為，提出的「解釋」，只是一些字詞，也就是他們把故事說給自己聽，和嚴肅認真的科學

無關。另一方面，他們所做的事，是有形和可以衡量的，而這是我們應該聚焦的地方。這條公理（甚至或許應該稱之為原理），力量非常強大，研究工作者卻不怎麼把它放在心裡。未婚夫妻最懂什麼叫顯示性偏好：一顆鑽石，尤其是對掏腰包購買的人來說負擔十分沉重時，和口頭承諾比起來，說服力要大得多（而且反悔的可能性小得多）。

至於預測，把它忘了吧：

（言語的）預測和（行為的）臆測沒有關係。

我認識一些富有的厲害預測者和貧窮的「優良」預測者。因為在人生中，重要的不是一個人多常「看對」結果，而是在看對的時候賺了多少。看錯的話，如果付出的代價不大，那沒關係——在某種程度上，這和研究的反覆試驗摸索機制類似。

競賽之外，真實生活中的曝險，總是太過複雜，難以簡化為定義明確、容易用言語描述的「事件」。真實生活中的結果，和化簡為贏或輸二元結果的棒球比賽不一樣。許多曝險的結果高度非線性：下雨可能讓你受益，豪雨成災則不然。確切的論點，在本書作者的技術性著作中有詳加說明。現在，只要知道預測，尤其是用「科學」來預測，往往是騙子的最後避難所，而且自有

③原書註：本節談的是技術，第一次閱讀時可以跳過。

人類以來已然如此。

此外，數學中有稱作逆問題（inverse problem）的東西，它是用——而且只能用——切膚之痛來解決。這裡只簡單說明如下：我們做反向工程（reverse-engineer）比工程要困難；我們見到演化力量的結果，但由於它們的因果不透明而沒辦法複製它們。我們只能往前運作這種程序。「時間」（我們故意加引號）的運轉，和它的不可逆性，需要來自切膚之痛的過濾。

切膚之痛有助於解決黑天鵝問題，以及個人和集體所面對的其他不確定性問題：存活下來的東西，已經顯示了它對黑天鵝事件展現的強固性，而消除切膚之痛，會破壞這種選擇機制。少了切膚之痛，我們就沒辦法得到「時間的智慧」（這體現了林迪效應〔Lindy effect〕，我們將用一整章的篇幅來說明，其中，一、時間會消除脆弱和維持強固，以及二、非脆弱的預期壽命會隨著時間增長而加長）。各種觀念間接地具有切膚之痛，而擁有這些觀念的所有人也是。

有鑑於此——關於（因果）不透明和偏好顯示——切膚之痛之下的「時間智慧」，甚至有助於定義理性——我找到的唯一不會在邏輯檢視之下崩解的理性定義。在法國規劃部服務、受過太多教育和天真（但上班準時）的觀察者眼裡，某種做法看起來可能不合理性，因為我們人類還不夠聰明到能夠理解它——但是它已經運作了很長的時間。它算理性嗎？我們沒有理由排拒它。但我們知道什麼顯然不理性：什麼事情先危及集體的生存，接著是個人的生存。而且，從統計的觀點來說，違反自然（以及它的統計顯著性）是不理性的，除了來自農藥和其他科技公司的雜音，找不到已知的嚴謹理性定義，排拒「自然」具有理性的觀點；事實恰好相反。依據定義，行得通的事情，不可能沒有理性；我所認識，長期在商場上失敗的每個人，都有那個心理障礙，未能理解如果某件愚蠢的事行得通，並且賺錢，那麼它不可能是愚蠢的。

一個系統如果有切膚之痛的要求，就會透過犧牲的概念，維繫系統於不墜，以保護需要存活下去、層級更高的集體或實體。「活下來再說，屁話免談。」或者如同胖子東尼說的：「存活者說的算，屁話滾。」換句話說：

> 理性的事情允許集體——指能夠存在很長時間的實體——存活下去。

我們所說的理性，不是某些不嚴謹的心理學或社會學書本所說的「理性」。④在那個意義上，和心理學家與假心理學家會告訴你的恰好相反，有些「過度估計」的尾部風險，以任何衡量指標來說，並非不理性，雖然整體而言，它超過存活之所需。有些風險，我們就是經不起去承擔。其他的風險（學者避之唯恐不及的那種），我們則經不起不去承受。稱作「遍歷性」（ergodic）的向度，將在第十九章詳細說明。

④原書註：事實上，數學家和賽局理論家肯・賓默爾（Ken Binmore）等將理性理論正式化的那些人（後面還會再提到他們），堅稱從來沒有任何嚴謹和自相容（self-consistent）的理性理論，像緊箍咒一樣緊緊掐住人們。在正統的新古典經濟學中，你甚至不會找到這樣的說法。我們在詞藻華麗的文學中，讀到的「理性」，大都似乎不具任何嚴謹性。

切膚之痛，但不是一直都這樣

整體而言，切膚之痛有其必要，但我們不要因此昏了頭，不厭其詳把它應用在放眼所及的每件事上，尤其是當後果受到抑制時。序一所說干預推手的宣告，造成成千上萬人死於海外，以及一個人在談話時講出無害的意見，或者算命先生屈指一數說的話，是用於治療而不是做決策，兩者之間是不同的。我們的訊息聚焦在專業人士，因為他們自身職業的結構，造成傷害之後卻不必負責任。

專業不對稱的人極為少見，在歷史上如此，甚至現在也一樣。他製造了很大的問題，但這種人少之又少。真實生活中，你遇到的大部分人——麵包師、補鞋匠、水管工、計程車司機、會計、稅務顧問、垃圾清潔員、牙科清潔助理、洗車工（不包括西班牙語法專家）——都會因為自己犯下的錯誤而付出代價。

三、現代主義

雖然符合祖先、古老和古典的公義概念，本書依賴相同的不對稱論點，卻與一個半世紀以來的現代思維——我們這裡會稱之為知識主義（intellectualism）——相左。知識主義相信我們可以把行動和行動的結果區分開來，可以把理論和實踐區分開來，以及藉由階層方法，也就是以（形式上）由上而下的方式，矯正複雜的系統。

知識主義有一個兄弟：科學主義（scientism），以天真的方式，將科學解讀為併發症，而不是一個程序和用懷疑態度去面對的事。在不需要的時候，使用數學，不是科學，而是科學主義。利用比較技術性的東西，例如人工手臂，替代你那運作自如的手，並沒有比較科學。以可能經不起複製仿作和統計審查而存活下來的同儕審核期刊，取代行之有年、歷經數以兆計高向度壓力因子而存活下來的「自然」，既不是科學，也不是良好的實務。本書撰稿時，科學已經被供應商用來銷售產品（例如人造黃油或基因改造的解決方案），而且說來諷刺，應該被懷疑的事，被用來將懷疑論調消音。

在知識史上，複雜得叫人覺得無趣、用華麗的詞藻導出的真相，一直令人不敢恭維，但是你不可能在當地科學記者的報導或大學老師的課堂聽到這件事：更高階的質疑，需要更多的知識信心、對統計顯著性有更深入的了解，以及更高水準的嚴謹度和知識能力——或者更好的是，曾經在露天市場賣過地毯或特殊香料。所以這本書延續了長久以來懷疑－探討加上務實－解決方案的傳統。「不確定系列」的讀者，可能相當熟悉懷疑學派（《黑天鵝效應》一書有提到），尤其是已有二十二世紀之久的塞克斯都·恩披里科（Sextus Empiricus）所著《反駁教授們》（*Against the Professors*）的抨擊。

這裡的規則是：

> 坐而言的人應該起而行，而且只有起而行的人才能坐而言。

數學、嚴謹的哲學、詩歌和藝術等獨立的活動，則享有若干豁免，它們並沒有堂而皇之，宣稱吻合現實。正如偉大的賽局理論家艾里埃勒・魯賓斯坦（Ariel Rubinstein）說的：去做你的理論或數學表達式，不要告訴真實世界中的人如何應用它們。且讓那些有切膚之痛的人，選擇他們需要的東西。

我們來更務實地面對現代主義的副作用：隨著東西變得更加技術性，生產者和使用者之間的隔閡加大。

如何投射光束在演講人身上

對一大群聽眾發表演說的人，注意到自己——以及其他的演講人——在講台上很不自在。我在十年前，就想通了原因出在舞台的光束，射進我們的眼睛，妨礙我們的專注力（這是警察審問嫌犯時一貫使用的手法：將光束射向嫌犯，然後等他開始「唱歌」）。但是在演說正熱時，演講人沒辦法確定什麼地方出了錯，所以他們將失去專注力簡單地歸因於站上講台之故。這樣的看法持續不絕。為什麼？因為對著一大群聽眾演講的人，不必負責照明工作，而燈光工程師不曾對一大群聽眾演說。

由上而下進步的另一個小例子：紐約市和北邊郊區間的大都會北方鐵路公司（Metro North），在總翻修時，重新改裝車廂。車廂看起來更現代、整潔、有更明亮的色彩，甚至有電源插座，讓你給電腦充電（可是沒人使用）等便利設施。但是在座位邊緣、靠牆的地方，以前有個平坦的窗台，可以放早晨的咖啡杯：我們很難一邊看書，一邊握著咖啡杯。設計師（要嘛沒搭過火車，要嘛搭過火車，卻不曾邊看書邊喝咖啡），認為把窗台做得略微傾斜，是一種美感上的改善，可是這麼一來，就沒辦法放置咖啡杯。

這解釋了造景和建築更為嚴重的問題：今天的建築蓋起來的目的，是讓其他建築師刮目相看。於是我們有了一些奇怪——不可逆——的結構，不能滿足住戶的福祉。這得花時間和許多漸進式的修修補補。或者都市規劃部的一些專家，沒有住在社區，結果做出相當於傾斜窗台的東西。他們認為這是一種改善，除了規模大得多之外。

我會一直堅持：專業化會帶來一些副作用，其中一個是將勞動和勞動的成果分離開來。

簡單

另外，切膚之痛會帶來簡單——事情只要做得妥當，就會簡單得令人放心。見過複雜解決方案的人，不會有執行簡單解決方案的誘因。正如我們看到的，一個官僚化系統會因為人們的干預和出售複雜的解決方案而日趨複雜，原因在於那是他們的職位和受到的訓練要他們去做的事。

> 人們設計的沒有切膚之痛的事情，傾向於以複雜的方式成長（在崩垮之前）。

這種情況中，如果有人提出某種簡單的東西，絕對沒有好處：如果你是因為認知，不是因為成果，而獲得獎賞，你就需要表現得精明複雜。任何人投出一篇「學術性」論文到一本期刊，都知道把它寫得比必要的還複雜，通常可以提高被接受的可能性。此外，問題以這種分叉併發症的方式，非線性成長，會有副作用。最糟的是：

沒有切膚之痛的人，不會把事情做得簡單。

少了切膚之痛，我就不講話

我們回頭談從痛苦中學習，不過是反過來想：透過刺激和愉悅學習。人有兩個腦，一個是在有切膚之痛時，另一個是在沒有時。切膚之痛能使無聊的事情變得不那麼無聊。當你有切膚之痛，像飛機安全檢查之類叫人發悶的事，感覺便不再那麼無聊，因為你可能不得不當它的乘客。如果你是一家公司的投資人，閱讀財務報表註腳（可以在那裡找到真正的資訊）之類超級無聊的事情，便幾乎不再是無聊之事。

但是還有一個更為要緊的向度。許多成癮者，正常情況下是無趣的知識分子，對於花椰菜的種種如數家珍——或者外交政策專家——能以最巧妙的手法買到毒品。當他們接受戒癮治療，常常聽到有人對他們說，如果他們把買毒品一半的心力，花在賺錢上，保證會成為百萬富翁。但這種說法徒勞無功。少了癮頭，他們那神奇的力量就會消失不見。就像一種仙丹，能給尋找它的人不可思議的力量，但是服用之後，卻沒什麼效果。

自白。在我沒有切膚之痛的時候，我通常默不作聲。我擁有的技術性知識，例如風險和獲利力，起初並不是來自書籍。它們並不是來自崇高的哲思和對科學的飢渴，甚至不是來自好奇心，而是來自一個人在市場上冒險，感受到的刺激和荷爾蒙的翻湧。我不曾認為數學是有趣的東西，直到我在華頓商學院，有位朋友向我提到前面說過的金融選擇權（以及它們那一類的複雜衍生性金融商品）。我立即決定以它們為事業生涯。它們結合了金融交易和複雜的機率。這個領域很新，好壞未卜。我直覺認為使用傳統鐘型曲線的理論有錯，忽視了尾部（極端事件）造成的衝擊。我直覺認為學者對於風險，一點概念也沒有。所以，為了找到估計這些機率性證券的錯誤，我必須研究機率，而這很神奇，馬上變得很有趣，甚至引人入勝。

當我置身於風險之中，我的第二個腦突然之間動了起來，錯綜複雜的序列機率，分析和對應起來瞬間變得輕而易舉。失火的時候，你會跑得比任何競賽還快。滑雪下坡時，有些動作變得毫不費力。接著，在沒有真正的行動時，我再度默不作聲。此外，身為交易人，我們使用的數學，就像手套那樣套用在問題上，而這和學者拿著理論去尋找某種應用不一樣——有些時候，我們必須憑空發明模式出來，經不起裡面有錯誤的方程式。將數學應用在實務問題上，完全是另一回事；這需要在寫方程式之前，深入了解問題。

但是，如果你為了救一個小孩，超越目前的能力，鼓起力量，抬起一輛車子，在事情平靜下來之後，得到的力量會繼續存在。所以，和毒蟲失去神智不一樣，你在風險的影響之下，從一心不二用學到的事情和你擁有的全神貫注，會留在你身上。你可能不像原來那麼敏銳，但是沒人能夠搶走你學過的東西。這是我現在抨擊傳統教育體系的主要理由，因為那是白痴為白痴建立的。許多孩子如果在市場上有若干投資，就會愛上數學，而更重要的是，他們會養成一種本能，察覺數學誤用的狀況。

法令規定相對於法律制度

有兩種方式可以保障公民的安全，不受大型掠奪者（例如強而有力的大公司）傷害。第一種是制定實施法令規定——但是這些法令規定，除了限制個人的自由，也會帶來另一種掠奪，這一次是由國家、它的代理人，以及他們的親信做這種事。更重要的是，有好律師的人能夠玩法弄權（或者如同我們將見到的，堂而皇之讓人們知道他們聘用了以前的主管官員，並給付他們高得離譜的酬勞，而這對目前的在位者發出了將來會賄賂他們的訊號）。而且，當然了，法令規定一旦建立，就會文風不動，即使有證據顯示它們荒誕不經也一樣。政治人物承受既得利益的壓力，也不敢廢除它們。由於法令規定只增不減，我們很快就糾結在複雜的規定之中，企業因此窒息。它們也窒息了生命。

總是有一批寄生蟲從法令規定得到利益。在這些情況中，商人往往透過保護性的法令規定和特許權，利用政府牟取利潤。這種機制稱作監管奪回（regulatory recapture），因為它抵消了法令規定本意想要得到的效果。

另一種解決方案，是以法律責任的形式，以及訴訟程序的效率可能很高，將切膚之痛置入交易之中。盎格魯–撒克遜的世界歷來偏愛法律方法，而不是採用監管的方式。如果你傷害我，我可以告你。它由下而上，透過反覆試驗摸索，建立起非常複雜、不斷調適和平衡的普通法。人們交易的時候，幾乎總是偏愛以大英國協（Commonwealth；或者英國以前統治）的地方，作為解決爭端的場所：在亞洲偏愛香港和新加坡，西方則選倫敦和紐約。普通法重精神，而監管由於它的僵固性，完全照章行事。

如果一家大公司汙染你家附近，你可以聯合鄰居，告它到底。貪得無厭的律師會準備好相關的文書。敵視那家公司的人會樂於伸出援手。和解的潛在成本會足以威懾那家公司循規蹈矩。這並不表示根本不需要監管。有些系統性的影響，可能需要監管（例如隱藏性的環境破壞尾部風險很晚才出現）。如果你不能有效地訴訟，那就採取監管的辦法。⑤

現在，即使監管對社會有一點小小的淨報償，我還是喜歡盡可能自由，在我傷害別人時，承擔民事責任、面對我的命運和接受懲罰。這種態度稱為義務自由意志主義（deontic libertarianism；義務一詞來自責任〔duties〕）：監管你，就會剝奪你的自由。有些人相信自由是人的第一個最基本的善；這包括犯錯的自由（錯誤只傷害你）；自由是神聖的，絕對不可以拿來和經濟或其他利益交換。

⑤原書註：本書致敬的拉爾夫·納德（Ralph Nader），是協助建立法律機制、保護消費者和公民不受掠奪者傷害的拉爾夫·納德；不是那麼想獻給偶爾呼籲監管的拉爾夫·納德。

四、椎心之痛

最後和居於核心的是，切膚之痛談的是和生存承諾有關的榮譽，而承擔風險（某一類的風險）使人有別於機器，以及（有些人可能痛恨這麼說）形成一個人的高下排名。

如果你不為自己發表的意見承擔風險，那麼你什麼都不是。

我會持續不斷提到，除了過著高貴可敬的生活，我沒有其他的成功定義。我們的言下之意是：讓別人代你受死，是可恥的行為。

榮譽意味著有些行為，你寧死不做，不管物質報酬如何。她不會接受浮士德式的交易，不會為了五百美元出賣身體；這也表示，她不會為了一百萬美元去做，十億美元不會，一兆美元也不會。榮譽不只是一種否定法式的立場，它意味著有些事情，你會無條件去做，不管後果如何。以讓我們失去俄羅斯偉大詩人普希金（Pushkin）、法國數學家伽羅瓦（Galois），以及更多年紀輕輕的人（伽羅瓦的年紀非常小）和人決鬥為例來說：人們只是為了保住面子，而承擔很大的死亡機率。像懦夫那樣苟活，根本不是選項。他們寧死不受辱，連在十來歲就發明十分重大數學新分支的伽羅瓦也不例外。⑥正如一位斯巴達母親告訴即將離家的兒子：「拿著它，或者躺在它上面。」意思是說，帶著你的盾牌回來，否則不要活著回家（當時的習俗是將屍體平放在盾牌上面）；只有懦夫會為了跑得更快，而扔掉盾牌。

如果你想要考慮現代如何摧毀了一些人類價值的基礎，不妨比較上述的無條件行事和現代的通融：舉例來說，有人投入令人作嘔的遊說活動（例如在華盛頓代表沙烏地阿拉伯的利益），或者在知情的情況下，玩常見的不道德學術遊戲，並以他們本身的狀況為由，提出「我得供小孩上大學」之類的論調。在道德上不獨立的人，傾向於依他們的專業而調整倫理（講得振振有詞），而不是找個符合他們倫理的專業。

關於榮譽，還有另一個向度要提：超越僅僅是個人的切膚之痛，為他人而冒險，也就是為別人的切膚之痛採取行動；為了全體而不惜付出重大的犧牲。

不過，也有一些活動，例如手工藝，讓人洋溢著自豪感和榮譽感，不必做非常大的犧牲。

工匠

為了優化你的工作、偷工減料，或者從它（以及你的生活中）擠出更多「效率」而做的任何事情，最後都會使你不喜歡它。

⑥原書註：其實有一種論調贊成以決鬥解決爭端：它們可以把問題局限在有直接切膚之痛的人，防止更多人捲入衝突，也就是戰爭之中。

工匠有椎心之痛（soul in the game）。

首先，工匠做事情是先為了存在的理由，稍後才會考慮財務和商業上的理由。他們的決定絕對不完全是財務上的，但仍然和財務有關。其次，他們的專業中有某種「藝術」；他們遠離工業化的大多數層面；他們結合藝術和商業。第三，他們把若干靈魂放進作品中：他們不會出售有瑕疵的東西，或甚至在品質上打折扣，因為擔心有傷自豪。最後，他們有神聖的禁忌，即使可以顯著提高利潤，也不肯去做某些事情。

邪惡的人抄捷徑，秉持美德的人走比較長的路（拉丁文：Compendiaria res improbitas, virtusque tarda）。換句話說，偷工減料是不誠實的行為。

拿我本身的專業來說。我們很容易看出作家其實是工匠：賣書不是最終的動機，只是次要的標的（即使有那個動機也是一樣）。你會強烈抑制一些欲望，只求保存產品的純淨。舉例來說，二〇〇〇年代初，珠寶連鎖店寶格麗（Bulgari）花錢請作家費伊．韋爾登（Fay Weldon）把他們的優秀產品，置入她所寫小說的情節中做推薦，替他們的品牌打廣告。噩夢隨之而來；大眾普遍厭惡文學界的這一塊。

我也記得一九八〇年代，有人試著免費送書，但是和雜誌一樣，在字裡行間打廣告。這樣的做法失敗了。

我們也不將寫作工業化。如果我為了提高效率，請一群寫手來「幫忙」，你知道之後一定大感失望。傑茲．科辛斯基（Jerzy Kosinski）等一些作者，試著將某些章節外包而寫書，被人發現之後，徹底遭到排斥。這些作者加上承包商，所寫的作品能夠存活下去的，少之又少。但是有一些例外，例如大仲馬（Alexandre Dumas père）據說經營一座代筆人（有四十五個之多）工場，讓他能夠增加產量到一百五十本小說，因此有笑話說，他只讀過自己寫的一些書。不過大體而言，產出是沒辦法擴增的（即使書籍的銷路可以擴增）。大仲馬可能是印證這一規則的例外。

現在要談一些非常實務的東西。我聽過最好的忠告之一，是一位非常成功（和快樂）的年長創業家尤西．瓦迪（Yossi Vardi）所提的建議。他說，不要有助理。單單有助理存在，就會使你的自然過濾暫時叫停——沒了助理，會強迫你只做樂在其中的事，而且慢慢的，用那種方式引導你的生活（我在這裡所說的助理，排除了雇用某些人執行特定的任務，例如批改論文、協助會計記帳，或者幫植物澆水；我只是指監督你所有活動的守護天使）。這是一種否定法：你想要最多的自由時間，不是最多的活動，而且你能夠根據這種衡量指標，評估本身的「成功」。如果不這樣的話，最後你是在協助你的助理，或者被迫「解釋」怎麼做事，而這比做事本身還要花費心力。事實上，除了我的寫作和研究生活，這證明是很好的財務忠告，因為我更加自由、身手更為靈活，而我的同行每天的日子，充滿不必要的「會議」和不必要的通訊。

擁有助理（除非絕對必要），會消除你的椎心之痛。

想想下次你到墨西哥時，使用手持式翻譯器，而不是和當地人接觸，學習扎實的西班牙詞彙的效果。助理會使你遠離真誠一步。

學者可以是工匠。即使誤解亞當・斯密（Adam Smith）的經濟學家，宣稱人在「追求極大化」他們的所得，不收費侃侃而談這些觀念，宣稱不落入低俗的商業利潤追求，卻未能見到這其中的矛盾。

創業家當心

創業家是我們社會中的英雄。他們為我們其他所有的人而失敗。但由於資金募集和目前的創業投資機制，許多人誤以為創業家沒有真正的切膚之痛，因為感覺他們的目標，是把出力創造的公司賣給別人變現，或者在股票市場發行股票「上市」。公司真正的價值、它生產什麼，以及它長期能否存活，他們不是很在意。這純粹是取得資金的手段，我們會將這類人排除在「創業家」冒險類之外（這種創業形式，相當於把長得好看和有市場價值的孩子帶進世界，唯一的目標是在四歲的時候把他們賣掉）。從他們能夠寫出具說服力的商業計畫，很容易判定這種人。

超越創業階段的公司會開始腐壞。企業的死亡率和癌症患者一樣，理由之一是將以時間定義的責任指派給它們。一旦你改變了指派的責任——或者更好的是，改變了公司——你現在就能說，深層的鮑伯・魯賓式風險現身了：「這不再是我的問題。」在你賣出公司時，也會有相同的事情發生，所以記住：

生產東西的技能不同於銷售東西的技能。

傲慢的人會去做

掛有業主姓名的產品或公司，傳達了非常有價值的訊息。它們大喊著，害怕失去某些東西。產品、公司和業主同名，既指出業主獻身於公司，也對產品深懷信心。我的朋友保羅・威爾莫特（Paul Wilmott）把他的姓名放在一本數學財務技術期刊（Wil-mott）上，經常被稱為「自大狂」，但它在本書撰稿時無疑是最好的一本。「自大狂」對產品來說有好處。但如果你找不到「自大狂」，「傲慢的人」會去做。

避稅公民

許多有錢人來到美國，永久居住，卻不肯成為公民。他們可以自由選擇是否永久居留，而且這是一種權利，不是義務，因為他們能夠透過簡單的程序就取得。你問他們為什麼不在法官面前宣誓，然後在湖濱的鄉村俱樂部舉辦雞尾酒會。典型的回答是：稅負。一旦你成為美國公民，即使住在海外，便必須就你的全球所得繳稅。而且這要改回來，不是那麼容易，所以你因此失去了選擇權。但是法國和英國等其他西方國家，允許公民如果住在某個避稅天堂，享有很大的稅負豁免。於是這引來一群人，透過投資和符合最低居留要求，「買進」公民權，拿到護照，然後住到免稅的某個地方。

一個國家不應該容忍只能同安樂不能共患難的朋友。沒有切膚之痛，卻擁有國籍，令人不快，因為他們可以旅遊進出國界，卻不用承擔隨護照而來的不利。

我父母是法國公民，數十年前我因此容易入籍。但是感覺不對，甚至令人極度反感。而且，除非我透過切膚之痛，對法國產生情感上的依附，否則我辦不到。看到法國護照上，我長滿鬍鬚的臉孔，感覺很假。我唯一考慮使用的是希臘（或塞浦路斯）的護照，因為我覺得和希臘世界有深層且淵遠流長的社會文化血脈相連。

但是我來到美國，擁抱這塊地方，並將護照視為承諾：不管是好或壞、需要繳稅或不必繳稅，它成了我的身分。許多人取笑我的決定，因為我的大部分所得來自海外，而且，如果我將辦公地點設在塞浦路斯或馬爾他，我會賺更多錢。如果想要為自己降低稅負，而且真的這麼做了，那麼我有義務為它而戰，既為了自己，也為了全體，也就是其他的納稅人，不能掉頭而去。

這裡面有切膚之痛。

英雄不是在圖書館啃書

如果你想要研究勇氣之類的古典價值，或者了解斯多噶學派的淡泊名利主張，不見得一定要去找古典學者。一個人絕對不會沒有原因就成為職業學者。想要自行鑽研的話，如果可能，找塞內加（Seneca）、凱撒（Caesar），或羅馬皇帝馬可·奧里略（Marcus Aurelius）的相關著作來看。或者閱讀本身也動手做的古典文學評論家寫的文章，例如蒙田（Montaigne）——這些人在某個時點有切膚之痛，然後退而寫書。如果可能的話，避免中間轉一手。或者，忘掉那些著作，只要鼓起勇氣，採取行動就行。

從教科書中學習勇氣，不會讓你更有勇氣，就像吃牛肉不會使你成為牛。

由於某種神祕的心理機制，人們未能理解你能從教授學到的主要事情，是如何成為教授——比方說，你能從生活教練或勵志演說家學到的主要事情，是如何成為生活教練或勵志演說家。所以請記住，歷史上的英雄不是古典主義者和書蟲，而是活生生出現在他們文章中的人。他們是有所作為和必須具有冒險犯難精神的人。要進入他們的心理世界，你需要教淡泊名利的職業教授之外的人。⑦他們幾乎總是不懂這件事（事實上他們不曾懂得）。依我個人一連串的奮鬥經驗，許多這些「古典學者」，對於亞歷山大（Alexander）、克麗歐佩特拉（Cleopatra）、凱撒、漢尼拔、尤利安、列奧尼達（Leonidas）、芝諾比亞（Zenobia）等勇者早餐吃些什麼瞭如指掌，卻在知識上對他們的剛勇毫無所悉。學術界（和新聞界）根本上是害怕機率的空口說白話者的庇護所嗎？也就是，這些偷窺者只想看，卻不願意冒險。看起來是這樣沒錯。本書最重要的一章，為了方便起見，放在最後一章「承擔風險的邏輯」，指出風險的某些核心要素，實務工作者一目了然，理論學家卻錯過了兩個世紀以上！

---

⑦原書註：如同《反脆弱》一書所說，我對塞內加的了解，完全和不對稱（以及可選擇性〔optionality〕）有關，包括財務上的和情感上的。身爲冒險者，我有些東西不可能傳達給古典學者，使得談塞內加的一些東西，失去了精髓，令我倍感挫折。

椎心之痛和若干（不是太多的）保護主義

讓我們將這些觀念應用到現代。我們談過建築師和真正的使用者是不同人的故事。這擴延到更為一般性的系統影響，例如保護主義和全球主義。用那種方式去看，某些保護主義的興起，可能有強力的理由依據——而且是經濟上的。

不談由於噪音－訊號比失衡，全球化的論調帶來巴別塔似的刺耳雜音。這方面的要點是：勞工，也就是做事情的人，各個體內都有一名工匠。國際大公司花錢請遊說人士，試著要我們相信，這種保護主義甚至不會和經濟思維，也就是所謂的新古典經濟學，相互衝突。但事實恰好相反。它與經濟學所依賴的基礎，也就是經濟決策的數學公理不一致，並沒有極大化一個人狹隘定義的金錢計價收益，卻犧牲其他事情。如同我在本章稍早說過的，由於你個人的偏好，把錢留在桌上不拿，根據經濟理論，並非不理性的行為；局限在財務利得的誘因概念，因此沒辦法解釋經濟學者所主張的自利觀念的存在。⑧

以狹隘定義的會計概念（以總量計）來看，把工作出口可能會讓我們生活過得更好。但這不是人們可能真正想要的。我寫書，是因為我生來要做到亞里斯多德的盡善盡美，正如刀子的使命，是用來切東西——而外包我的研究和寫作到中國或突尼西亞，（可能）會提高我的產量，卻剝奪我對自己的認同。

所以說，人們可能想要動手做事情。他們只是想要做事情，因為覺得這是他們認同的一部分。威徹斯特郡（Westchester County）的鞋匠想要當鞋匠，享受勞動的成果，見到自己的商品擺在店家而自豪，即使讓中國的工廠製造鞋子，自己轉換到另一個專業，他所謂的「經濟」條件可望改善，他也不想放棄本業。新系統讓他買得起平板電視機、更多的純棉襯衫和更便宜的自行車，卻失去了某種東西。欺騙人們放棄他們本來的專業，可能是很殘忍的行為。人們想要承受椎心之痛。

在這個意義上來說，將權力下放和化整為零，除了能夠穩定系統，還能改善人們和他們勞動成果間的連結。

審判不公之痛

讓我們以一件歷史軼事作結。

有人很可能會問：有法律很好，但是面對貪腐或不稱職的法官，怎麼辦？他可能犯了錯而不受懲罰。他可能是弱連結（weak link）。不完全是這樣，或者至少在歷史上不是。一位朋友曾經給我看荷蘭畫作「岡比西斯的判決」（Judgment of Cambyses）。場景是希羅多德（Herodotus）所說

---

⑧原書註：很長一段時間以來，瑞士的一些村鎮——民主上的——禁止銷售不動產給外國人，以防在地方上沒有切膚之痛的富佬，炒高價格而造成破壞，傷害新的年輕買家，在價格上永遠被排除於市場之外。這在經濟上是愚蠢的行爲嗎？不見得，但有些不動產開發商強烈不同意。

貪腐的波斯法官錫桑內斯（Sisamnes）的故事。岡比西斯國王下令將他活生生剝皮，懲罰他違法犯紀。畫面上是錫桑內斯的兒子坐在父親的椅子上執審判之責，椅上墊著剝下來的皮，提醒世人不公不義真的會有切膚之痛。

序三：「不確定系列」的肋骨

每次坐下來看七頁，一年七頁是完美的速率——一讀再讀的讀者需要一評再評的書評人

我們大略談過主要的觀念之後，現在來看看這一部分的討論，如何套用到「不確定系列」的其餘內容。就像夏娃來自亞當的肋骨，「不確定系列」的每一本書，都來自前一本書的肋骨。在《隨機騙局》中隨意討論了《黑天鵝效應》；《反脆弱》的主題，隨機事件的凸性（convexity）概念，在《黑天鵝效應》裡勾勒了它的輪廓；最後，《不對稱陷阱》是《反脆弱》的一部分，主旨是：**汝不得犧牲他人而變得反脆弱**。簡單地說，風險承擔的不對稱，導致失衡，而且可能造成系統性崩壞。

鮑伯．魯賓交易和我身為交易人的業務有關（我們說過，當這些人賺錢，他們將利潤落袋為安；等到他們捅到了黑天鵝而賠錢，則由其他人負擔成本）。這種現象四處可見，成了「不確定系列」每一本書的骨幹。每當發獎金的期間（每年）和統計上爆裂發生的時刻（例如每隔十年）

不相稱，代理人就有那個誘因，去玩鮑伯・魯賓風險移轉的遊戲。由於想要搭上賺錢巴士的人數愈來愈多，這種系統中的黑天鵝風險就日益累增，然後砰的一聲，系統性爆裂發生了。①

這條路

我們將用最生動活潑的人事物來當嚮導。就一般性的胖子東尼－伊索克拉底不對稱的部分來說，倫理面不言可喻，而且由於和哲學家（及散步夥伴）康斯坦丁・桑迪斯（Constantine Sandis）唇槍舌劍、攜手合作，我對這件事涉足甚深。侵權法也是不言可喻，而且我認為它會占本書很大的篇幅，但是盡量少談會令人欣慰。為什麼？

對於那些沒有興趣念法學院的人來說，侵權法是枯燥乏味的東西。在什麼都不怕的納德激勵之下，我的書房中一張咖啡桌擺滿將近二十本契約法和侵權法。但我發現，這個主題沉悶得緊，每次坐下來，要讀上七行以上，對我來說難如登天（這是上帝慈悲為懷，發明社群媒體和推特〔Twitter〕論戰的原因）：法律和科學、數學不同。非常嚴謹，卻不會給人驚奇。法律不能拿來玩樂。單單看到這些書，我就想起曾經和聯邦準備理事會一位前理事共進午餐的往事。這種事情，一個人一輩子不應該遭遇一次以上。所以我將以幾行文字，帶過侵權這個主題。

如同我們在前言第一段透露的，有些不會叫人昏昏欲睡的主題（異教神學、宗教習俗、複雜性理論〔complexity theory〕、古代和中世紀歷史，以及當然了，還有機率和風險承擔）符合筆者主張的自然過濾器。簡單地說：如果你不能將你的靈魂放進某些東西，那麼請放棄，把那個東西留給別人去做。講到椎心之痛，我必須克服下面所說的羞愧之事。在羅浮宮漢摩拉比的巴黎插曲中，當我站在雄偉的玄武岩石柱前（放在拿著自拍桿的韓國人的那個房間裡），我看不懂上面寫了什麼，必須依賴專家的解說，這讓我感到非常不安。什麼專家？如果這是一趟文化之旅，那還好，不過我是以專業寫作一本書的身分，非常深入探討那個東西而來到這裡！不懂得那個時候怎麼閱讀和朗誦古文字，感覺像在欺騙讀者。此外，我偶爾會有興趣研究閃族的語文學，所以我沒有藉口說自己不懂。於是我分心沉迷於學習夠多的古阿卡德語（Akkadian），希望能以閃語朗誦漢摩拉比法典，也就是想要把靈魂放在裡面。本書的完成可能因此推遲，但是至少在我提到漢摩拉比的時候，良心不會讓我覺得好像在冒充什麼。

力量增強的探測器

本書是在深入——非學術性——沒有計畫地玩數學之後完成的。寫完《反脆弱》，我本來想封筆一段時間，在一所地方大學擔任教職，日子過得舒適安逸，三不五時前往美食餐廳享受墨魚

①原書註：不是只有銀行家和企業會將隱藏性風險移轉。整個人口中，有些部分的人其實也在玩這種遊戲，而且玩得相當有成效。舉例來說，住在海邊地區的人，容易受到颶風和洪災的侵襲，事實上他們受到整個國家——也就是全體納稅人——的補貼。雖然在天災發生之後，他們成了電視上的受害人，他們和不動產開發商卻得到別人負擔成本的利益。

義大利麵、和我的藍領朋友練習舉重、下午打打橋牌，過著十九世紀紳士那般寧靜無憂的生活。

我萬萬沒想到，寧靜生活的美夢才持續幾個星期。因為不管是什麼退休活動，例如合約橋牌、象棋、樂透、參觀墨西哥的金字塔等等，我都一竅不通。我曾經偶然試著解決一道數學腦筋急轉彎問題，結果強迫自己花了五年時間，埋首做數學練習，苦苦思索難解的問題而沉迷其中。和碰到這種事情常見的情形那樣，我並沒有用數學去解決問題，只是樂在其中。但是我不曾料想到接下來產生的影響。這使得我的屁話探測器變得十分敏感，在聽到（詞藻華麗的人，尤其是學者）口若懸河的胡言亂語時，會有置身於隨機發生尖銳刺耳聲音的房間中的相同效果，就像殺豬那樣。正常的人不曾讓我感到困擾；「知識分子」專業中滿嘴屁話的人才令我困擾。見到心理學家史蒂芬．平克（Steven Pinker）講到知識方面的事情，和在國家公園中遇到免下車漢堡王餐廳有類似的效果。

正是由於有一個這樣過度敏感的屁話探測器，所以我寫了這本書。

書評人

由於我們談的是書，所以用我在這個行業時學到的一件事，結束導讀前言這一部分。許多書評人都是知識上誠實和有話直說的人，但是這個行業基本上與大眾衝突，即使是自命為一般讀者階級的代表。舉例來說，風險承擔者寫的書，一般大眾（以及一些書籍編輯，但非常少）能在某種程度內察覺令他們感興趣的著作，而這是假冒文字生產空間中的人（換句話說，沒有實際動手去做的人）長久以來未能得到的——而且他們不了解自己不懂什麼，因為他們不是活躍型和交易生活中真正的一員。

書評人——以他們發揮的功能來定義——也無法評斷一個人重讀的書。對於熟悉《反脆弱》非線性效應觀念的人來說，學習是根源於重複和凸性，意思是說，讀一段簡單的文字兩次，比一次讀兩種不同的東西，更有幫助。這當然是指那段文字的內容具有某種深度。凸性深植在閃族的語彙中：猶太教法典的第一部分米西拿（mishnah），在希伯來語中，是指猶太教法典《塔木德經》之前，口傳律法的編纂，意思是「加倍」（doubling）；猶太法學博士的聖經註釋米德拉什（midrash），本身可能和壓碎與反覆研磨有關，而且對應於以實瑪利（Ishmael）孩子的伊斯蘭教學校（madrassa）。

書籍的章節安排，應該依照讀者閱讀或者想要閱讀的方式，並且根據作者想要探討某個主題多深入而定，而不是為了讓書評人容易寫評論。書評人是糟糕的中介商；他們正處於去中介化的過程，和計程車公司正面臨的遭遇一樣（有些人稱之為優步化）。

怎麼會這樣？這裡同樣有切膚之痛的問題：專業書評人認為他們必須決定書應該怎麼寫，真正的讀者則真的看了書，因為他們喜歡閱讀，兩者有利益上的衝突。舉一件事來說，書評人對於作者有肆無忌憚、任意批判的權力：必須要有人看過書，才會發現書評人滿口胡言亂語，所以表示他們缺乏切膚之痛。《紐約時報》的角谷美智子（Michiko Kakutani，已經退休）或者在《衛報》（*The Guardian*）寫書評的大衛．朗西曼（David Runciman）之類的書評人，可以一直寫下去，只要沒人拆穿他們在編造故事或者喝茫了（或者，如同我敢肯定的，以角谷來說，兩件事都有）。書評人是以他們說得多麼頭頭是道和文筆寫得多好而受到評審，絕對不是根據他們所說多麼貼近書籍內容（除非當然了，作者要他們為虛假的陳述負起責任）。②

現在，在「不確定系列」的第一本書發表之後約二十年，我已經知道如何和你，也就是讀者，直接互動了。

本書的結構

第一部是我們剛剛看過的前言，分成三部分（從序一到序三）。

第二部「初探代理」更加深入闡述風險分攤的對稱性和代理，從一般倫理學觀點來彌合商業利益的衝突。它也簡短介紹規模縮放的概念，以及個人和全體的不同，因此帶到全球主義和普遍主義受到的限制。

第三部「最大的不對稱」談的是人口中一小部分人的少數統治，將他們的偏好強加在全體人口之上。第三部的（簡短）附錄顯示：一、一群單位的表現如何不像各個單位的總和，而是會有本身想法的某種東西，以及二、稱作社會「科學」的不少東西的後果。

第四部「狗群中的狼」談的是依賴，且讓我們直言不諱提到現代生活中的奴隸：為什麼員工會存在，是因為他們比起契約工，可能失去多很多的東西。它指出，即使你相當獨立和擁有他×的錢，如果你關心的人成了邪惡公司和集團的目標，你也會相當脆弱。

第五部「要活著，就需要承擔一定的風險」，在第五章指出，冒險如何使你表面上看起來比較不具吸引力，說服力卻因此大增。它澄清了真實生活中的生活和體驗機器想像中的生活之間的不同；耶穌如何必須是人，且不能太像神；以及川普（Donald Trump）如何因為他的不完美而贏得美國總統大選。第六章「白痴知識分子」（The Intellectual Yet Idiot, IYI）說明ＩＹＩ不懂得和講課比起來，切膚之痛使你更了解世界（包括騎自行車）。第七章解釋了風險的分配不均和薪資的分配不均之間的差異：你可以比較有錢，但你應該當個真正的人，並且冒若干風險。它也用動態的觀點去看分配不均，有別於ＩＹＩ的靜態觀點。造成分配不均最糟的禍首，是高階公務人員或者終生職學者的制約，不是創業家的制約。第八章解釋了林迪效應，也就是專家的專家，能夠告訴我們為什麼水管工是專家，臨床心理學家不是，以及為什麼《紐約客》對專家的評論者本身不是專家。林迪效應區分了因為時間而增強的事物和被時間摧毀的事物。

第六部「更深入談代理」探討了隨之而來的隱藏性不對稱。第九章從實務的觀點來看，指出世界比較簡單，以及穩健的專家看起來不像粉墨登場的演員。這一章提出了屁話試探啟發法。第十章說明有錢人如何成了冤大頭，掉進讓他們的生活風格複雜化的人設下的圈套，賣給他們某些東西。第十一章解釋威脅和真正的威脅之間的不同，並且說明你可以如何擁有敵人，卻不殺害他。第十二章提出新聞記者的代理問題：由於需要取悅其他的新聞記者，他們會犧牲真相和建立

---

②原書註：《隨機騙局》問世過了將近三年，才有人理解它寫的是「運氣的成分比你所想的要多」，而不是人們從書評得到的訊息：「一切純粹靠運氣。」然而，大部分書的壽命不超過三個月。

錯誤的論述。第十三章解釋為何美德需要承擔風險，但不是在網際網路上扮演白馬騎士的角色，以降低聲譽上的風險，或者開立支票給某個非政府組織（ＮＧＯ），而它可能協助摧毀這個世界。第十四章解釋地緣政治中人的代理問題，以及歷史學家傾向於記述戰爭而不記載和平，扭曲我們對過去的看法。歷史也苦於機率性的混淆。如果我們去除「和平」專家，這個世界會比較安全，許多問題會以有機的方式迎刃而解。

第七部「宗教、信仰與切膚之痛」，以切膚之痛解釋各種信條和顯示性偏好：無神論者在機能上如何和基督徒難以區別，但是薩拉菲穆斯林（Salafi Muslims）則不然。避開華麗的詞藻，「宗教」，就不是那麼宗教了：有些是哲學，其他只是法律體系。

第八部「風險與理性」有兩個中心章節，我選擇留在最後才談。和切膚之痛無關係的理性，沒有嚴格的定義；一切都只是看行動，不看說詞、想法和坐而言。第十九章「承擔風險的邏輯」彙總了我對風險持有的所有信念，並且揭露關於小機率事件的錯誤。它也按照階層，將風險分類（從個人到全體），並且證明了如果一個人為了全體的利益而行動，勇氣和謹慎不會相互牴觸。它解釋了掛在左邊的遍歷性（ergodicity）。最後，本章概述了我們所說的預防原則（precautionary principle）。

第一部附錄：生活和事物的不對稱

表二、社會的不對稱

我們在《反脆弱》沒有談的事情

沒有切膚之痛	切膚之痛	別人的切膚之痛，或椎心之痛
（留下上檔利益，將下檔損失移轉給別人，犧牲別人，而擁有隱藏性選擇權）	（冒他或她本身的風險，留著自己的下檔損失）	（代替其他人或者為了普世的價值，承受下檔損失）
官僚、政策學究	公民	聖徒、騎士、勇士、戰士
顧問師、詭辯家	商販、企業人士	（現代之前的）先知、哲學家
直通國庫的大公司	工匠	藝術家、一些工匠
（穿西裝打領帶的）企業高階主管	創業家	創業家／創新者
玩弄系統的科學家、理論家、資料探勘者、觀察性研究	實驗室實驗和田野實驗	特立獨行的科學家，脫離一般的信念，而承受推測的風險
中央集權政府	城邦政府	市政府

沒有切膚之痛	切膚之痛	別人的切膚之痛，或椎心之痛
文稿編輯	作家、（一些）編輯	真正的作家
「分析」和預測的新聞記者	投機客	承受風險和揭露（強大的政權、公司）詐欺、反抗的新聞記者
政治人物	活動分子	異議分子、革命家
銀行家	避險基金交易人	（他們不會從事低俗的商務）
尋求獎品、獎金、榮譽、獎牌、與英國女王一起喝茶、取得學院院士資格、與歐巴馬握手		最高——甚至唯一——的獎項，是為個人的理想或職位而死：蘇格拉底、耶穌、聖凱瑟琳（Saint Catherine）、希帕提亞（Hypatia）、聖女貞德

第二部

初探代理

1 為什麼每個人應該吃自己抓來的海龜：不確定性中的平等

海龜的味道——新顧客在哪裡？——伊斯蘭教教法和不對稱——瑞士人和其他的人——拉夫・薩夫拉和瑞士人（但是不同的瑞士人）

古訓有言：抓到海龜的人，最好自己吃掉。①關於這句話的起源，說明如下。據說有一群漁夫抓到許多海龜。煮熟之後一起吃，卻發現這些海中生物遠比他們想像的難吃：願意吃的人不多。墨丘利（Mercury）碰巧路過——墨丘利是身兼最多職，有點像是什麼事都幹的神。祂是主管商務、豐饒、信差、黑道之主，也是小偷、盜賊，以及不叫人意外的運氣等的守護神。漁夫邀他

①原書註：拉丁文是：Ipsi testudines edite, qui cepistis.

來吃東西，並給了海龜。等到他發現他們請他共食，只是要擺脫不想吃的食物，於是強迫他們所有的人都吃海龜，因此建立起一條原則，也就是你給別人吃什麼，自己也要吃什麼。

每天有一位顧客誕生

我曾從自己的天真經驗，學到一個教訓：

對於那些提出建議，告訴你說，採取某種行動「對你有好處」的人，務必提高警覺。雖然這對他也有好處，可是對你的傷害，不會直接影響他。

當然，這樣的建議通常不請而來。別人所提的建議，是用在你身上，不是用在他身上，就有不對稱存在——他可能想賣你某樣東西，或者希望你娶他女兒，或者雇用他的女婿。幾年前，我收到一位演說代理人的信。他在信中寫得很清楚，提到十個問題，像是「你是不是有時間回覆請求？」「你能安排旅程嗎？」總而言之，要點在於有了演說代理人，我的日子會好過些，有時間去追求知識和想做的其他任何事情（例如更深入了解園藝、集郵、研究地中海遺傳學，或者墨魚食譜），至於處理繁雜瑣事的重擔，則丟到另一個人身上，而這個人不是任何演說代理人都行：只有他能做所有這些事情；他看書，能夠深入知識分子的內心（那時候，我不覺得被稱為知識分子是受到侮辱的事）。和不請自來、主動提供建議的人一樣，我感覺不妙了：在討論的過程中，他沒有一刻不讓我知道這「對我有好處」。

身為冤大頭，雖然我沒買他的帳，最後還是和他有了生意上的往來，讓他處理他所在國外的一本書。情況一直不錯，直到六年前，我收到那個國家稅務主管機關的來信。我馬上聯絡他，想知道雇用他的類似美國公民是否發生這種稅務衝突，或者他是否聽過類似的狀況。他的回答立即且不客氣：「我不是你的稅務律師。」不主動提供雇用他的其他美國顧客是否有類似問題的資訊，因為遭遇這種問題「對他們有好處」。

事實上，就我記憶所及，能夠想到的十幾個案例中，起初說是對你有好處，最後總是對你不見得真的有好處，但肯定對另一方有好處。身為交易員，你學會識人和與正直的人來往。那些人會告訴你，他們有某種東西要賣，並且解釋那筆交易對他們本身的好處，問「你有沒有斧頭？」之類的問題（意思是探詢你是否有若干興趣）。記得盡你所能，避開打電話給你，吹捧偽裝成建議的某種產品。事實上，海龜的故事是歷史上凡人之間的交易原型。

我曾經在一家美國投資銀行服務。這是頗負盛名的那一種，稱作「白鞋子」（white shoe），因為合夥人是很難加入的一流貴族高爾夫俱樂部的會員，打球時都穿白鞋。和所有的這種公司一樣，它需要努力塑造、強調和保護倫理與專業的形象。但是銷售人員（事實上是業務員）白天穿黑鞋的工作，是把存貨「脫手」（unload），「拋售」（stuffing）給交易人，也就是他們需要擺脫帳簿上過多的證券，以降低承擔的風險。賣給其他的自營商是不可能的，因為專業交易員（一般來說，不打高爾夫）會嗅出存貨過多的味道，並且導致價格下跌。所以他們需要賣給所謂「買方」的若干客戶。有些交易員支付業務員（百分率）「點數」。這個變動的酬勞，會隨著我們有多急迫想要擺脫手上的證券而升高。業務員會請客戶吃晚餐，點昂貴的酒（通常是菜單上價格最高的），而且因為把不想要的東西倒給他們，幾千美元的餐廳帳單開銷，會得到巨大的報酬。有位業務員高手坦白跟我說：「如果我埋單找到客戶，市政府財務部門的某個人會在新澤西州某家百貨公司買西裝送他，還有一瓶二千美元的紅酒。接下來幾個月，這個人是我的。我可以從他身上賺到至少十萬美元的利潤。市場不會給你這種報酬。」

業務員會鼓動如簧之舌，說那種證券收進客戶的投資組合裡如何完美、他們如何肯定價格一定上漲，以及客戶如果錯過「這種機會」，將如何懊悔不已——之類的高論。業務員擅長於心理操縱的藝術，往往做成違背客戶本身利益的交易，客戶還為此感到高興，喜歡上他們和他們的公司。那家公司一位頂尖的業務員，深具個人魅力，請司機開勞斯萊斯送他上班。他曾經被問到，當顧客吃虧，難道不生氣嗎？他答道：「甩掉他們，別和他們瞎耗。記住，每天都有一位新顧客誕生。」

對此，羅馬人清楚得很，曉得如果一個人眉開眼笑叫賣某樣商品，一定是急著想要脫手②。

羅得島的穀物價格

所以，以「提供建議」為銷售詞，根本上是不合倫理的——銷售不能被視為建議。我們可以安全地如此論斷。你可以提供建議，或者可以銷售（藉廣告產品的品質），而這兩者需要區分開來。

但是在交易的過程中，有一個相關的問題：賣方應該向買方揭露多少資訊？

「明知道價格最後會下跌，卻把某樣東西賣給某個人，是否合乎倫理？」的問題，自古以來就有——但是它的解決方案再明白不過了。這方面的爭辯，可以回溯到巴比倫的第歐根尼（Diogenes of Babylon）和他的學生塔爾蘇斯的安提帕特（Antipater of Tarsus）這兩位斯多噶哲學家之間的不同看法。後者在不對稱資訊方面，採取比較高的道德標準，似乎和本書作者贊同的倫理相符。兩位作者的作品現都已散失，但是我們對第二個來源或者第三個的西塞羅（Cicero）知道得相當多。如同西塞羅在《論責任》（*De Officiis*）傳述如下所說的問題。假設有個人帶著大量的穀物，從亞歷山卓港（Alexandria）運往因為歉收和饑荒而使得穀物價格飛漲的羅得島（Rhodes）。③假使他也知道許多船隻已經從亞歷山卓港啟程，載運類似的商品前往羅得島。他是不是應該告知羅得島民這件事？這種情況下，一個人怎麼做，才算光明磊落，還是厚顏無恥？

我們交易員有個直截了當的答案。同樣的，「拋售」——銷售大量的東西給人，卻不告訴他們還有大量的存貨待售。正直的交易員不會對其他專業交易員做那種事。這是絕對不可以做的事。受到的懲罰將是遭到排斥。但是對匿名市場和不知何許人也的非交易員，或者我們所說的

②原書註：拉丁文是：Plenius aequo laudat venalis qui vult extrudere merces.——賀拉斯（Horace）

③譯註：愛琴海中商業貿易發達的島嶼。

「瑞士人」，也就是遠方的某些隨機冤大頭這麼做，卻有點容許。我們和有些人的關係融洽，和其他人則純粹只是交易往來。兩者被一道倫理之牆隔開，這很像一邊是不能傷害的家畜，另一邊則是遇到蟑螂，不可殘酷對待的規則便取消了。

第歐根尼認為，賣方應當依民事法的要求，揭露所有的相關資訊。至於安提帕特，則相信每件事都應該揭露──超越法律──如此就不會有賣方知道，而買方不知道的事情。

安提帕特的立場顯然更為強固──不因為時間、地點、狀況和參與者的眼睛顏色，而改變強固性。現在且這麼說

> 倫理總是比法律要強固。隨著時間的推移，法律應該趨近於倫理，而不是反過來。

因此：

> 法律來來去去；倫理永存。

「法律」的概念曖昧不明，而且高度取決於由誰管轄。在美國，由於消費者倡導和類似的運動勢盛，民事法整合了這些揭露事項，其他國家則有不同的法律。這在證券法上特別明顯，由於「搶先跑單」（front running）和內部人資訊的法令規定，美國強制揭露這些資訊，歐洲則還落後許多。

事實上，我在投資銀行界的那些日子裡，不少工作是玩弄法令規定，鑽法律漏洞。而且，和直覺相反的是，監管愈嚴，賺錢愈容易。

不確定中的平等

這把我們帶到不對稱，也就是切膚之痛背後的核心概念。問題成了：參與交易的人，彼此的資訊差異可以到達什麼程度？古地中海人，以及在某種程度內的現代世界，似乎趨近於安提帕特的立場。雖然盎格魯－撒克遜西方世界的買方當心（caveat emptor）觀念相當新，而且不曾普及，也經常被不良品賠償法（lemon laws）所沖淡（「不良品」最早是指長期有瑕疵、老是待在車庫中的汽車，例如我的敞篷Mini。現在則普遍用到會動的任何東西上）。

所以，就兩位斯多噶學者的爭論，西塞羅所提的問題，「如果一個人在知情的情況下，銷售正在腐壞的紅酒，他是不是應該告訴顧客？」答案是我們的世界更接近透明化的立場，而且由於侵權法，不見得是經由監管，一個人可以在賣方傷害他或她時，提出訴訟。還記得侵權法把若干切膚之痛送回賣方——這是為什麼它們遭到辱罵，而為企業所厭惡。但是侵權法有副作用——它們只應該以非天真的方式使用，也就是不能要花招。這在我們討論看醫生時，會見到它們被人上下其手動手腳。

伊斯蘭教教法，尤其是規範伊斯蘭教交易和財務的法律，引起我們的興趣，因為它保存了一些失落的地中海與巴比倫方法及實務——不是用來支撐沙烏地王子的自尊。它存在於希臘羅馬法律（反映在閃族地區與貝魯特斯〔Berytus，今黎巴嫩首都貝魯特的古名〕法學院接壤的人們身上）、腓尼基人的交易規則、巴比倫法律和阿拉伯部落的商業習俗的交會點。因此，它提供了一個古地中海和閃族教誨的儲存庫。我因此把伊斯蘭教教法視為交易對稱性觀念史的博物館。伊斯蘭教教法禁止高不確定風險（gharar），④激烈的程度足以完全禁止任何形式的交易。它是個極其複雜的決策理論名詞，不存在於英文中：它的意思同時包含不確定和欺騙——我個人的理解是：它的意思超越了代理人之間的資訊不對稱：不確定的不平等。簡單地說，由於目的是讓交易的雙方面對隨機性的結果，有相同的不確定性，所以不對稱就相當於盜竊。或者，用更為強固的說法來講：

一筆交易中，不應該有一個人確定結果會如何，而另一個人不確定。

高不確定風險和每一種法律架構一樣，也有它的缺陷；它仍然比安提帕特的方法要弱。如果一筆交易中，有一方一直確定結果會如何，便違反了伊斯蘭教教法。但如果有一種弱形式的不對稱，例如，某人擁有內線資訊，以至於能夠在市場上占有優勢，那就沒有高不確定風險，因為對雙方來說，仍然存在著夠多的不確定性，未來才知道價格，而只有上帝才知道未來。另一方面，銷售不良品（產品不良是確定的）屬違法行為。所以在我的第一個例子中，羅得島的穀物賣家知道的事情，並不是高不確定風險，而第二個不良飲料的例子則是。

如上所說，不對稱的問題相當複雜，不同的學派提出不同的解決方案，所以我們來看看猶太法典的方法。

拉夫・薩夫拉和瑞士人

對於這件事，猶太人的倫理比較接近於安提帕特，比較不同於第歐根尼的主張，因為目的是在透明化。不只商品本身要透明化，連賣家內心深處所想，或許也必須透明化。中世紀的拉比什洛莫・伊札克（Shlomo Yitzhaki，也稱為所羅門・依撒克狄斯〔Salomon Isaacides〕），人稱辣什〔Rashi〕，提到下列的故事。第三世紀的巴比倫學者拉夫・薩夫拉（Rav Safra），也是一名積極活躍的交易人，他要出售一些商品。在他默禱時，有位買家來了，想要按原價買商品，由於這位拉比沒有立即回話，於是對方立即提高價格。但是拉夫・薩夫拉無意賣得比原價還高，覺得必須履行原來的義務。現在問題是：拉夫・薩夫拉有義務按原價出售，還是應該接受更好的價格？

在看起來像是割喉戰的交易世界（這是我以前所在的交易世界）中，這種完全透明並不荒謬，也並非不常見。身為交易員，我經常面對那個問題，而且在爭論中，會贊同拉夫・薩夫拉的想法。我們來談談這裡面的邏輯。拿本章一開始談到的貪心業務員來說。有些時候，我會想要以（比方說）五美元賣出某樣東西，但是透過業務員和客戶溝通後，業務員回報價格「改善」到

④譯註：這是伊斯蘭教的金融名詞，意指高風險或危險的銷售行爲，因爲銷售物品的細節未知或不確定。

五・一〇美元。多出來的十美分，總是覺得有什麼不對勁的地方。簡單地說，那不是做生意的永續方式。如果顧客後來發現我本來打算只賣五美元，那會怎麼樣？沒有什麼事情能夠補償羞愧的感覺。收取過高的價格，和以不良的商品「拋售」給別人沒有兩樣。把這件事應用到拉夫・薩夫拉的故事，如果他加價賣給某位客戶，但按原價賣相同的商品給另一位客戶，而這兩位買家碰巧認識對方，那會怎麼樣？如果他們是同一位顧客的代理人呢？

倫理上可能不會做這種要求，但是最有效和不讓人感到羞愧的政策，是將透明度極大化，甚至意圖也要力求透明。

但是這個故事並沒有告訴我們，買方是不是「瑞士人」，也就是我們的倫理規則並不適用的那些外部人。我懷疑有一種人，會放寬或可能取消我們的倫理規則。回頭想想我們討論康德時說過的話：對人類來說，理論太過理論化。我們的倫理受到愈大的局限，抽象性就愈低，運作起來則更好。如果不是這樣的話，就會像我們在本章稍後看到伊莉諾・歐斯壯的結果，系統無法適當運行。而且，在歐斯壯之前，我們的老朋友弗里德里希・尼采（Friedrich Nietzsche）深懂其中的道理：

> 同情所有的人，對你、我的好鄰居而言，是暴政。

順帶一提，尼采是胖子東尼（聽過他被人引用的話）絕對不會和他爭辯的人。

會員和非會員

把「瑞士人」從我們的倫理領域排除，絕對非同小可。事情絕對不會「規模擴增」（scale）和概化。這是為什麼我和知識分子談論抽象概念有困難的原因。一個國家不是一座大城市，一座城市不是一個大家庭，而且很抱歉，世界不是一個大村落。我們會在這裡和第三部的附錄討論規模轉換。

雅典人平等對待所有的意見，但討論「民主」時，只適用於自己的公民，奴隸或外邦人（metics，相當於綠卡或H-1B簽證持有人）除外。事實上，狄奧多西（Theodosius）的法典，剝奪了與「野蠻人」結婚的羅馬公民的法律權利——因此在倫理上與他人並不相等。意同於他們失去了俱樂部的會員資格。至於猶太人的道德，則區別血緣的濃淡：我們都是兄弟，但有些人比其他人更像兄弟。

古代和後古典社會的自由公民，傳統上是俱樂部的一員。俱樂部的規則和會員行為，類似於今天的鄉村俱樂部，有內外之分。俱樂部的會員都知道，俱樂部的根本目的，是為了排他和限制規模。斯巴達人可以為了訓練，獵殺地位屬於奴隸的非公民黑勞士（Helots），但他們在其他方面，等同於其他的斯巴達人，而且被期望為斯巴達效命。基督之前的古世界大都市，尤其是在黎凡特（Levant）和小亞細亞，多的是兄弟會和俱樂部，有些公開，有些（經常）是祕密社團——甚至有葬禮俱樂部那種組織，會員會分攤喪葬成本和參加儀式。

今天的羅姆人（Roma，又名吉普賽人）對於吉普賽人有一大堆嚴格的行為規範，對於稱作陪友（payos）的不潔非吉普賽人，又有其他的規範。而且，如同人類學家大衛・格雷伯（David Graeber）觀察到的，連以貪得無厭出名的投資銀行高盛（Goldman Sachs），由於公司治理上採合夥制度，內部的行事作為像共產主義社團。

所以我們採行自己的倫理規則，但受到（來自規模擴增的）限制——超過那個限制，規則就不再適用。這件事令人遺憾，但是一體適用，會傷害特殊的情況。稍後我們會在更深入討論複雜性理論之後，重新探討這個問題，了解是否有可能既符合倫理，又普遍適用。理論上，是有可能，但令人難過的是，實務上不可行。因為每當「我們」成為一個太大的俱樂部，事情就會惡化，而且每個人會開始爭奪本身的利益。抽象的東西，對我們來說，太過抽象。正是這個主要的理由，我主張政治體系從自治市開始，然後設法一路向上（諷刺的是，正如在瑞士，是指那些「瑞士人」），而不是反過來做，因為規模比較大的國家已經失敗。像部落那樣的組織不是壞事——而且我們必須在部落之間井然有序的和諧關係中，以碎形（fractal）的方式去運作，不是將所有的部落合併成一個大雜燴。以這個意義來說，美國式的聯邦制，是理想的體系。

從這個特例到通例的規模轉換，正是我對不受約束的全球化和大型集權多族群國家感到懷疑的原因。物理學家兼複雜性研究者雅尼爾・巴延（Yaneer Bar-Yam）以相當令人信服的方式，告訴我們：「更好的籬笆隔出更好的鄰居」——「政策制定者」和地方政府都未能在近東地區做好這件事。規模大小很重要。我會一而再、再而三說這件事，直到聲音沙啞為止。要什葉派穆斯林、基督徒和遜尼派教徒共處一地，為了人類的團結和博愛，手牽手圍著篝火齊唱黑人靈歌〈到這裡來吧〉（Kumbaya）已經失敗（干涉推手還不知道「應該」在實證上不足以是「建立國家」的有效聲明）。責備人們「畫地自限」——而不善用這種自然傾向——是干涉推手所做的蠢事之一。為了行政管理上的目的（如鄂圖曼人所做的那樣），把各個部落隔離開來，或者只是在某個地方做個標記，他們就突然之間變得彼此友善起來。⑤黎凡特受害於西方（通常是盎格魯－撒克遜）阿拉伯語學者沉迷於他們的研究主體，和這個地方無關痛癢，卻莫名其妙地抱持邪惡的使命，想要摧毀當地原住民的文化和語言，並將黎凡特與它的地中海根源切分開來。⑥

但是我們不必談得太多，也能了解規模大小的重要性。根據本能，你也知道人們當鄰居比當室友要好。

不妨想想，從「匿名」大都市著名的群眾行為相對於小村落的群體，可以看出這件事十分明

---

⑤原書註：即便如此，鄂圖曼人並沒有下放夠多的自治權。有些人表示，如果亞美尼亞人聽取小說家拉菲（Raffi）的呼籲，給予更多的自治權，一八九〇年代和一九一五年的悲劇會減輕。

⑥原書註：阿拉伯聯盟（Arab League）的領導人是個阿穆爾．穆薩（Amr Moussa），因爲我在一次演說上，提到「更好的籬笆隔出更好的鄰居」概念而震驚。他被我的訊息「促進宗派主義」激怒。遜尼派居於多數的阿拉伯語國家共同採取的策略，是一群人呼籲不論如何，都要試著建立某種自治的「宗派主義」（說來諷刺，這些人一有錢，往往前往瑞士置產）。當你居於多數，援引普遍主義總是很方便。由於它在標記上好聽，如果你像庫德族（Kurds）、馬龍派教徒（Maronites）和科普特人（Copts），稍微提到任何和自治有關的主張，它也會指責你搞「種族主義」。「種族主義」一詞已經遭人貶斥，看著伊拉克人和庫德族指責對方是種族主義者，因爲兩者「想要」和「反對」庫德族自決，是相當有趣的一件事。

顯，甚至像是陳腔濫調。我在先人的村落裡待了一段日子，感覺那裡像是個家庭。人們參加別人的葬禮（葬禮俱樂部主要是都市才有的組織），幫助別人，關心鄰居，即使討厭他家的狗。在比較大的都市中，當「別人」是理論上的實體，你沒辦法產生相同的凝聚力，而我們對他或她表現出來的行為，受到某種普遍性倫理規則的主宰，而不是將對方當作有血有肉的人。用那種方式去看，我們很容易明白，卻未能推而廣之，了解倫理根本上是地方性的某種東西。

那麼，是什麼原因造成的呢？現代在我們腦海中放進一個觀念，說有兩個單位存在：個人和普世全體——以那個意義來說，你的切膚之痛，就只是你這個單位的切膚之痛。事實上，我的皮膚披在更廣泛的一群人身上，包括一個家庭、一個社群、一個部落、一個兄弟會。但不可能是普世。

不是我的，也不是你的，而是我們的

我們來深入探討歐斯壯的觀念。經濟學家揭露的「公地悲劇」，如下所述——公地是全體的財產，例如一座森林或漁場，或者當地的公園。集體而言，農民作為一個社群，寧可避免過度放牧，漁民則避免過度捕撈——全體的資源會因此而惡化。但是每一位農漁民過度放牧或過度捕撈，個人可以得到利益，不過，當然了，條件是別人也不做這種事。這正是困擾社會主義的問題：在集體主義之下，人們的個人利益並沒有運作得很好。可是認為人們只能在私有財產制之下運作，那就大錯特錯了。

歐斯壯根據實證資料，發現有一個社群規模存在，在它之下，人們的舉止行為就像集體主義者，會努力保護公地，好像整個單位都散發理性似的。這種公地不能太大。它就像俱樂部。在不同的規模，群體的行事作為就不一樣。這解釋了為什麼自治市不同於國家，它也解釋了部落如何運作：你是特定群體的一員，這個群體比狹隘的你要大，但是比整體人類要小。極其重要的是，特定群體中，人們會分享某些東西，但不會分享其他東西。而且，因應外界有一套共同的協定。阿拉伯的牧民部落，對於沒有威脅他們公地的非敵意陌生人，訂有堅定的好客規定，但當陌生人帶來威脅，則反應猛烈。

公地的切膚之痛定義是：一個空間中，你如何對待別人，別人就如何對待你，每個人都應用白銀法則。

「公共財」（public good）是從教科書而來的抽象東西。我們會在第十九章進一步談到「個人」（individual）是定義不良的實體。「我」（Me）才比較有可能成為一個群體，而不是單一的人。

你站在對角線上嗎？

杰夫與文斯・葛雷姆（Geoff and Vince Graham）兄弟的說法，概括了不問規模的政治普遍主義的荒謬。

在美國聯邦準備理事會的層級上，我是自由意志主義者；

在州的層級上，是共和黨人；

在地方的層級，是民主黨人；

在家庭和朋友的層級上，是社會主義者。

如果上面這段話還不能說服你，相信左派相對於右派的標記其蠢無比，那麼沒有什麼話能夠再說動你。

瑞士人沉迷於治理——而且他們的政治體系確實沒有「左派」和「右派」之分，而是以治理為基礎。思慮縝密的數學家漢斯・葛斯巴赫（Hans Gersbach）曾經在蘇黎世就切膚之痛議題主辦研討會，談如何適當地獎勵（和懲罰）利益沒有與他們代表的人取得一致的政治人物。我猛然想到，如果瑞士和其他的日耳曼國家運作得很好，那一定不是因為重視唯責任是問如同重視規模大小那般，這使得它們非常傾向於唯責任是問：德國是採聯邦制度。

我們現在推而廣之來談風險分攤。

所有的人（確實如同字面上的意義所說）都在同一艘船上

希臘語非常講究精確；它有個字，描述風險移轉的反義：風險分攤。Synkyndineo的意思是「一起承擔風險」，而這是海上交易的要求。⑦

《使徒行傳》描述了聖保羅搭乘貨船從西頓（Sidon）到克里特島（Crete），再到馬爾他（Malta）。在他們遇到風暴時：「等他們吃完想吃的東西，他們將船上的穀物拋入海中，以減輕船的重量。」

雖然他們拋棄了一些特定的商品，所有的業主都按損失商品的成本比例分攤，而不只是由損失商品的特定業主承擔。原來他們是遵循至少可以追溯到西元前八百年的羅得法（Lex Rhodia，也就是根據愛琴海中商業貿易發達的羅得島而來的羅得法〔Rhodian Law〕）；這部法典已經不存在，卻從古時候口耳相傳下來。它規定突發狀況的風險和成本必須平均承擔，不問責任。東羅馬帝國查士丁尼（Justinian）的法典概括如下：

> 羅得法指出，為了減輕船重而拋進海中的商品，也就是顧及全體的利益，發生的損失，

⑦原書註：「今天凡是與我一道流血的，必然是我的兄弟。」——莎士比亞，《亨利五世》

必須由所有的人共同彌補。

行走沙漠路上的大篷車，也有相同的風險分攤機制。如果商品遇竊或遺失，所有的商人必須分攤成本，不只是擁有者一人承擔。

古典大師阿芒德・丹古爾（Armand D'Angour）已經將Synkyndineo翻譯成拉丁文compericlitor，⑧因此，如果譯為英文，應該是患難與共（compericlity），反義詞是鮑伯・魯賓的風險移轉，也就是不患難與共（incompericlity）。不過，我猜，在此同時，會有風險分攤。

接下來我們要討論導入切膚之痛而來的若干扭曲。

不避諱侃侃而談

有一次，我上電視台，宣布出版一本新書，卻陷在攝影棚，脫身不得，被找去和兩位新聞記者加上主持人，展開圓桌會談。那天的主題是微軟，一家當時已經存在的公司。每個人，包括主持人，都搶著講話。終於輪到我了，我說：「我沒有買微軟的股票，也沒有放空微軟的股票（也就是能從它的跌勢中獲利），因此我不能談它。」我一再提起前言說的那句宣言：「不要告訴我，你認為會怎麼樣，只要告訴我，你的投資組合裡面有什麼。」其他人面面相覷，臉上有說不出的混亂。記者通常不應該談他持有的股票——而更糟的是，被認為應該總是對他很少能在地圖上找到的東西發表聲明。新聞記者理該當個公正的「裁判」，可是和岡比西斯判決中的錫桑內斯不同，沒有人威脅要再次使用他的皮。

「不避諱侃侃而談」有兩種類型。一種由買股票構成，因為你喜歡它，然後對它發表評論（以及揭露你擁有那支股票）——一樣產品最可靠的代言人，是它的使用者。⑨另一種是買了一支股票，所以你可以宣傳那家公司的品質，然後出售它，從吹捧它而獲利——這稱作市場炒作，而且當然有利益衝突。我們消除了新聞記者的切膚之痛，以防止市場炒作，認為這麼一來，整個社會會有淨利得。本書的論點是：前者（市場炒作）和利益衝突，比起給人不好的建議卻不受懲罰要好。我們會談到，主要的理由在於缺乏切膚之痛之後，新聞記者會以其他新聞記者馬首是瞻，發表類似的意見，以保平安，因此產生單一的文化和集體的海市蜃樓。

一般來說，切膚之痛會和利益衝突混在一起。我希望本書要做的事，是顯示前者比後者重要。如果人們的利益衝突和自己的下檔風險一致，那是沒有問題的。

---

⑧譯註：以下相關字詞譯爲「患難與共」。

⑨原書註：產品的使用者比較可靠，是因爲自然過濾的關係。我買了一輛電動車——特斯拉——因爲我的鄰居開了他的車（有切膚之痛）之後興高采烈，而且看他一直那個樣子好幾年之久。沒有什麼廣告，比得上眞正的愛用者讓人感到可信。

淺談看醫生

醫生沒有安泰俄斯的問題：醫療雖然包裹著科學外衣，根本上是採學徒制，而且和工程一樣，是根據經驗，不只是靠實驗和理論。經濟學家說「假設……」，然後提出某種古怪的理論，醫生卻不會這麼做。所以許多學位都有切膚之痛，或許除了沒有完全分離顧客和提供者的代理效應之外。而且，試著強加切膚之痛，會帶來某種類別的不良效應，將不確定性從醫生移轉給病人。

法律制度和監管措施可能將醫生的切膚之痛放錯位置。

怎麼說？問題在於依賴衡量指標。每一個衡量指標都可以動手腳——我們在序一提到的膽固醇降低，是衡量指標動手腳技術發揮到極致的表現。用更為真實的案例來說，假設癌症治療醫生和醫院是以病患的五年存活率來評斷，而且需要面對新病人各式各樣的狀況：他們會選擇做什麼樣的治療方法？他們需要在雷射手術（精確的外科手術）和放射治療（對病人和癌症都有害）之間做取捨。從統計上來說，雷射手術的五年結果可能比放射治療要差，但是後者傾向於在比較長期的未來產生第二顆腫瘤，而且二十年的特定疾病生存率相對降低。由於計算病患生存率看的是五年，不是二十年，因此激勵醫生和醫院選擇放射治療。

所以醫生可能採取次佳的選項，將不確定性從自己身上移轉出去。

> 醫生為系統所迫，將風險從他自己移轉給你，以及從現在移轉到未來，或者從立即性的未來，移轉到更遙遠的未來。

你必須記住，當你去看醫生，你面對的人雖然是權威專家，卻處於脆弱的狀況。他不是你，不是你的家人，所以萬一你的健康惡化，他沒有直接的情感損失。他的目標自然而然是避免法律訴訟，以免事業生涯受到災難性的打擊。

有些衡量指標真的能夠害了你。假設你去看心臟科醫生，發現你落在溫和的風險類別，不會真的提高你罹患心血管疾病的風險，但是情況處於可能叫人擔憂之前的階段（這是一種強烈的非線性：一個人被診斷為糖尿病前期和高血壓前期，就機率來說，和真的罹患這兩種疾病比起來，九〇%更接近正常人。但是醫生治療你時，受到保護自己的壓力。萬一你在看醫生之後幾個星期死亡（發生這種事情的機率很低），醫生可能因為沒有開出暫時相信有用的正確藥物（如他汀類藥物），但是我們現在知道有一些可疑或不完整的研究支持那些藥物，而被控疏失。更深一層來說，他可能知道他汀類藥物有害，因為會帶來長期的副作用。可是製藥公司已經成功地說服每一個人相信這些未知的後果是無害的，而正確的預防方法，是將未知視為具有潛在的傷害性。事實上，除了重病患者，對大部分人來說，風險都超過利益。長期的醫療風險被人隱藏；它們在很久以後才會發生，而法律風險卻是立即性的。這和鮑伯．魯賓的風險移轉交易，或者推遲風險，使它們看不見，沒有兩樣。

我們能使醫療不那麼不對稱嗎？沒辦法直接辦到。正如我在《反脆弱》一書，以及在其他地方更為技術性表示的，解決之道是在病患輕微生病時，避免接受治療，但在「尾部事件」，也就是極少遇見的嚴重狀況，才借重醫療之力。問題在於輕微生病的人，遠比重病的人要多——也預期活得更久和用藥更久——因此製藥公司有聚焦於他們的誘因（我聽說死人不再服藥）。

總而言之，雖然不完美，醫生和病患都有切膚之痛，但是行政管理人員則沒有——而且他們似乎是造成系統機能運作不彰、叫人頭痛的原因。所有的企業和各種活動，以及歷史上所有的時候，地球上每個地方的行政管理人員一直是禍患。

下一章

這一章從商務和倫理的觀點來看（假設兩者可以區別開來），介紹我們認識代理問題和風險分攤。我們也介紹了規模的問題。接下來，我們將試著更深入探討造成集體怪獸的隱藏性不對稱。

第三部

最大的不對稱

2 最不能退讓者勝：頑固的少數人主掌全局

為什麼你不必在吸菸區吸菸——沙烏地國王垮台時你的食物選擇——如何阻止朋友工作太過賣力——奧瑪・雪瑞夫轉換——如何使市場崩潰

複雜系統背後的主要觀念是：集體的行為方式不是各個組成單位所能預測的。互動的重要性大於各個單位的特質。研究個別的螞蟻，幾乎不會讓我們清楚了解蟻群如何運作。因此我們需要了解蟻群就是蟻群，不多也不少，不是螞蟻的集合體。這稱作整體的「突現」（emergent）屬性，各個部分和整體不一樣，因為重要的是這些部分之間的互動。而互動可以依循非常簡單的規則。

我們在本章討論的規則是少數人制定的規則，也就是所有不對稱之母。擁有重大的切膚之痛（或者更好的是，椎心之痛），不讓步的少數人——不肯讓步的某種少數人——只要占總人口的三或四％，便足以要全部的人口唯他們的偏好是從。此外，視覺的幻象會隨著少數人的統治而

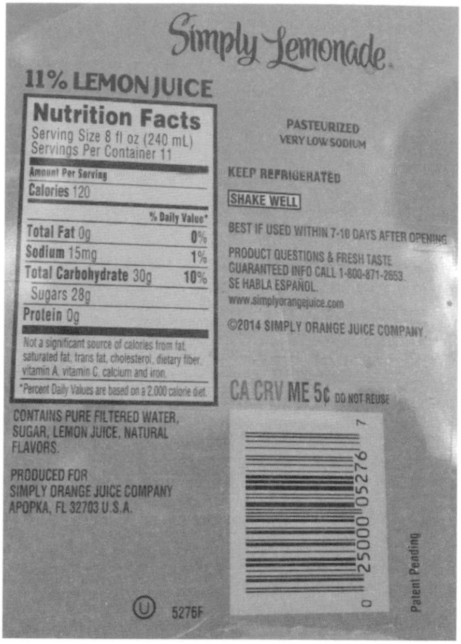

圖一、這個檸檬汁容器有個圈起來的U，表示它（如假包換）符合猶太潔食戒律（通過猶太食品認證）。

來：天真的觀察家（他們看的是標準的一般狀況）會產生印象，認為選擇和偏好是大部分人的。這似乎荒謬無比，因為我們的科學直覺不會做出這種論斷（忘掉科學和學術機構，捨棄判斷；它們行不通，而且你的標準知識化，遇到複雜系統便施展不開，不過你祖母的智慧不會這樣）。

少數人制定的規則涉及許多事情，包括讓我們知道：只要少數一些人不退讓、善良且有切膚之痛，展現勇氣，就能使社會妥善運轉。

說來諷刺，在我協助新英格蘭複雜系統協會（New England Complex Systems Institute）舉辦夏季燒烤會時，才猛地想到這個複雜性例子。在東道主忙著布置餐桌和拆包飲料的時候，一個朋友，嚴守猶太潔食戒律，而且只吃符合教規允許的食物，走過來打招呼。我端給他一杯那種黃色加糖、含檸檬酸的水，人們有時稱之為檸檬汁，心裡想著，由於他的飲食規定，十之八九會婉拒。可是他沒那麼做，喝下了那種飲料。另一位遵守猶太潔食戒律的人說：「這裡所有的飲料都符合猶太教的規定。」我們看著紙箱一些細小的字體：一個細小的符號，圓圈中有個U，表示它符合猶太潔食戒律。那些想要知道，而且尋找這個細小字體的人，都會找到那個符號。至於我自己，就像莫里哀（Molière）所寫《資產階級紳士》（*Le Bourgeois Gentilhomme*）一劇中的角色，突然發現這些年來，他說的話一直是散文卻渾然不知，我一直在喝符合猶太潔食戒律的飲料卻不自知。

對花生過敏的罪犯

我突然想到一件奇怪的事。遵守猶太潔食戒律的人口，只占美國居民的〇・三%不到。然而看起來幾乎所有的飲料都符合猶太潔食規條。為什麼？道理很簡單，因為完全符合猶太潔食戒律，那麼製造商、雜貨商和餐廳就不需要採用特殊的標記、放在不同的走道、區隔存貨、利用不同的儲存中轉設施，以區分飲料是否符合猶太教潔食教規。改變整體的這個簡單規則說明如下：

> 飲食遵守猶太潔食戒律（或清真認證）的人，絕對不吃不符合猶太潔食戒律（或非清真認證）的食物，但是飲食不守猶太潔食戒律的人，不會被禁止吃符合猶太潔食戒律的食物。

或者，換到另一方面來說：

殘障人士不會用正常人的洗手間，但非殘障人士會使用供殘障人士使用的洗手間。

當然了，有時由於受到其他事情的混淆，我們實際上不敢去使用貼有殘障標示的洗手間——誤以為停車場的規則也適用在這裡，相信這種洗手間是保留給殘障人士專用的。

對花生過敏的人，不會吃沾過花生的產品，但是沒有這種過敏症的人，可以吃含有花生成分的東西。

這可以解釋為什麼很難在美國的飛機上看到花生，以及為什麼學校往往沒有花生（這在某種程度上，增加了對花生過敏的人數，因為減少和花生接觸，是造成這種過敏的原因之一）。

我們來把這種規則用在會帶來有趣結果的領域：

正直的人絕對不會犯罪，但是罪犯輕而易舉就能表現合法的行為。

我們把這些少數人稱作不讓步組，大多數人則為可讓步組。他們的關係取決於選擇的不對稱。

我曾經對一位朋友惡作劇。多年前，當菸草大廠隱匿和壓下二手菸造成傷害的證據，紐約的餐廳分吸菸區和非吸菸區（離譜的是，連飛機也有吸菸區）。我和從歐洲來訪的朋友共進午餐：那家餐廳只有吸菸區有位置。我說服來客相信我們需要買菸，因為必須在吸菸區吸菸。他竟然信了我的話。

還有兩件事要提。第一，地區的地理環境，也就是空間結構很重要。不讓步組是否待在他們自己的地區，還是和其他人混在一起，會有很大的差別。如果遵循少數規則的人，住在另有小型經濟體的貧民區中，那麼少數規則不適用。但是當一群人在空間上分布均勻，例如當這種少數人在社區中的比率和他們在整個村落中的比率相同，在村落中的比率和在郡中的比率相同，在郡中的比率和在州中相同，在州中的比率和全國相同，那麼（彈性的）多數將必須服從少數規則。第二，成本結構相當重要。我們的第一個例子中，生產符合猶太潔食戒律的檸檬汁，價格不會改變太多——這是避免使用若干標準添加物的結果。但是如果製造符合猶太潔食戒律的檸檬汁成本大幅提升，那麼這條規則會相對於成本的差異，以某種非線性比例減弱。如果製造符合猶太潔食戒律的食品貴上十倍，那麼少數規則就不適用，或許某些非常富有的社區除外。

我們可以這麼說：穆斯林有猶太潔食戒律，但是這些規定狹隘得多，而且只適用於肉類。穆斯林和猶太人有近乎相同的宰牲規定（對大部分遜尼派穆斯林來說，所有的猶太潔食食物都是清真認證食物，或者過去幾個世紀以來都是如此，但是反過來說則不然）。請注意，這些宰牲規定是由切膚之痛驅動的，源自古東地中海希臘和黎凡特經濟上負擔頗重的動物獻祭做法，只在一個人有切膚之痛的情形下，才用於祭祀神靈。神不喜歡人用廉價的方式向祂們示意。

現在來談少數人專政的這種表現。在英國，（信奉）穆斯林的人口只占三到四%，我們卻發現有很高比率的肉類是清真認證。從紐西蘭進口的羊肉，有接近七〇%是清真認證。將近一〇%的潛艇堡（Subway）分店只賣清真認證肉（意思是沒有豬肉），即使因此失去火腿愛好者（像我就是）的成本很高。南非也一樣，穆斯林的比率差不多。那裡有高得不成比率的雞經過清真食品認證。但是在英國和其他名目上信奉基督教的國家，清真認證不夠中立，而無法達到較高的水準，因為被迫遵循別人的神聖價值，人們可能起而反抗——如果你真的是一神論，接受和尊敬其他宗教的神聖價值，可能發出訊號，顯示你違背所信宗教的某些教義。例如第七世紀的阿拉伯基督徒詩人阿可拓勒（Al-Akhtal）在他有名的挑釁詩中，吹捧他的基督教信仰，強調絕對不吃清真認證肉：「我不吃獻祭的肉」（Wa lastu bi'akuli lahmal adahi）。

阿可拓勒的行為反映了三、四世紀之前，標準的基督徒反應——在多神教時期，基督徒備受折磨，被迫吃下獻祭的肉，而他們認為這是褻瀆神的行為。許多基督徒寧可活活餓死，也不吃不潔的食物，表現出英勇的行為而殉教。

隨著穆斯林在歐洲的人口增長，我們可以預料西方會同樣排拒其他人的宗教常規。

所以少數規則，可能造成商店中的清真認證食物比率，高於人口中清真認證飲食者的比率，但因為某些人可能覺得那種習俗是一種禁忌，某些地方會吹起逆風。不過可以這麼說：由於某些非宗教的潔食戒律，這個百分率可以預期會收斂到更為接近一〇〇%（或者更高的數字）。在美國和歐洲，「有機」食品公司正因為少數規則，銷售愈來愈多的產品，而且由於一般沒有標章的食品，可能被某些人視為含有殺蟲劑、除草劑和轉基因改造生物（GMOs），而覺得帶有未知的風險（我們在這種情況中所說的GMOs，是指轉基因食品，需要將外來生物或物種的基因移轉過來，而大自然不會發生這種事）。或者，可能是由於某些生存上的理由、審慎的行為，或者奉行伯克的保守主義（也就是遵循艾德蒙·伯克〔Edmund Burke〕的預防觀念）——有些人可能不想從祖父母所吃的東西，冒險走得太遠太快。標示某些東西為「有機」，是說它不含轉基因GMOs的一種方式。

透過各式各樣的遊說、收買國會議員，以及堂而皇之的科學宣傳（加上對在下這樣的人發起抹黑攻勢，稍後我們會就這件事談得更多），大型農業公司愚蠢地相信它們只需要爭取到大多數人。不，你們這些白痴。你們一口咬定「科學」判斷對這類決策來說太過天真。不妨想想，轉基因GMO飲食者會吃非GMOs，但是反過來說則不然。因此，空間分布均勻的非基因改造飲食者的人口百分率低——例如不超過五%——可能就足以使整體人口必須吃非GMO食品。怎麼會這樣？假設你舉辦企業活動、婚禮或奢華的宴會，慶祝沙烏地阿拉伯政權垮台、尋租投資銀行高盛破產，或者卑劣的公關公司、科學家和科學告密者之敵凱徹姆（Ketchum）董事長雷·柯契爾（Ray Kotcher）遭到公開羞辱。你需要發問卷，問出席者吃或不吃轉基因GMOs，並且據此準備特殊的餐食嗎？不用。只要價格差距不大，全選非GMO食物就好。而且，價格差距看起來小到可以忽視，因為美國（容易腐爛）的食物成本，主要高達約八〇或九〇%是由配送和倉儲所決定，不是取決於農產品的成本。此外，由於少數規則，有機食品的需求比較高，配送成本因此降低，少數規則最後加快了它造成的影響。

大型農業公司並不了解，這就相當於比賽時，不只要比對手贏得更多分，更要為了安全起見，必須贏得總分的九七%。見到一個產業砸下數億美元在研究加抹黑攻勢上，以及數以百計的科學家認為自己比我們其他這些人聰明，卻無視於不對稱選擇的這個基本要點，是很奇怪的一件事。

另一個例子：不要認為自動排檔汽車的普及，必然是由於多數人的偏好；這可能只是因為能開手排車的人，總是會開自排車，但是反過來說則不然。

這裡運用的分析方法稱作重整化群（renormalization group）。這是數學物理一種強而有力的方法，允許我們見到東西的規模如何放大（或縮小）。我們接著就來探討它——但不必用到數學。

重整化群

圖二顯示四個方塊展現所謂的碎形自相似性（fractal self-similarity）。每個方塊包含四個更小的方塊。四個小方塊中的每一個又包含四個更小的方塊，因此一路向下，以及一路向上，直到我們達到某種水準。圖中有兩種不同的顏色，淺色代表大多數人的選擇，深色代表少數人的選擇。

假設比較小的單位包含四個人，例如一家四口。其中之一是不肯讓步的少數，只吃非GMO食品（包含有機）。這個方塊的顏色是深色，其他為淺色。在我們往上的時候，「重整化一次」：頑固的女兒成功地將她的規則施加在四個人身上，現在這個單位完全是深色，也就是大家會選擇非GMO。再來是第三步，你們全家去參加另有三個家庭合辦的燒烤晚會。由於已知你們

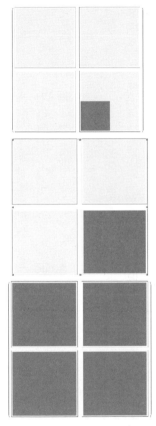

圖二、第一到第三步的重整化群（從上面開始）：四個方塊各包含四個小方塊，第一步有一個小方塊是深色，接著應用少數規則。

只吃非GMO，所以大家都只燒烤有機食品。當地的雜貨店曉得整個社區只吃非GMO，所以轉而只賣非GMO，以求省事，而這影響到當地的批發商，整個系統繼續「重整化」。

由於某個巧合，波士頓燒烤會的前一天，我在紐約漫步，路過數學家拉斐爾．陶亞迪（Raphael Douady）的辦公室並拜訪他。我想阻止這位朋友工作，也就是，他所做的事，如果做過頭，會導致神智不清，加上姿勢不良和喪失臉部明確的特徵。法國物理學家塞爾吉．賈蘭（Serge Galam）恰巧來訪，選了我這位朋友的辦公室消磨時間，以及品嘗拉斐爾難喝的特濃咖啡。賈蘭率先將這些重整化技術用在社會問題和政治科學上；他寫了一本大書，談這個主題，名聲響亮，我買了之後，未拆封的亞馬遜（Amazon）紙盒放在地下室幾個月之久。他詳細說明所做的研究，並且給我看一個選舉電腦模式，說少數人足以超越某個水準，讓他們所做的選擇占得上風。

所以在政治「科學家」的散播之下，相同的錯覺存在於政治討論中：你認為由於某個極右翼或極左翼政黨只有一〇%的選民支持，所以他們的候選人會得到一〇%的選票。不：這些基本盤選民應該被歸類為「無彈性」，總是會投票給他們支持的黨派。但是一些有彈性的選民，也可以投票給那個極端的黨派，正如不遵守猶太潔食戒律的人可以吃符合猶太潔食戒律的食物。這些人的動向值得關注，因為他們可能使那個極端政黨的得票數大增。賈蘭的模式在政治學產生了一堆有違常理的效應——而且他的預測，證明比天真的一致性意見更接近真實的結果。

否定

我們在重整化群看到的是「否定」（veto）效應，因為一群人中的一個人可以主導選擇。廣告業的高階主管（以及極為講究美食及生活享受的）羅瑞・蘇瑟蘭（Rory Sutherland）向我表示，這可以解釋為什麼麥當勞（McDonald's）等一些速食連鎖店經營得欣欣向榮。這不是因為它們供應好吃的產品，而是因為沒有被若干社經群體否定——以及被那個群體中少數百分率的人否定。①

在幾乎沒有什麼選擇的情況下，吃麥當勞似乎相當保險。在極少常客、食物的好壞和預期可能有很大落差的可疑地方，這也相當安全——我是在米蘭火車站寫這些文字。花了那麼多錢到義大利，麥當勞是那邊寥寥可數的餐廳之一，真是叫人為之氣結。而且，那裡擠滿了人。義大利人不想冒險吃到不好吃的餐飲，所以前往麥當勞尋求庇護，實在叫人驚訝。他們也許討厭麥當勞，但肯定更討厭不確定性。

披薩也是一樣：它是普遍接受的食物，而且在偽左派魚子醬用餐者聚集的地方之外，沒有人會因為點披薩而被抱怨。

---

①原書註：用技術性名詞來說，這是偏離預期的最佳最壞情況（best worse-case）：變異數較低，平均值也較低。

羅瑞寫信給我，談到啤酒和紅酒的不對稱，以及為宴會所做的選擇：「一旦宴會有一〇%或更多的女性，你就不能只供應啤酒。但是大部分男人會喝紅酒。所以如果你只供應紅酒，便只需要一套杯子——用血型術語來說，這叫全適型供血者。」

在不見得是很好的選項中尋求最適當答案的策略，可能是可薩人（Khazars）在選擇要信伊斯蘭教、猶太教或基督教時使用的。傳說有三個高階代表團（主教、拉比和酋長）來向他們推銷。可薩人王公問基督徒：如果你被迫在猶太教和伊斯蘭教之間做選擇，你會挑哪一個？他們回答，猶太教。王公接著問穆斯林，基督教和猶太教兩者選一？穆斯林說，猶太教。於是猶太教中選；整個部落改信。

通用語言

在相當國際化或歐洲化的一家德國公司條頓外觀的會議室中開會，偏偏其中一位與會者不講德語，那麼整個會議就會講……英語，而這是全世界各地的企業使用的不流暢英語。這種方式，同等觸犯了條頓祖先和英語。一切始於一條不對稱的規則。也就是不是以英語為母語的人，會講（蹩腳）英語，但反之則不然——講英語的人比較不可能懂其他語言——法語應該是外交語言，因為來自貴族背景的公僕使用它，而他們從商的比較粗俗的同胞則仰賴英語。隨著商務成長到主宰現代生活，這兩種語言的對決結果是英語勝出。這種勝利和法國的聲望，或者他們的公僕努力推廣他們大體上漂亮的拉丁化與邏輯化拼音語言，勝過海峽彼岸，吃肉派的人使用、在正寫法上容易產生混淆的語言無關。

我們因此得以管窺通用語言可以如何從少數人的規則出線——而這一點，語言學家並沒有看清。阿拉米語（Aramaic）是一種閃語，繼承黎凡特的迦南語（也就是腓尼基－希伯來語），像阿拉伯語；這是耶穌基督講的語言。它會盛行於黎凡特和埃及，不是因為任何特殊的閃族帝國勢力，或者他們的鼻子相當有趣的事實。波斯人——講印歐語——把亞述（Assyria）、敘利亞和巴比倫講的阿拉米語散播出去。波斯人教埃及人不屬於他們的一種語言。簡單地說，當波斯人入侵巴比倫，發現政府的文士只會用阿拉米語，不懂波斯語，所以阿拉米語成了官方語言。如果你的祕書只能用阿拉米語聽寫，你就會使用阿拉米語。這造成了一件怪事，蒙古也用阿拉米語，因為紀錄是以敘利亞語字母保存（敘利亞語是阿拉米語的東方方言）。幾個世紀後，這樣的故事反向重演，阿拉伯人在第七和八世紀的統治初期使用希臘語。在希臘化時代，希臘語取代阿拉米語，成為黎凡特的通用語，而且大馬士革的文士用希臘語保存他們的紀錄。將希臘語散布到地中海周邊的人，不是希臘人，而是羅馬人加快了希臘語的散播，因為他們在東方帝國的政府，以及沿岸的黎凡特人，使用希臘語——新約是以敘利亞的希臘語寫成的。

住在蒙特婁的一位法裔加拿大朋友讓－路易．若特（Jean-Louis Rheault）為偏遠小地方之外，法裔加拿大人不會講法語而感到難過。他說：「在加拿大，當我們說懂雙語，是指會說英語。當我們講法語，就被認為懂雙語。」

基因相對於語言

我和共同作者、遺傳學家皮耶・查洛爾（Pierre Zalloua）檢視東地中海的基因資料後，注意到土耳其人和阿拉伯人這兩個入侵者留下極少的基因。而土耳其從東亞和中亞的部落帶來了全新的語言。叫人驚訝的是，土耳其這塊地方住的仍然是你在歷史書上讀到的小亞細亞人，但換了新名字。此外，查洛爾和他的同事聲稱，三千七百年前的迦南人（Canaanites）占黎巴嫩這個國家現居住民基因的十分之九以上，只加進少量的新基因，儘管曾經有那麼多軍隊經過和掠奪這裡。②雖然土耳其人是地中海人，講東亞語言，法國人（亞維儂〔Avignon〕的北方）大致上是北歐人的後裔，可是他們說的是地中海語言。

所以說：

> 基因遵循多數規則；語言遵循少數規則。
> 語言會四處流傳；基因則比較不會。

由此可見，近來基於語言上的考量，將人分為「亞利安人」（Aryans）和「閃族人」（Semites），用語言建構種族理論是錯的。這個課題過去對德國納粹極為重要，但是這樣的做法，直到今天仍然以某種形式持續存在，只是通常比較溫和。北歐優越主義者（「亞利安人」）雖然反閃族，卻利用古希臘人，好給自己輝煌文明的世系與連結，竟然不曉得希臘人和他們的地中海「閃族」鄰居，在基因上其實彼此接近。最近發現古希臘人和青銅時代的黎凡特人有安那托利亞的起源（Anatolian origin），只是語言分歧而已。

宗教的單行道

同樣的，在篤信基督教的近東（不要忘了基督教是在那裡誕生的），伊斯蘭教的傳播可歸因於兩個簡單的不對稱。原來的伊斯蘭教統治者，對於要求基督徒改信不是特別感興趣，因為這樣才有稅收收入——伊斯蘭教傳教的對象，起初並不包括那些所謂的「經書族群」（people of the book），也就是信亞伯拉罕的人。我的先人生活在穆斯林十三個世紀的統治之下，發現不當穆斯林有明顯的好處：主要是免於徵召當兵。

這兩個不對稱規則如下所述。第一，依據伊斯蘭教法律，如果非穆斯林男子娶了穆斯林女子，他需要改信伊斯蘭教——而且如果一個孩子的父母之一是穆斯林，那麼小孩就會是穆斯林。③第二，成為穆斯林是不可逆的，因為這種宗教，叛教是最重的罪，可處以死刑。著名

②原書註：英國目前也有個爭議，因為諾曼人在歷史書留下的文獻和圖片，多於在那裡留下的基因。

③原書註：各地和不同的伊斯蘭教派有些微的差異。原始的規則是，如果穆斯林女子嫁給非穆斯林男子，他需要改信。但實務上，在許多國家中，男女雙方都需要這麼做。

的埃及演員奧瑪・雪瑞夫（Omar Sharif），原名米歇爾・德米崔・薛胡布（Mikhael Demetri Shalhoub），出生於黎巴嫩基督教家庭。他改信伊斯蘭教，娶了知名的埃及女演員，並且必須將他的姓名改成阿拉伯姓名。他後來離婚，沒有重新改信先人的信仰。

在這兩個不對稱規則之下，我們可以做簡單的模擬，看看一小群伊斯蘭教徒占領基督教（科普特）埃及，可以如何在幾個世紀造成科普特人成為很少的少數。他們需要的只是很低比率的不同宗教信仰間通婚。同樣的，我們看得出猶太教為什麼沒有散播出去，一直傾向於維持少數，因為這種宗教的規則比較弱：母親必須是猶太人。比猶太教更強的不對稱，更解釋了近東三個諾斯替信仰（Gnostic faiths）的萎縮：德魯茲派（Druze）、雅茲迪派（Ezidi）和曼達安派（Mandeans）（諾斯替教通常只有少數長老懂得它的奧祕和知識，其餘的成員對於信仰的細節一無所知）。伊斯蘭教要求父母之一為穆斯林，猶太教要求至少母親必須信教，這三個宗教則要求父母都信教，否則子女和父母都必須和這個社群說再見。

在黎巴嫩、加利利（Galilee）、敘利亞北部等多山地區，基督徒和其他非遜尼派穆斯林仍然各自集中。基督徒接觸不到穆斯林，就沒有不同信仰通婚的問題。相較之下，埃及地勢平坦。人口的分布產生同質性的混合，因此就能重整化（也就是允許不對稱規則運作）。

埃及的科普特人苦於另一個問題：改信伊斯蘭教是不可逆的。伊斯蘭教統治期間，許多科普特人改信主流宗教。在當時，只要走完行政程序，就有助於一個人找到工作，或者處理需要懂伊斯蘭教法律的問題。一個人不需要真的信它，因為伊斯蘭教和東正教（Orthodox Christianity）沒有明顯的衝突。基督徒和猶太家庭一點一滴地展開馬拉諾（Marrano）式的改信，幾個世代以後，卻真的信了，因為子孫忘了先人的苦心安排。④

所以伊斯蘭教做的事，就是比基督教更頑固，而基督教以前能夠勝出，也歸因於本身的頑固。在伊斯蘭教之前，羅馬帝國時期，基督教起初的散播，主要是因為基督徒盲目地不容異己；他們無條件、侵略性、不屈不撓地勸人改變信仰。羅馬的異教徒起初容忍基督徒，因為傳統上是與帝國的其他人共祀諸神。但是他們不懂為什麼這些拿撒勒人（Nazarenes）不想互惠，把那位耶穌兄弟送進羅馬萬神殿（Pantheon），交換其他一些神祇。什麼，我們的神，對他們來說不夠好？但是基督徒就是不能容忍羅馬信奉異教。對基督徒的「迫害」，主要是因為基督徒不能容忍萬神殿的地方眾神，而不是相反的原因。我們現在讀的歷史，是基督徒寫的，不是出自希臘－羅馬人之手。

我們對基督教興起時，羅馬的觀點所知甚少，因為聖徒傳主導了這方面的論述：例如，捨身殉教的聖凱瑟琳（Saint Catherine）在身首異處之前，一直說服獄卒皈依，除了……也許不曾有她這個人存在之外。但是羅馬皇帝瓦勒良統治時，迦太基（Carthage）教會主教聖西浦廉（Saint Cyprian）遭到斬首則真有其事。所以有不計其數的基督教殉道者和聖人的歷史——但是異教英雄的事蹟非常少。連諾斯替傳統的早期基督徒，也從紀錄中刪除，以求淨化。當叛教者尤利安試著重回舊時的多神信仰，就像在南澤西（South Jersey）賣法國食品：根本沒有市場。這也像想要把

④譯註：馬拉諾是指中世紀西班牙被迫改信基督教，而實際上仍信猶太教的猶太人和摩爾人。

氣球壓進水下。而且，這不是因為異教徒有智力上的缺陷：事實上，我的直觀推斷是：愈信多神，我們的心智愈是優異，處理細微差別和模糊不清的能力愈強。基督新教（Protestant Christianity）、薩拉菲伊斯蘭教（Salafi Islam），或無神論基本教義派等純粹的一神論宗教，吸引的是拘泥字義和平庸的心智，沒辦法處理模糊不清的狀況。⑤

事實上，我們能從地中海的「宗教」，或是說，各項儀式，以及行為和信仰體系的歷史，觀察到被難容異己者支配的趨向，實際上將體系帶到更接近我們可稱之為宗教的東西。猶太教可能因為母親規則和限縮在一個部族基礎上，差一點滅絕，但基督教因為完全相同的理由而勝出，伊斯蘭教也是。伊斯蘭教？伊斯蘭教有許多，最後的樣貌和較早期的樣貌相當不同。伊斯蘭教本身最後（在遜尼支派內）被純淨主義者接管，只因為他們比其他人更難容異己：瓦哈比教派信徒（Wahhabis，也稱作薩拉菲）是沙烏地阿拉伯的創建者，十九世紀的時候，摧毀了現在是他們國家中大部分地方的聖壇。他們進而實施極大程度的不容異己法則，後來伊斯蘭國（ISIS）仿效他們的做法。薩拉菲主義的每一次變貌，似乎都是為了倒向各個支派中最難容異己的一派。

再談權力下放

權力下放的另一個屬性，是反對英國脫離歐洲聯盟（英國脫歐〔Brexit〕）的「知識分子」所不理解的：假設一個政治單位需要三%的門檻，少數規則就會生效，而且平均來說，頑固的少數占人口的三%，平均值附近有變異，那麼這個規則會影響某些國家，有些則不受影響。但如果從另一方面來說，把各州合起來，那麼少數規則會一體適用。這是美國運作得那麼好的原因。我一再向願意洗耳恭聽的人表示，我們是聯邦，不是共和國。用《反脆弱》的語言來說，權力下放對變異呈凸性。

強加美德於他人身上

這個片面性觀念，能幫助我們破除更多的錯誤想法。為什麼書被禁？肯定不是因為它們觸犯一般人——大部分人消極被動，不是真的很在意書裡寫了什麼，或者不會在意到要求禁書。從過去的案例來看，似乎只要一些（別有動機的）活動分子，某些書就會遭禁，或者將某些人列入黑名單。偉大的哲學家與邏輯學家伯川德·羅素（Bertrand Russell）就因為一位怒氣沖沖——而且頑固——的媽媽寫了一封信，說不希望女兒和過著放蕩生活與觀念不著邊際的人同處一個教室，因此丟了紐約市立大學的教職。

同樣的道理，似乎可以用在各項禁令上——至少，後來帶出有趣的黑手黨故事的美國禁酒令就適用。

---

⑤原書註：基督教抹消了以前的紀錄，可能也抹消了……它本身的歷史。這是個事實，因為我們發現諾斯替等支派對於早期的宗教，紀錄相當不同。但是諾斯替大致上是個祕密宗教——對外人封閉，對本身的紀錄絕口不提。而祕密宗教會埋葬自己的祕密。

我們猜想社會道德價值的形成，並不是來自一般人共識的演進。不，那是最不能包容的人造成的，正因為他們的不能包容，而將美德強加在別人身上。這個道理同樣適用於公民權。

宗教機制和道德散播如何像飲食戒律那樣，遵循相同的重整化動態——以及我們可以如何說明道德比較可能是由少數人強制執行的，在這裡我提出一個洞察。本章稍早提到了遵守規則和打破規則的不對稱性：守法（或是守規則）的人，永遠會遵守規則，但是重罪犯，或者原則較為寬鬆的人，並不總是會打破規則。同樣的，我們稍早討論到的清真潔食戒律的強烈不對稱效果。我們來將兩者合一觀之，可以發現，古阿拉伯語中，清真（halal）的反義詞是haram。違反法律和道德規則——任何規則——稱為haram。這是管理食物攝取和其他所有人類行為（例如和鄰人的妻子睡覺、借錢收利息〔借款人卻沒有分攤下檔損失〕，或者只是為了取樂而殺害地主）完全相同的禁令。Haram就是非法和禁止做的事，而且是不對稱的。

一旦道德規則建立起來，分散各地追隨者的不讓步少數，便足以左右社會的常規。可悲的是，我們看人類整體，可能誤以為人類是自發性地變得更有道德、更好和更溫和，呼吸得更好，而實際上只有一小部分人才這樣。

但事情會往好和壞兩個方向走。雖然有些人相信一般波蘭人在殺害猶太人這件事上是共犯，歷史學家彼得・弗里茨（Peter Fritzsche）被問到「為什麼華沙的波蘭人不多幫忙他們的猶太鄰居？」時，回答說他們通常有這麼做。但是，需要七、八位波蘭人，才能幫助一位猶太人，卻只要有一位波蘭人告密，就有十來位猶太人被抓走。即使這種選擇性反閃族論有可議之處，我們卻能輕而易舉想像少數告密壞蛋會帶來什麼樣的壞結果。

少數規則的穩定性，機率論點

每當你觀察各個社會和歷史，你會發現同樣的普遍法則盛行，但有一些不是很大的變異：不可偷竊（至少不要在部落內做這種事）；不可追殺孤兒取樂；不可為了訓練，無故毆打西班牙語法專家，而要用拳擊袋（除非你是斯巴達人，但就算是，也只能為訓練的目的，殺人數有限的黑勞士），以及類似的禁令。而且，我們可以見到這些規則與時俱進，變得更為普及，擴大到更廣泛的人群，慢慢包括奴隸、其他的部族、其他的物種（動物、經濟學家）等等。這些法律有一個特質：它們非黑即白、二元、涇渭分明，不允許灰色地帶存在。你不能只偷「一點點」或「適度地」殺人——正如你不能遵守猶太潔食戒律，卻在週日燒烤時只吃「一點點」豬肉。

如果你在隨便一位舉重選手面前，撫摸他妻子或女友的胸部，我不認為你會在後來的砰砰作響中全身而退，也不能說服他，你是「只摸一點點」。

現在，這些價值從少數而來，比從多數而來的可能性大增。為什麼？且聽聽以下兩個論點：

在少數規則之下，說來矛盾，結果比較穩定——結果的變異數較低，而且在不同的人群，規則更有可能獨立出現。

從少數規則更有可能出現非黑即白、二元的規則。

舉例來說。有個壞人，例如經濟學教授，決定把某種東西放進汽水罐裡，毒害大眾。他有兩個選擇。第一是遵循少數規則的氰化物：一滴毒液（高於很小的門檻）會使整個飲料變得有毒。第二種是「多數式」的毒物；它需要注入一半以上的毒液到飲料中才足以殺人。現在來看看這個逆問題：一場晚宴之後，一群人死了。當地的福爾摩斯一口咬定，根據所有喝了汽水的人都死了的結果，壞人一定選擇第一種方法，而不是第二種。道理很簡單，多數法則會使結果在平均值上下大幅波動，所以存活率高。少數規則卻不然。少數規則會使結果的變異數低。

波普爾－哥德爾悖論

我曾經出席多桌同開的大型晚宴，你必須選擇素食燉飯或非素食。我注意到鄰座叫了一盤讓人想起飛機餐的食物（包括銀餐具）。這些餐點用鋁箔包著。他顯然遵守極為正統的潔食戒律。坐在吃五香火腿，並把奶油和肉混在同一個盤子的人中間，沒有讓他坐立不安，只求沒人打擾他依自己的偏好去吃。

對於猶太人和什葉派、蘇菲派（Sufis），以及（曖昧不明的）相關宗教，如德魯茲教和阿拉維教（Alawis）等穆斯林少數教派來說，目標是其他人不去打擾他們——但歷史上三不五時不能如願。但如果我的鄰座是遜尼派薩拉菲，他會要求整個房間，也許整棟樓、整個鎮，最好是整個國家、更理想的是整個世界的人都吃清真認證食物。事實上，由於他的信條完全缺乏政教分離，聖凡也沒有分離，對他而言，haram（清真的反義）意味著真正的非法。整個房間的人都違反了律法。

在我寫這段話時，人們正在爭論開明西方的自由，是否因為打擊基本教義派，需要採取侵入性政策而有所減損。

民主──依定義，是指多數──能容忍敵人嗎？問題如下所述：「凡是政黨的黨章禁止言論自由，你是否同意不給這樣的每一個政黨言論自由？」我們更進一步：「一個選擇包容的社會，應該不包容有些人的不包容行為嗎？」

事實上，這是庫爾特．哥德爾（Kurt Gödel，邏輯嚴謹性大師）在參加移民入籍考試時，發現美國憲法存有不一致性。據說哥德爾和法官吵了起來，這個過程的見證人愛因斯坦救了他。科學哲學家卡爾．波普爾（Karl Popper）也獨自發現民主制度有相同的不一致性。

我寫過，有邏輯缺陷的人曾經問我，一個人是否應該「懷疑懷疑論」；我被人問到「一個人是否可以否證否證論」時，用了和波普爾類似的答案：掉頭就走。

我們能用少數規則回答上面所說的各點。是的，不能包容別人的少數人，能夠掌控和摧毀民主。事實上，這最後會摧毀我們的世界。

所以，我們需要對沒有包容心的少數人更沒有包容心。簡單地說，他們違反了白銀法則。在對待缺乏包容異己的薩拉菲主義（它否定其他人「有他們自己宗教的權利」）時，不允許使用「美國價值」或「西方原則」。西方正處在自殺的過程中。

市場與科學的不敬行為

現在來談談市場。我們可以說，市場不是市場參與者的總和，而是反映動機最強烈的買家和賣家的活動，造成的價格變動。是的，動機最強烈者勝。事實上，似乎只有交易人懂這件事：為什麼單一賣家就能使市場重跌一〇%。你只需要一位頑固的賣家。市場對這種刺激的反應不成比例。目前整個股票市場的價值超過三十兆美元，但是二〇〇八年一張賣單，只有五百億美元，也就是占總市值的〇·二%不到，卻引發將近一〇%的跌幅，市值蒸發約三兆美元。如《反脆弱》所說，這張賣單由巴黎的興業銀行（Société Générale）拋出，後來才發現是一個惡棍交易員偷偷買進之後，想要賣出。為什麼市場會有如此不成比例的反應呢？因為這張賣單是單方的——頑固：他們非賣不可，而且沒辦法說服管理階層採取其他做法。我個人的格言是：

市場像是裝了小門的大電影院。

而且，判別一個人是否是冤大頭的最好方式，是看他的注意焦點是否放在電影院的大小，而不是門的大小。電影院會發生觀眾奪門而出的事——例如有人大喊「失火了」——因為那些想逃出去的人，不會想留下來，和我們見到的遵守猶太潔食戒律或者恐慌性拋售的無條件完全相同。

科學的運作也類似。如同我們先前所說，波普爾的思想，背後是少數規則。但是波普爾太過嚴厲，所以我們把他留到稍後再談，現在先討論比較有趣和快活的理查・費曼（Richard Feynman）。他是他那個時代中最大逆不道和俏皮的科學家。他寫成的軼事集《你管別人怎麼想》（*What Do You Care What Other People Think?*），傳達了科學根本上不敬的行為，透過如同猶太潔食戒律不對稱的機制在運作的觀念。怎麼說？科學不是科學家所想的總和，但正如市場，是個高度偏態的過程。一旦你推翻某個東西，它現在便是錯的。要是科學以多數共識的方式運作，我們會仍然困在中世紀，愛因斯坦也會一事無成，仍然是專利辦事員，徒然有不少嗜好，卻無一開花結果。

一夫當關，猶如百萬雄獅

亞歷山大說，一頭獅子帶領的羊群，好過一頭羊帶領的獅群。亞歷山大（或者可能杜撰這句話的任何人）了解積極主動、絕不包容和勇敢的少數人有其價值。漢尼拔帶著一小群傭兵，威脅羅馬十五年之久，打贏二十二場對羅馬的戰役，每一場都以少勝多。他受到這句格言的另一種版本鼓舞。坎尼（Cannae）會戰時，他對關切迦太基兵少於羅馬兵的吉斯科（Gisco）說：「他們的兵力雖眾，我們卻有一件更好的事……他們人數龐大，卻沒有一個叫吉斯科。」⑥

頑固的勇氣帶來豐厚的報酬，這樣的事情並不限於軍事。「永遠不要懷疑一小群慎思明辨的公民可以改變世界。事實上，這是始終存在的唯一一件事，」美國人類學家瑪格麗特・米德（Margaret Mead）寫道。不用說，革命是至死方休的少數人掀起的。而且整個社會的成長，不論經濟，還是道德，都來自一小群人。

小結和下一章

所以我們要來概述本章，並將它連結到本書的副書名，也就是隱藏的不對稱。社會不會因為共識、投票、多數人、委員會、冗長的會議、學術研討會、茶和黃瓜三明治或者民意調查而演進：只要一些人，就足以不成比例地旋乾轉坤。我們需要的，只是在某處的不對稱規則。而不對稱幾乎每一件事都有。⑦

我們在序文中承諾，將解釋為什麼奴隸比預期要普遍——實際上，是多出許多——的事實。在附錄之後，下一章就來說明。

⑥原書註：迦太基人的名字似乎沒有很多變化：太多的哈米爾卡（Hamilcar）和哈斯德魯帕爾（Hasdrupal），讓歷史學家搞不清楚誰是誰。同樣地，似乎也有很多的吉斯科，包括古斯塔夫·福樓拜（Gustave Flaubert）寫的小說《薩朗波》（*Salammbô*）中的人物。

⑦原書註：只需要三%的少數，就會使「耶誕快樂」成爲「假期快樂」。但我懷疑少數人的數目如果增加，這個效果會消失，因爲多元化的社會更爲融合。我在黎巴嫩長大成人的時候，約一半的人口是基督徒：人們以羅馬異教徒分享別人假期的方式彼此問好。今天什葉派（和還沒被沙烏地阿拉伯洗腦的一些遜尼派）都會祝基督徒「耶誕快樂」。

第三部附錄：更多關於整體有違直覺的事

《反脆弱》一書談的是由於和少數規則類似的非線性和不對稱的存在，平均值無法代表任何事情。所以我們來更進一步談：

市場參與者的一般行為，無法讓我們了解市場的整體行為。

你可以把市場當市場、個人當個人去檢視，但市場不是一般個人的總和（總和是一個平均值乘以一個常數，所以它們都會受到同等的影響）。由於我們討論過重整化，這些要點現在看起來相當清楚。但是要說明整個社會學領域的聲明可能如何分崩離析，我們還要更進一步：

針對個人所做的心理學實驗，顯示「偏誤」（biases）不允許我們自動了解整體或集體的行為，也不會啓發我們對群體行為有所了解。

人性不是在包含其他人的交易之外定義的。不要忘了我們不是離群獨居，而是聚在一起。與世隔絕的人——這正是實驗室典型的做法——幾乎沒什麼參考價值。①

各個群體有它們本身的單位。一個十人的群體和（比方說）三十九萬五千四百三十五人的群體，在質上有所不同。每一個群體可說都是不同的動物，正如一本書不同於一棟辦公大樓。當我們只關注共性（commonalities），就會感到混淆，但是到了某個規模，情況就會變得有所不同。數學上的不同。換句話說，向度愈高，可能互動的數目愈多，從微觀了解宏觀、從簡單的單位了解整體，難度會不成比例地放大。這種情形的運算需求也會不成比例地增加，稱作向度的詛咒（我真的發現，在一些有小小隨機錯誤存在的情況中，只要增加一個向度，複雜性的某個層面可能增為兩倍以上。從一千到一千零一，複雜性可能加大十億倍）。

或者，儘管在所謂的神經科學領域，我們能夠進入大腦觀察，這件事令人十分振奮：

了解大腦的子部分（例如神經元）如何運作，絕對無法讓我們了解大腦如何運作。

一組神經元或基因，就像一群人，不同於個別的組件——因為互動不見得呈現線性。到目前為止，我們對有約三百個神經元的秀麗隱桿線蟲（C. elegans）的大腦如何運作毫無所悉。秀麗隱桿線蟲是基因經過排序的第一個活單位。現在想想，人的大腦有約一千億個神經元，而從三百到三百零一個神經元，由於向度的詛咒，複雜性可能加倍。所以這裡使用「絕對無法」四個字是適當的。儘管去氧核糖核酸（DNA）的排序方面，有了被人大肆吹捧的「進步」，如果你也想知道為什麼除了某些疾病小部分的孤立區塊，我們大致上無法得到什麼資訊，其實原因相同。單一基因造成的單基因疾病相當容易處理，但是向度更高的任何東西，就令我們一籌莫展。

> 了解一個單位的基因組成，絕對無法讓我們了解該單位本身的行為。

提醒一下，我這裡所寫的不是意見。這是如假包換的數學特性。

平均場方法（mean-field approach）是指一個人使用（例如）兩個人之間的一般互動，概化到群體——只有在沒有不對稱的情況下，才有可能這麼做。例如，雅尼爾·巴延將平均場的失敗，應用到理查·杜金茲（Richard Dawkins）和史蒂芬·平克等激進新聞記者性格的人所鼓吹的自私基因進化論。這些人的英文文筆好過機率論。他指出局部特性（local properties）失靈，而且用於證明自私基因（selfish gene）的所謂數學計算，非常天真且不適當。馬丁·諾瓦克（Martin Nowack）和他的同事（包括生物學家艾德華·威爾森〔E. O. Wilson〕）談自私基因理論的致命缺陷研究，引起了風暴。②

問題是：我們所讀有關行為科學進步的不少東西，有可能是在胡說八道嗎？很有可能。很多

---

①原書註：我剛剛所說的，解釋了如何進入市場操作、了解經濟，或者制定政策方面，所謂的行爲經濟學領域，沒能給我們多於正統經濟學（它本身相當差）的任何資訊。

人被莫須有冠上種族主義者、隔離主義者和某種主義者的帽子。已故的湯瑪斯．謝林（Thomas Schelling）數十年前利用類似於重整化的細胞自動機（cellular automata）技術，說明一個社區的居民，可以如何在沒有單一隔離主義者的情況下隔離開來。

零智慧市場

現實的底層結構，遠比參與者重要，這是政策制定者沒能理解的事。

> 有了正確的市場結構，一群白痴也可以造就運作良好的市場。

研究工作者丹南傑．戈德（Dhananjay Gode）和希尼姆．桑德（Shyam Sunder）一九九三年提出令人驚訝的結果。讓市場充滿零智慧代理人，也就是隨機買進和賣出，但是建立某種結構，例如適當的標售程序，以正常的方式撮合買盤和賣盤。猜猜發生了什麼事？我們得到的配置效率，和市場參與者有智慧相同。佛烈德瑞克．海耶克（Friedrich Hayek）的說法再次得到證明。可是歷史上被引用最多的觀念之一，也就是看不見的手，似乎最少融入現代精神之中。

此外：

> 個人的某種與眾不同的行為（乍看之下被視為「非理性」），可能是集體的水準有效率

運作所需要的。

「理性主義者」群眾尤為重要，

個人不需要知道他們正往哪裡去；市場才需要知道。

建立起良好的結構，不去干擾人，他們會把事情照顧好。

---

②原書註：這裡值得提一些人名，因爲他們有如攻擊犬，對抗那些批評自私基因理論的人。他們沒有處理所提供的數學計算（因爲他們做不到），卻還是吠個不停。

第四部

狗群中的狼

3 如何合法擁有另一個人？

連教會也有過嬉皮——寇斯不需要數學——在慕尼黑啤酒節時避開律師糾纏——外派人生終有一天結束——員工發出乖乖聽話的訊號

教會早年在歐洲各地開始建立的時候，有一群稱作「遊方僧」（gyrovagues）、巡迴各處的人。他們是不隸屬於任何機構，雲遊四方的修士。他們的行為，就像過著自由自在（和用腳走路）的修行方式。這些人透過乞討，以及對他們有興趣的施主發揮善心，修行才能維持長久。這是一種弱式的永續性，因為我們很難說一群發誓禁欲的人能夠維繫長久：他們沒辦法自然增長，需要不斷注入新血。但由於善心人的幫助，除了供餐，也提供暫時的居所，他們生存了下來。

直到五世紀某個時候，他們開始消失——現在已經絕跡。遊方僧不受教會歡迎，五世紀時被迦克墩公會議（Council of Chalcedon）禁止，然後在約三百年後的第二次尼西亞公會議（Second Council of Nicea）再次被禁。在西方，對他們批評最烈的努西亞的聖本篤（Saint Benedict of Nurcia），偏好更為機構化的修行方式，最後他的規定勝出，並將這件事法制化，由修道院院長執行階層式的嚴格管理。舉例來說，本篤的規定彙整成像是指導手冊的文件，明定修士的所有物應屬於修道院院長（第三十三條規定），第七十條規定禁止修士盛怒之下毆打其他修士。

他們為什麼會被禁？很簡單，他們完全自由。他們在財務上自由，安全有保障，不是因為他們的收入，而是因為無欲。說來諷刺，沿路乞討，他們等同於有了你他×的錢，比起加入依賴收入過活的階級，最底層的人更容易要到你的錢。

如果你要經營一個有組織的宗教，完全自由是你最不想要的東西。如果你要經營一家公司，員工完全自由也是極其糟糕的事，所以本章談的是員工的問題，以及公司和其他機構的特質。

本篤的指導手冊，明擺著目的是在「穩定、禮儀轉換和順服」（stabilitate sua et conversatione morum suorum et oboedientia）的原則下，消除修士享有自由的任何念頭。而且當然了，修士需要經歷一年的見習期，觀察他們是否真正順服再說。

簡而言之，每個組織都需要一定人數的成員，被剝奪一部分的自由。你要怎麼樣擁有這些人？首先，是靠制約和心理操縱；其次，調教他們，使他們產生切膚之痛，強迫他們如果不服從當權者，就會蒙受重大的損失——這招很難用在蔑視身外之物的遊方僧身上。在黑手黨這種幫派，事情很簡單：如果角頭懷疑嘍囉（經過認定）不忠，痛毆一頓之後，暫時塞進後車廂——喪禮上，保證頭頭會到場。至於其他專業，切身利害會以比較微妙的方式呈現。

擁有一位駕駛員

假設你開一家小型航空公司。你是非常現代化的人，參加過許多場研討會，也和顧問師談過，相信這家傳統公司是過去的產物：每一件事都可以透過一張承包商網組織起來。你肯定這麼做比較有效率。

你已經和駕駛員鮑伯簽訂明確的合約。這是定義完善、內容冗長的法律協議，飛航班次明確，很早之前就做好承諾，包括無法履行合約的罰則。鮑伯會帶來副駕駛員和代理駕駛員，以防有人臨時生病。為配合慕尼黑的啤酒節，你安排明天晚上加開一個航班，飛往那裡。班機坐滿了受廉價吸引而來的乘客，其中有些人還預先節食；他們為了這個能夠大吃大喝啤酒、椒鹽捲餅和香腸等了一整年，所以機棚中充滿歡笑聲。

鮑伯下午五點打電話給你，說他和副駕駛員，呃，雖然他們喜歡你……但是，你應該知道，他們明天沒辦法開那架飛機。你應該知道，一位沙烏地阿拉伯酋長，信教虔誠，想在拉斯維加斯辦個特別的派對，需要鮑伯和他的團隊開飛機。酋長和他的隨從對鮑伯的言行印象特佳，因為他平常滴酒不沾、發酵優格飲品方面的專業知識豐富，並且告訴他，要多少錢，都不是問題。這份邀約十分闊綽，足以抵消鮑伯違反其他合約而承擔的罰金還有餘。

你氣得打自己的嘴巴。許多律師要坐這班飛往啤酒節的班機，更糟的是，他們是沒有其他嗜好，以告人打發時間，不論輸贏的退休律師。不妨想想可能發生的連鎖效應：如果飛機不起飛，就不會有設備將那些喝啤酒喝得肚子發脹的乘客從慕尼黑載回來——而且你很可能錯失許多來回班機。安排乘客轉乘其他班機，所費不貲，而且不能保證做得到。

你打了幾通電話，發現找個有常識的學界經濟學家，比找另一位駕駛員容易——也就是說，這是機率為零的事件。你投資那麼多錢在一家公司上，現在遭到嚴峻的財務威脅。你很肯定必然走上破產之途。

你開始想：呃，你應該知道，如果鮑伯是個奴隸，也就是你擁有的人，你應該知道，這種事就不可能發生。奴隸？但是等等……鮑伯剛剛做的事，不是企業受雇員工會做的事！受雇討一口飯吃的人，不會有那種投機行為。契約工太自由了；和喜歡冒險犯難的人一樣，他們怕的主要是法律。但是員工需要保護他們的信譽。而且，可以炒他們魷魚。

受雇員工喜歡領薪水的穩定生活。每個月月底，就有一個特別的信封，放在他們桌上。沒收到的話，他們的行為就會像喝不到母奶的嬰兒。你曉得，要是鮑伯是員工，不是看起來比較便宜的契約工那種玩意兒，你就不會陷入那麼大的麻煩了。

但是員工很貴。即使你沒事給他們做，還是必須發薪水給他們。你失去了彈性。單就才能來說，他們貴上許多。喜歡領薪水的人很懶……但在像這樣的時刻，他們不會讓你倒下。

所以員工是因為有重大的切身利益而存在——他們要分攤風險，風險大到能制止和懲罰不可靠的行為，例如沒有準時上班。你買的是可靠性。

而且，可靠性是許多交易背後的動因（driver）。有點閒錢的人會買鄉間別墅——比起住飯店或租房子，買鄉間別墅的做法很沒效率——因為他們想要確保，如果一時心血來潮，想住的時候，一定有房子可住。交易人有句話說：「當你能租三個F，千萬不要買：浮的（Float），飛的（Fly），以及……（就是那個別的某樣東西）。」可是許多人有船、有飛機，最後卡在那個別的東西。

是的，當契約工有下檔損失，因為除了信譽成本，財務上的罰則會寫進合約內。但是想想當員工的風險總是比較高。既然某個人選擇當員工，這種人是厭惡風險的。身為員工，他們發出某種乖乖聽話的訊號。

受雇一陣子的某個人，給了你順服的強烈證據。

順服的證據展現在員工經年累月，每天九個小時，剝奪個人的自由、每天例行性地準時進辦公室、把自己的行事曆擺一旁，以及在受氣了一整天之後，回家路上不見人就打。他是一條溫順、不隨地大小便的狗。

從公司男到公司人

就算員工不再當員工，他仍然會很勤奮。一個人在一家公司待得愈久，繼續待下去的情感投資就愈深，而且，離開時，保證會是「榮退」。①

如果員工降低了你的尾部風險，你同樣也降低了他們的尾部風險。或者至少他們認為你會這麼做。

寫這本書的時候，企業因為規模大而待在頂層（所謂的標準普爾五百種股價指數〔S&P 500〕採樣股）的時間，只有約十到十五年。公司因為合併或縮減業務而不再被S&P500收為採樣公司時，這兩種情況都會導致裁員。但是在整個二十世紀，預期留在頂層的時間超過六十年。大公司活得更長；人們終生待在大公司內服務。那時有一種人稱為「公司男」（company man）（這裡限定性別是適當的，因為公司人幾乎都是男性）。

公司男最好的定義，是某個人的認同，充滿著公司想給他的印記。他穿著得體，甚至講公司期望他講的語言。他的社交生活投注在公司，離開公司是極其重大的懲罰，就像雅典公民在陶片上寫名字，將某人驅逐出境那般嚴重。週六晚上，他和其他公司男及他們的配偶外出，分享公司裡面發生的笑話。ＩＢＭ要求員工穿白襯衫——不是淺藍、不能有對比分明的條紋，而是全白——並且套上深藍色西裝。不能穿得花俏，或者有一絲絲與眾不同的特質。因為你是ＩＢＭ的一部分。

我們的定義是：

> 公司男是指覺得如果他的行為不像公司男，會損失重大的人——換句話說，他有著切膚之痛。

相對的，公司也需要依約在可行的程度內，聘用公司男盡可能長的時間，也就是，直到強制退休為止。在那之後，他會拿著可以高枕無憂的退休金，和老同事一起打打高爾夫。當大公司存活很長的時間，而且被視為比國家還長命時，這套制度行得通。

但是到了一九九〇年代，人們開始發現，當個公司男工作很安全……假使公司一直沒倒的話。但是矽谷發生的科技革命，使得傳統公司遭受財務威脅。舉例來說，在微軟和個人電腦崛起後，ＩＢＭ本來是公司男的重鎮，現在必須遣散一部分「終生員工」，他們這時才曉得，他們的低風險職位，其實風險沒那麼低。這些人沒辦法在其他地方找到工作；離開ＩＢＭ，他們對任何人都沒用處。連他們的幽默感，在ＩＢＭ獨特的企業文化之外也不管用。

如果說公司男沒了，那麼他是被公司人（companies person）取而代之。人不再是由一家公司擁有，而是由更糟的東西擁有：他們必須是可雇用的（employable）。可雇用的人置身於一個行業中，不只擔心讓他們的雇主不高興，也擔心其他的潛在雇主不高興。②

---

①原書註：學術界的終生職制度，是爲了給人安全保障，自由表達他們的意見。但是，終生職是（在「人文」和社會科學等思想學科）給那些守規矩，唯命是從，也已經證明乖乖聽話的人。所以這一套行不通，收不到預期的效果。

②原書註：一些國家中，公司會給企業高階主管和中階經理人汽車等福利（假稅負補貼之名）。要是給員工現金，他們不會把錢花在這種東西上（他們很可能將錢存下來）；這麼一來，員工會更加依賴它們。

寇斯的公司理論

依定義，可雇用的人可能是你在歷史書上絕對找不到的人，因為這些人根據設計，絕對不會在事件發展的過程中留下印記。在設計上，歷史學家對他們不感興趣。但我們現在來看看，這些人和隆納德·寇斯（Ronald Coase）的公司理論及觀念有多搭。

員工——依設計——在公司內部的價值高於在外部；也就是，對雇主的價值高於對市場的價值。

寇斯是個懂得獨立思考、嚴謹、富創意、了不起的經濟學家，所提的觀念能夠應用和解釋我們周遭的世界——換句話說，這個人真材實料。他的風格十分嚴謹，以至於以寇斯定理（Coase Theorem；談市場在配置資源和處理汙染等麻煩討厭的事情方面非常聰明）聞名。他提出的這個觀念，沒有一個字用到數學，卻和用數學寫成的許多東西一樣根本。

寇斯除了提出他的定理之外，也率先探討為什麼公司會存在。在他看來，由於合約會產生一些交易成本，所以太過昂貴，不值得磋商；解決方法是登記公司和雇用員工，職務說明明確，因為你負擔不起每一筆交易的法律和組織費用。自由市場這塊地方由市場力量決定專業分工，而且資訊透過價格點傳送；但是在公司內部，這些市場力量消失了，因為經營市場的成本，高於它們帶來的利益。所以市場力量會導致公司追求內部員工和外部契約工的最適當比率。

看得出來，寇斯只差一兩步就走到切膚之痛的概念。他不曾從風險的角度去思考，所以不曉得員工也是一種風險管理策略。

要是寇斯或者什麼斯的經濟學家，對古人曾經感興趣，他們會發現羅馬家庭所用的風險管理策略，習慣上是由奴隸管帳，負責全家和物業的財務。為什麼這麼做？因為懲罰奴隸，可以遠比對自由人或解放奴隸嚴厲——而且這麼做，不需要依賴法律的機制。但是不負責任或不誠實的管家，能把你的房地產資金搬運到俾斯尼亞（Bithynia），讓你破產。擁有奴隸的下檔風險更大。

複雜性

歡迎來到現在世界。在產品日益由專業分工程度更細的轉包契約工生產的世界中，比起從前，某些特定、精細的工作更需要員工來執行。如果某個流程走錯一步，整個事業通常就要關門大吉——這解釋了為什麼今天存貨更低和轉包契約工更多，效率理該更高的世界中，事情看起來運轉平順且有效率，錯誤卻比過去更花錢，而且延遲遠比過去耗時更久。供應鏈中的一次延遲，就能拖垮整個流程。

一種古怪的奴隸所有權

公司的奴隸所有權，一向是採非常古怪的形式。最好的奴隸，你付他過多的錢，他也曉得這件事，因此害怕失去身分地位。跨國公司設有外派人員，有點像是生活水準比較高的外交官，在遠地代表公司，並且經營那裡的業務。所有的大公司曾有（有些仍有）外派身分的員工，儘管成本高，卻是極為有效的策略。為什麼？因為一位員工離總公司愈遠，他的單位有愈高的自主性，你愈希望他是奴隸，如此才不會自行做出奇怪的事。

紐約一家銀行派一位已婚的員工和眷屬駐外，假設是有廉價勞工的某個熱帶國家，並且給他鄉村俱樂部會員卡、司機、一棟有園丁照料的公司別墅、每年和眷屬搭頭等艙回國一次等特殊待遇與特權，並要他在那裡待上幾年，時間長到足以上癮。在讓人想起殖民時期的階級制度中，他的收入遠多於「當地人」。他和其他外派人員社交應酬。他慢慢想要在那個地方待久一點，但他遠離總公司，除了透過一些蛛絲馬跡，無從時時刻刻得知自己在公司的地位。最後，和外交官一樣，在調整派駐地點時，他懇求更換另一個地點。回到總公司，意味著失去原來的那些優遇、重新領底薪過日子——回到紐約市郊，搭地鐵通勤，或者老天保佑，不要搭公車上班，吃三明治午餐，過著中下階級的生活！大老闆冷落他時，他嚇壞了。這位員工九五％的心思放在公司政治上……而這正是公司想要的。在密謀策劃什麼事時，大老闆在董事會中就多了一位支持者。

自由從來不是免費的

在阿希卡爾（Ahiqar）著名的故事，後來收錄到伊索寓言中（然後再被拉封丹〔La Fontaine〕收錄），狗向狼炫耀牠享有的一切舒適和美好的生活，狼差一點就心動。直到狼問狗牠戴的項圈是怎麼一回事，了解了它的用途之後嚇壞了。「雖然有飯吃，我寧可不要。」牠扭頭跑開，而且還在跑。③

問題是：你想當什麼，狗或狼？

原始的阿拉米語版本是一頭野驢，不是狼，炫耀牠的自由。但是野驢最後被獅子吃了。自由是有風險的——真正的切膚之痛。自由從來不是免費的。

不管你做什麼，就是不要身為狗，卻自稱是狼。雄性發展出與他們的好戰能力相關的次要特質。比較深的顏色和主導地位有關。但是，做實驗將顏色較淡的雄性變黑，不會提高牠們的地位，因為牠們的行為不會改變。事實上，這些顏色較深的會被殺害——研究工作者泰瑞・柏翰（Terry Burnham）告訴我：「鳥知道你需要說走就走。」

---

③原書註：拉封丹：這可要緊了，不管什麼佳餚美味／我也不想品嘗，／給座金山，也不想付出那麼沉重的代價。／狼說著，轉身就跑，沒命地跑。（原文：Il importe si bien, que de tous vos repas /Je ne veux en aucune sorte, /Et ne voudrais pas même à ce prix un trésor. / Cela dit, maître Loup s'enfuit, et court encor.）

狗相對於狼的困境，另一個層面是：虛假的穩定感。狗的一生看起來可能平穩安全，但在沒有主人的情況下，狗活不下去。大多數人喜歡認養小狗，也就是還沒有長大的狗；許多國家，棄犬落到安樂死的下場。狼受到生存的訓練。如同我們在ＩＢＭ的故事看到的，被雇主遺棄的員工，不能起死回生。

狗群中的狼

有一類員工不是奴隸，但他們占的百分率非常少。你可以用下面的方法找出這種人：他們不在意他×的自己的名聲，至少不在意公司的名聲。

商學院畢業後，我在一家銀行受訓一年——陰錯陽差，銀行沒搞清楚我的背景和目標，要我當國際銀行從業人員。在那裡，身邊都是高度可雇用的人（這是我一生中最不愉快的經驗），直到我轉去做交易（在另一家公司），發現那裡的狗群中有些狼。

其中一類是業務員，辭職的話，公司可能損失業務，更糟的是，他們帶走客戶，讓競爭對手受益。業務員和公司之間存在緊張關係，因為公司試著去除與客戶關係的個人因素，讓業務員與客戶脫離關係。但是這樣的企圖通常未能成功：人喜歡和人往來，當他們接起電話，聽到原來的公司彬彬有禮、平淡無奇的聲音，而不是先前溫暖且熱情洋溢的銷售員兼朋友打來的電話，公司的生意就沒了。另一類是交易員，他們覺得只有一件事重要：獲利和虧損，或者稱作損益（P and L）。公司對這兩類人又愛又恨，因為他們難以駕馭——交易員和銷售員只有在沒有獲利的時候，才能管理，但這時又沒人想要他們。

我發現，賺錢的交易員可能變得破壞性很強，需要把他們和其他員工隔離開來。這是你將人化為利潤中心所付出的代價，意思是說其他的標準都不重要了。我記得曾經威脅一位交易員，因為他若無其事地責備一位嚇壞了的會計師，告訴他這樣的話：「我正忙著賺錢來付你的薪水」（暗示他：會計無助於增進公司的盈餘）。但沒關係；你高高在上時遇到的人，在你掉到谷底時還會撞見。我看到那個人在好運終於用完，被炒魷魚之前，遭到同一位會計師（用更巧妙的方式）責備。你有自由——但只到你上一筆交易為止。如同阿希卡爾的野驢，自由從來不是免費的。

當我跳槽到另一家公司，遠離原型公司男（proto-company man）時，有人明白告訴我，我一停止達成損益目標，就會遭到解雇。我已經沒有退路，只好賭下去，強迫自己去做當時還能做的套利、低風險交易，下檔損失小，因為金融市場上的作手還沒有那麼老奸巨猾。

記得有人問我為什麼不打領帶。這在當時就相當於裸體行走在第五大道上。我通常這麼回答：「一方面是傲慢，一方面是美觀，一方面是便利。」只要你有賺到錢，想對經理胡扯什麼鬼話，他們都聽得下去，因為他們需要你，害怕自己的飯碗不保。風險承擔者可以是社交上難以捉摸的人。自由一直和風險承擔息息相關，不管是有了自由，才去承擔風險，還是因為承擔風險，才有自由。承擔風險，你就會感覺是歷史的一部分。風險承擔者會去冒險犯難，因為他們天生是野生動物。

請注意語言這個向度——以及為什麼除了衣著上的考量，交易員需要和其他不自由、不承擔風險的人隔離開來。在我那個時候，除了幫派分子和想表示他們不是奴隸的人，沒人公開說髒話：交易員卻像水手那樣脫口而出就是國罵，我也養成策略性講髒話的習慣，但只用在寫文章和家庭生活之外。④在社群網路（例如推特）上講髒話的人，發出昂貴的訊號，表示他們是自由的——以及，說來諷刺，能力出眾。如果你不承擔風險，就不會發出有能力的訊號——這種低風險的策略非常少見。所以，今天，咒罵是身分地位的表徵，就像莫斯科的寡頭大亨在特殊的場合穿藍色牛仔褲，發出大權在握的訊號。甚至在銀行，帶顧客參觀公司時，會讓他們看看交易員怎麼工作，就好像他們是動物園裡的動物。他們會看到交易員抓著電話咒罵，同時吼著和經紀員撮合買賣。

因此，儘管咒罵和髒話是地位像狗和完全無知的表現——「無賴」（canaille）在語源上把這些人和狗搭上關係；諷刺的是，身分地位最高的自由人，通常是從自願採用最底層階級的道德習慣看得出來。⑤這和第歐根尼（住在一個桶裡）辱罵亞歷山大大帝，要他不要擋住陽光沒有兩樣，只是發出訊號而已（當然是傳說）。英式的「禮儀」是強加在中產階級身上，目的是馴化他們，加上灌輸他們害怕打破規則和違反常規。

厭惡損失

來看看下面這句話：

一個人擁有或沒有什麼並不重要；他或她害怕失去什麼才重要。

你可能損失的身外之物愈多，你愈脆弱。諷刺的是，我見過無數所謂的諾貝爾經濟學獎得主（瑞典中央銀行為紀念阿弗烈·諾貝爾〔Alfred Nobel〕而設立的獎項）在和我辯論時，擔心辯輸了。幾年前，我注意到其中四個人真的在意我這個一介無名小卒兼交易員，公開稱他們詐騙。為什麼他們那麼在乎？呃，你在那一行爬得愈高，愈是感到不安全，因為辯輸給一個相較之下無足輕重的人，相對於輸給高人，會使他們更臉上無光。

只有在某些情況中，人生爬得更高才安穩。你可能認為美國中央情報局（CIA）局長是美國最有權勢的人，但說穿了，位高權重的大衛·彼得雷烏斯（David Petraeus）比卡車司機還脆弱。這位老兄甚至不能搞外遇。你能讓別人冒生命的危險，但你仍然是奴隸。整個文官結構是依照那種方式組織起來的。

---

④原書註：我忍不住要講這個故事。有天我收到一位金融從業人員的來信，語帶請求：「親愛的塔雷伯先生，我是你大作的忠實讀者，覺得非給你一個建議不可。像你這樣的知識分子，如果可以不講髒話，影響力會大大提高。」我的回覆簡潔扼要：「他×的滾蛋。」

⑤原書註：我的朋友羅瑞·蘇瑟蘭（前面提過的那位羅瑞）解釋說，一些比較聰明的企業代表在和新聞記者說話時，以飆罵的策略，發出他們是在講實話的訊號，而不是複誦公司一致對外的口徑。

等候君士坦丁堡

獨裁者和當奴隸的公眾紅人截然相反。

在我寫這些話時，我們正見到新出現的各方對抗，包括北大西洋公約組織（North Atlantic Treaty Organization）成員國的現任「元首」（現代國家其實不太算有元首，只是一些大言不慚的人）和俄羅斯總統佛拉迪米爾・普丁（Vladimir Putin）。顯然除了普丁，其他所有的人都需要透過選舉選出來，可能遭到自己的黨抨擊，而且每一份聲明都需要字斟句酌，力求新聞媒體盡可能不要解讀錯誤。另一方面，普丁有等同於你他×的錢，明顯擺出「我不在乎」的態度，這進而吸引更多的追隨者和支持。在這種對抗中，普丁的言行就好像一位自由公民對抗與一群需要委員會、別人批准的奴隸，而且他們當然覺得所做的決策，必須符合立即發表的評價。

普丁的態度令他的追隨者著迷，特別是黎凡特的基督徒——尤其是還記得俄羅斯帝國女皇凱瑟琳大帝（Catherine the Great）的艦隊前來，允許貝魯特的聖喬治大教堂（Saint George Cathedral）敲鐘的東正教徒。凱瑟琳大帝是「最後一個帶種的沙皇」，把克里米亞從鄂圖曼人手中奪過來。在那之前，遜尼派鄂圖曼人禁止在他們治下的沿岸城市基督徒敲響教堂的鐘——只有在無人能及的山間村落，才給自己這種自由。這些基督徒一九一七年失去俄羅斯沙皇的積極保護，現在希望在大約一百年後，拜占庭能夠回來。和企業主打交道做生意，遠比和明年可能失去工作的一些員工容易；同樣的，相信獨裁者的話，比相信脆弱的民選官員容易。

觀察普丁，讓我明瞭被豢養（和被結紮）的動物，沒有機會贏過野生掠食者。一點機會也沒有。軍事力量有多強都沒用：敢扣下扳機才有說話的分量。⑥

從歷史上來看，獨裁者既比較自由——就像小公國傳統的君主那種特殊的例子——某些情況中，在福國利民上，也比民選官員更有切膚之痛，因為後者的目標是展現紙上的政績。現代卻不是這樣，因為獨裁者曉得他們能撈的時間可能有限，因而橫征暴斂，轉移資產到他們的瑞士銀行帳戶——就像沙烏地皇室那樣。

別壞了官僚界的習氣

推而廣之：

> 一個人的生存如果有賴於組織中更高階的某人給的質性「工作考評」，那麼極其要緊的決策不能交託給他。

⑥ 原書註：普選並沒有改變這個故事太多：直到最近之前，在所謂的民主國家中，選上的一群人限於上層階級俱樂部裡的人士，他們非常不在乎新聞媒體怎麼說。但諷刺的是，隨著社會流動性升高，更多的人能夠進入政治圈——和失去他們的工作。和企業一樣，你開始慢慢聚集勇氣極少的人——而且和一般公司一樣，因為他們缺乏勇氣而獲選。

雖然員工在設計上是可靠的，卻還是不能託付他們做決策、困難的決策、任何會牽扯到重大權衡取捨的責任。除非他們從事的是因應急迫的事件，例如滅火，否則也不能讓他們處理緊急工作。員工的目標非常簡單：完成他或她的主管認為必要的任務，或者達成某個可以動手腳的衡量指標。員工早上上班途中，可能發現獲利潛力很大的機會，例如賣抗糖尿病藥物給患有糖尿病前期的沙烏地阿拉伯觀光客。但如果他現在在燈具業賣水晶吊燈給住在公園大道（Park Avenue）老古板的寡婦，他可不能停下腳步，開始把握利用偶遇的大好良機。

所以雖然公司雇用員工以防範突發事件，可是一旦計畫改變，員工便一籌莫展。在分散責任導致責任嚴重稀釋，以至於員工無能為力之際，還有另一個規模上的問題。

我們看到越戰產生的這種影響。大部分人（可以這麼說）相信某些行動是荒謬的，但繼續做下去，比停止不做容易——尤其是一個人總可以編造故事，解釋為什麼繼續比停下來要好（往後找理由搪塞為什麼葡萄會酸的行為，現在我們知道稱作認知失調〔cognitive dissonance〕）。我們在美國對沙烏地阿拉伯的態度上看到相同的問題。自二〇〇一年九月十一日世界貿易中心（World Trade Center）遭到攻擊（大多數的攻擊者都是沙烏地公民）之後，我們看得很清楚，這個不開派對的王國，有個人——不知什麼原因——在這件事插上一手。但是沒有一個官僚做出正確的決策，因為害怕供油中斷——相反的，入侵伊拉克的荒謬之舉卻得到支持，因為看起來比較簡單。

自二〇〇一年起，打擊伊斯蘭教恐怖分子的政策，說得客氣一點，是忽視顯而易見的事實，有如治標不治本，完全不管病灶在哪裡。政策制定者和反應遲鈍的官僚，因為忽視根本原因，而愚蠢地任令恐怖主義孳長——因為即使對舉國上下來說是最佳的做法，對他們的工作而言卻不是最適當的。所以我們損失了一個世代：九一一之後去沙烏地阿拉伯（我們的「盟國」）上文法學校的人，現在長大成人，被灌輸成相信和支持薩拉菲暴力，因此受到鼓勵出錢去資助它。更糟的是，由於石油收入高，瓦哈比教派信徒透過他們的伊斯蘭教學校，加快他們對東亞人和西亞人洗腦。與其入侵伊拉克，或者炸死「聖戰士約翰」（Jihadi John）和其他個別的恐怖分子，進而導致他們人數倍增，更好的做法是專注於問題的根源：瓦哈比／薩拉菲教導和鼓吹不包容的信念，因此什葉派、亞茲迪派教徒、基督教徒都是異端分子。但是，再說一次，這不是根據職務說明書做事的一群官僚做得出來的決策。

二〇〇九年，銀行業重演同樣的事情。我在序一中說過，歐巴馬政府串通一氣執行鮑伯・魯賓交易。我們有很多證據，顯示他們害怕搖翻整艘船和牴觸親信的所作所為。

現在，拿這些政策和有切膚之痛的決策制定者所做的政策相比，不看他們的年度「工作考評」，你會見到不同的世界。

真的，如同我們在下一章所見，那會是一個全然不同的世界。

下一章

接下來，我們要談沒有那麼自由的自由人的罩門。

4 你的場子中別人的切膚之痛

如何當個告密者——詹姆士・龐德不是耶穌會會士，他是個單身漢——莫里亞蒂教授和福爾摩斯也是——公關公司凱徹姆的全面智慧——讓恐怖分子有切膚之痛

抵押貸款和兩隻貓

假設你是在一家（到目前為止）對社區產生隱藏性傷害的公司工作。這家公司隱匿它有一塊會令人致癌的土地，因為（還）沒有完全明朗的影響，已經導致數千人死亡。你可以提醒大眾注意，但是這一來，自然就會丟掉飯碗。而且有個風險：公司邪惡的科學家會反駁你，帶來額外的羞辱。你很清楚孟山都（Monsanto）的同夥對法國科學家吉爾斯－艾瑞克・塞拉里尼（Gilles-Éric Séralini）所做的事。塞拉里尼贏得毀損名譽的訴訟之前，在科學界名譽掃地，有如得了痲瘋病，

人人避之唯恐不及。或者，新聞來來去去，你最後可能被視而不見。你熟悉歷年來告密者的下場，即使最後證明你是對的，可能得花上一些時間，真相才能浮出在企業同夥製造的噪音之上。在此同時，你會付出代價。抹黑你的攻勢，會摧毀你找到另一份工作的任何希望。

你有九個孩子和臥病在床的父母要養，由於你採取了行動，子女的未來可能受到影響。他們上大學的希望破滅——你甚至可能沒辦法供給他們適當的生活所需。你在對所有的人和對子女的責任之間掙扎不已。你覺得自己是犯罪集團的一員，除非採取某些行動，否則你是犯罪代理人：數千人因為公司製造的隱藏毒害而死亡。對公司維持倫理，卻使其他人付出巨大的成本。

在詹姆士．龐德（James Bond）的電影《惡魔四伏》（*Spectre*）中，特務龐德發現自己——單槍匹馬，以告密者的風格——正在對抗的是：接管英國情報機構的黑暗勢力陰謀，他的上司也涉足其中。為他打造奇特新汽車和其他玩意的Q，被要求協助對抗這個陰謀時說：「我有抵押貸款要繳和兩隻貓要養。」——他當然是在開玩笑，因為最後還是冒著失去兩隻貓生命的危險，挺身對抗壞蛋。

社會喜歡聖人和道德英雄是單身族，如此他們就沒有家庭的後顧之憂，不會迫使他們為了養小孩，陷入倫理感需要妥協的兩難困境。從相當抽象的層面來說，整個人類成了他們的家庭。有年幼子女要養的蘇格拉底（雖然已經七十幾歲）等一些烈士，卻犧牲自己，克服這個困境。①許多人辦不到。

歷史上，一家之長的脆弱性常被大加利用。日本的武士必須離開江戶的老家，作為人質，向當權者保證他們不會反抗統治者。羅馬人和匈奴人都有交換永久「訪客」的做法，也就是將統治者的子女送到對方。他們養尊處優，卻是囚犯，在外國的宮廷長大成人。

鄂圖曼人依賴親兵。這些人還是嬰兒的時候，就從基督教家庭抱來，而且永遠不娶妻生子。由於沒有家累（或者沒和他們的家庭接觸），他們完全效忠於蘇丹。

大公司喜歡用有家庭的員工，這不是祕密。有下檔損失的人比較容易差遣，尤其是當他們被高額抵押貸款壓得喘不過氣來的時候。

當然了，福爾摩斯和詹姆士．龐德等大部分虛構的英雄，都沒有家庭的包袱，可以成為像莫里亞蒂教授那種惡人下手的目標。

我們來更進一步。

要做合乎倫理的選擇，你不能掉進特定（朋友、家人）和一般之間的困境。

單身一直是強迫男人表現這種英雄氣概的方式：例如，叛逆的古老教派艾賽尼派（Essenes）高舉獨身大旗。因此，根據定義，他們沒有生育子女——但是後來他們的教派突變，和今天所說

---

①原書註：在柏拉圖的《申辯篇》（*Apology*）中，蘇格拉底的行爲受人尊重：「先生，你曉得，我有家庭，而且不是從橡樹或從石頭中生出來的。」——這也是荷馬（Homer）的說法——「是從人生出來，所以我也有家庭，事實上是三個兒子，都是雅典人，一個已經是青少年，兩個還小。然而我還是不會爲了求你釋放我，把他們任何一個人帶到這裡。」

的基督教合併。獨身的要求可能有助於叛逆的理念，卻不是經年累月壯大教派的最好方式。

財務獨立是解決倫理兩難的另一種方式，但這種獨立難以確定：許多看起來似乎獨立的人，其實並不是特別獨立。在亞里斯多德的時代，收入獨立的人可以自由跟著自己的良心去做事，但這在現代不再那麼常見。

知識和倫理要求得自由，必須在別人的場子裡缺乏切膚之痛。這是為什麼自由少之又少的原因。我無法想像活動分子納德成為大汽車公司圍剿的目標時，如何養活二．三個孩子和一隻狗的家庭。

但是獨身或財務獨立，都不能使一個人無條件免疫。接著我們就來談這一點。

尋找隱藏的脆弱性

到目前為止，我們見到獨身的要求，是足夠的證據，顯示社會一向因為某個人的行動，隱而不顯地懲罰整體中的某一層。這從來不是在眾目睽睽之下做的：沒有人會說：「因為你批評大農業公司，所以我要懲罰你的家庭。」事實上，如果受到威脅，說耶誕樹下的物品數量會減少，或者電冰箱中食物的品質會降低，實務上就發生了這種事。

我擁有他×的錢，所以看起來完全獨立（但我很肯定，我的獨立和財務無關）。不過，會有我在意的人受到我的行動影響，而且想要傷害我的人，可能會以他們為目標。在大農業公司對我展開的攻勢中，公共關係公司（受雇來抹黑懷疑轉基因風險的人）沒辦法威脅我的生計。他們也不能給我貼上「反科學」的標籤（這是他們的彈藥庫裡的中心部分），因為我一向支持以技術性語言，表達科學上的機率嚴謹性，而且幾百萬讀者了解我的推論。要那麼做現在有點太晚。事實上，斷章取義從我寫的文字中隨便抓取一些段落，去和新時代大師德巴克·喬普拉（Deepak Chopra）寫的東西做類比，他們反而使某些人懷疑喬普拉是邏輯學家。這就相當於拿維根斯坦（Wittgenstein）尺②出來用：以尺衡量桌子，我是在衡量尺，還是衡量桌子？風馬牛不相及地做比較，更有可能受傷的是發言評論的人，不是被評論的人。

因此，這些公關公司使出網海戰術，大量寄出電子郵件，騷擾紐約大學的員工，包括以信件淹沒手無寸鐵的一位助理，以及根本不曉得我在那所大學工作的人，因為我只有空檔時間在那裡。這種方法——在他們認為你會痛的地方打擊你——意味著打擊你身邊比你要脆弱的人。通用汽車公司（General Motors）在針對納德（他發現通用汽車的產品有瑕疵）的攻勢中，無所不用其極地阻止他，甚至騷擾他母親蘿絲·納德，凌晨三點打電話給她——那個時候，電話很難追蹤。這顯然是要讓納德覺得傷害到母親而感到內疚。想不到蘿絲本人也是活動分子，反而因為那些電話而受寵若驚（至少她沒有置身於戰場之外）。

除了大農業公司，我有幸還有其他敵人。兩三年前，雖然我習慣拒絕給我什麼榮譽，（主要是）因為我覺得儀式非常無聊，但出於尊重，接受了黎巴嫩一所大學授予的榮譽博士學位。此

②原書註：見《隨機騙局》一書。

外，依我的經驗，收集榮譽博士學位的人，通常有階級意識，而我遵守加圖的警告：他寧可被問為什麼沒有他的雕像，而不是為什麼有座雕像。批評我的人、學生團體中的薩拉菲同情者，以及因為我熱情為什葉派伊斯蘭教說話，和我希望黎巴嫩回歸東地中海，也就是它顯然歸屬的希臘羅馬世界，而不是稱作阿拉伯主義的災難性和虛構處所，因此不快的人，自然而然把那所大學的員工當成攻擊目標。各大學的院長和校長明顯遠比獨立人士脆弱，而動物知道弱點在哪裡。根據少數規則，只要有非常少的批評者，胡亂使用讓人望之生畏的流行用語（例如「種族主義者」），就足以嚇壞整個機構。機構裡面是員工——脆弱、重視聲譽的員工。薩拉菲不是一個種族，而是政治運動加上犯罪組織，可是人們害怕被貼上種族主義者的標籤，怕到他們失去邏輯判斷的能力。但是到頭來，批評者的努力徒勞無功：一方面，沒人傷害得了我；另一方面，那所大學如果撤回榮譽學位，損失會多於泛阿拉伯主義者和薩拉菲的騷擾。

將和你有關的脆弱者當作攻擊目標，這個方法終歸無效。首先，令人作嘔的人（以及薩拉菲同情者），加上只會聚眾滋事的人，往往很笨。其次，以誹謗為業的人，其他每一件事必然做得不好——因此在那一行也是一樣——所以那個行業累積了不少瑕疵品，傾向於在倫理上無限上綱。高中同學裡面，那些有生意腦筋、在街頭混得很好，或者有學術天分的同學，有任何人宣稱他們的夢想，是成為世界上最棒的抹黑告密專家嗎？或甚至以遊說者和公共關係專家為業？從這些工作，可以看出做其他的事必然失敗。

此外，

要免於衝突，你必須沒有朋友。

這是為什麼據說克里昂（Cleon）宣稱他在辦公室沒有朋友的原因。

到目前為止，我們見到個人和集體之間的連結太過模糊，難以天真地解讀。所以我們來探討恐怖分子認為自己可以免於傷害的典型狀況。

如何使自殺炸彈客有切膚之痛

我們能夠懲罰犯罪個人的家庭嗎？經文自相矛盾——舊約聖經中，兩個答案都有。《出埃及記》和《民數記》指出神「必追討他的罪，自父及子，直到三四代」。《申命記》做了切割：「父親不可因兒子的緣故被處死，兒子也不可因父親的緣故被處死；各人要因自己的罪被處死。」即使在今天，這個問題也不能完全拍板定案，答案也不明確。你不必為父母的債務負責，但是德國的納稅人仍然負擔祖父母和曾祖父母輩所犯罪行的戰爭賠償之責。即使在古時候，債務負擔跨越世代時，答案也不是一清二楚：他們有定期（真的照字面上的意義）將石板清洗乾淨的平衡機制，到了千禧年就一筆勾銷債務。

但是就恐怖主義的例子來說，答案十分明確。規則應該是：你在以為不會受到懲罰的情況下，殺了我的家人；我會要你為此付出若干間接代價。間接責任不是文明社會標準的犯罪受罰方法的一部分，但是對抗恐怖主義分子（他們威脅到無辜者），也不能使用標準的做法。因為我們在歷史上，極少面對犯罪行為人從死亡本身，獲得完全不對稱的報償和上檔利益。③

漢摩拉比法典實際上有這樣的條款：責任可以跨世代移轉。因為在圍繞著拿自拍桿的韓國人，那座相同的玄武岩石碑上寫著，如果建築師蓋了房子，而房子後來倒塌，壓死主人的長子，那麼建築師的長子應該處死。我們今天所了解的個人，不是以獨立的單位存在；家庭才是。

吉普賽人有長久以來不為外人完全理解的規則；可能要到電影《復仇者》（*Vengo*；二〇〇〇年上映）播出，一般大眾才發現吉普賽部落有個黑暗的習俗。如果一個家庭中的某個人殺了另一個家庭中的人，殺人者的直系親屬會被交付受害人的家人處置。

聖戰恐怖主義不尋常的滋擾，在於我們面對一個受蠱惑的人，願意殺害不計其數的無辜者，不必承受任何真正的下檔損失，也就是沒有切膚之痛時，我們完全無力自衛。在北腓尼基，薩拉菲穿著裝了炸彈的夾克，意圖在公共場所引爆，嚇壞了阿拉維教徒。幾乎沒有辦法「活捉」他們，而不引起炸彈爆炸。當場殺死他們，可能錯殺好人，但我們經不起壞分子殺人。因此，有些時候，一些公民見到疑似自殺炸彈客，會將他們逼到引爆時造成最小傷害的地方，「擁抱」他們。這是反自殺炸彈的一種形式。

在其他的公義方法都失敗，堂而皇之的社群懲罰是可以使用的，前提是它們並非基於情緒性反應，而是在事件發生之前，規劃良好的公義方法，它們就會產生嚇阻作用。一個人犧牲自己，以為這樣就會對某個群體產生上檔利益，這樣的人需要嚇阻。所以這是在沒有其他方法時，給他切膚之痛的一種形式。而且，這種痛是顯而易見的：痛的正是那個群體。

要控制自殺恐怖分子，我們僅餘的唯一方式，是講得清楚明白，說服他們相信炸死自己不是對他們的最糟情境，因為整個情境還沒結束。他們的行為造成的後果，會使他們的家庭和摯愛的人立即承擔財務責任——就像德國人仍在為戰爭罪行支付金錢那樣。懲罰需要計算妥當，才能真正成為反誘因，不致使他們的家庭產生家有英雄烈士或為理念殉身的感覺。

但是我對於將犯罪從一個單位、一個人轉移到另一個群體的想法，感到反胃。防止恐怖主義行為人的家庭從他們的行動中受益，這個想法我倒不覺得不好——許多恐怖主義團體獎賞自殺炸彈客的家庭。而且，這可以在沒有任何倫理兩難的情況下，安全地終止他們的行為。

下一章

前面兩章，我們檢視了來自切膚之痛的自由，產生的依賴和限制的好處與壞處。接著我們來看看（正確的那一種）風險承擔的驚險刺激。

③原書註：目前的說法是：恐怖分子認爲他們會上天堂，遇見看起來像是鄰家的處女。這種說法不完全正確：許多人只是在尋求被視爲英雄式的死亡，或者讓朋友刮目相看。成爲英雄的渴望，相當引人注目。

第五部

要活著，就需要承擔一定的風險

5 生活在模擬機中

閱讀波赫斯和普魯斯特時如何打扮——拿著冰鑽有很多方法說服別人——主教七嘴八舌開會——神化——川普為什麼會當選（他真的當選了）

我有一次出席晚宴，坐的是大圓桌，對面是一位客氣的老兄，名叫大衛。主人是物理學家艾德嘉（Edgar C.），在他的紐約俱樂部設宴。那真的像是俱樂部。在那裡，除了大衛，幾乎每個人都穿得像是讀過波赫斯（Borges）①和普魯斯特（Proust）②的書，想要讓人知道他們是波赫斯和普魯斯特的讀者，或者只是喜歡與讀過波赫斯和普魯斯特的人混在一起殺時間（每個人都穿燈芯絨褲、戴領巾狀寬領帶、腳踩麂皮鞋，或者只是穿西裝）。至於大衛的穿著，好像不知道讀過

①譯註：阿根廷作家、詩人。

②譯註：法國意識流作家。

波赫斯和普魯斯特的人聚在一起時，需要打扮成什麼樣子。吃到某個時候，大衛出乎意料，抽出一根冰鑽，鑽過他的手。我壓根兒不知道這位老兄靠什麼維生——也不知道艾德嘉的嗜好是魔術。後來才曉得這個大衛是魔術師（他的姓名是大衛・布萊恩〔David Blaine〕），而且赫赫有名。

我對魔術師所知不多，以為一切都是眼睛對光的錯覺——我們在序二提過的中心逆問題，使得工程比反向工程要容易。但是晚宴結束時，有件事嚇了我一跳。大衛站在衣帽間旁，用手帕吸手上湧出的血。

原來這個傢伙真的拿冰鑽鑽過自己的手——並且承受因此而來的所有風險。在我眼裡，他突然之間成了另一個人。他是有血有肉的人。他冒風險。他有切膚之痛。

幾個月後，我再度遇到他，試著和他握手，注意到冰鑽從他手中出來的地方有個疤。

耶穌是勇於承擔風險的人

這讓我終於懂得三位一體這件事。經過迦克墩公會議、尼西亞公會議，以及其他促進基督教不同教派大聯合的歷次會議和爭論不休的主教各式各樣的宗教會議，基督教這個宗教一直堅持耶穌基督的雙重性。如果神是神，耶穌是人，就像另一位先知、伊斯蘭教看他的方式，或者猶太教看亞伯拉罕的方式那樣，這在神學上會簡單一點。但是不然。他必須既是人，又是神。這種雙重性如此重要，所以一提再提，經過各式各樣的改良：不管這種雙重性是分享相同的物質（正統

〔Orthodoxy〕）、相同的意志（基督一志論〔Monothelites〕），還是相同的性質（基督一性說〔Monophysites〕）。三位一體使其他的一神論者見到基督教多神論的痕跡，而且導致落入伊斯蘭國手中的許多基督教徒遭到斬首。

所以看起來，教會的創辦人真的需要耶穌有切膚之痛；他確實在十字架上受苦受難，犧牲自己，並且體驗死亡。他是風險承擔者。對我們的社會來說，更重要的是，他是為了別人而犧牲自己。剝除了人性的神，不能以這種方式產生切膚之痛，也沒辦法真的受苦受難（或者，如果祂確實受苦受難，注入人性，重新定義神，就會支持我們的論調）。沒有在十字架上真正遭受折磨的神，就會像魔術師用幻覺在表演，而不是像某個人將冰鑽刺過自己的腕骨而流血。

東正教更進一步，讓人性的一面向上流動，而不是向下。第四世紀的主教亞歷山卓的亞他那修（Athanasius of Alexandria）寫道：「耶穌基督化為肉身，如此『我們』才能成為神。」（強調用的雙引號是我加的。）耶穌的十分人性化性格，容許我們凡人接觸神，並與祂合而為一、成為祂的一部分，以參與神的世界。這種融合，稱為神化。基督的人性，使得所有的人都可能進入神的世界。③

---

③原書註：「神的兒子有我們的性質，所以我們可以有祂的性質；由於祂把我們放在祂心裡，所以我們心裡有祂。」——克里梭斯頓（Chrysostom）

帕斯卡的賭注

這個論點（現實生活就是承擔風險）揭露了帕斯卡賭注（Pascal's wager）的神學弱點。帕斯卡賭注說，萬一造物主真的存在，相信祂會有正報酬，如果祂不存在，則沒有下檔損失。因此這個賭注是：相信有神是個免費的選項。但是世界上沒有免費的選項。如果你打破砂鍋問到底，依照邏輯遵循這個觀念，你可以看到它主張沒有切膚之痛的宗教，使得它成為純粹學術和枯燥乏味的活動。但是用在耶穌身上的事，應該也應用在其他宗教的信徒上。我們會見到傳統上，沒有一種宗教沒有若干切膚之痛。

現實的母體

哲學家和同樣愛發議論、卻遠為老練世故（而且衣服色彩較多）的主教不一樣，不懂他們的體驗機器思想實驗是要做什麼。這個程序如下所述。簡單地說，你坐在一部設備中，技術人員會插一些線，連接到你的大腦。在那之後，你會經歷一段體驗，你感覺好像有件事發生了，除了一切只發生在虛擬實境中；一切都是心理上的。啊，這種體驗絕對不屬於現實的同一類——只有不曾冒險的學界哲學家，才會相信這種胡說八道。為什麼？

因為，再說一遍，人生就是犧牲和承擔風險。少了數量不多也不少的前者，在滿足後者的限制之下，沒有什麼接近我們能夠稱為生命的東西。如果你冒險做一件事，卻不承擔可以彌補或甚至可能無法彌補的真正傷害風險，那麼那不叫冒險。

我們的論點——現實需要冒險——可以對身心問題做出精妙的論述，但別告訴你身邊的哲學家。

現在，有人可能會說：一旦進入機器中，你可能相信你有切膚之痛，並且體驗痛苦和後果，就好像你活在真正的傷害中。但這是一旦在裡面，不是在外面，而且不可逆的傷害，也就是事情在那邊縈繞，時間往一個方向，而不是另一個方向流動，並沒有風險。夢不是現實，理由在於你從中國的一座摩天大樓掉下來的千鈞一髮時刻，突然驚醒，生活還是會繼續下去，而且沒有吸收壁（absorbing barrier）。這是那種不可逆狀態的數學名稱，我們會在第十九章詳細討論，加上我所知最強而有力的概念——遍歷性（ergodicity）。

接下來，我們來談談發出明顯有其缺陷訊號的好處。

川普

我喜歡關掉電視的聲音看螢幕。當我看到川普在共和黨的初選中，站在其他候選人身邊，我確信他會贏得那個過程的階段，不管他說什麼或做什麼。事實上，那是因為他有顯而易見的缺陷。為什麼？因為他是真實的，而大眾——由通常承擔風險的人組成，不是我們將在下一章提到的不承擔風險、沒有生命的分析師——任何時候都會投票給將冰鑽鑽過手中之後真的流血的候選人，而不是沒這麼做的人。有人說，川普是個失敗的創業家，即使這是真的，反而支撐這個論調：你寧可有個失敗的真人，而不是個成功人士，因為汙點、傷疤、性格缺陷，會增加人和鬼之間的距離。④

傷疤發出切膚之痛的訊號。

而且

人們能夠察覺前端和後端辦公室操作者之間的差異。

下一章

在我們結束之前，聽聽胖子東尼的智慧之語：永遠要做得比說得多，而且在說之前，先有行動，因為默默做事，永遠勝過光說不練。

如果不是這樣的話，你會像我們在下一章說到的那種人（這勢必得罪許多「知識分子」）。他們是現代暗中為禍的害蟲：後端辦公室人員（也就是支援幕僚）充作前端辦公室人員（業務產生者）。

④原書註：我注意到，即使川普以非傳統的方式表達自我的事實，發出了訊號，讓人知道他不曾有過上司、沒有主管需要說服、努力讓他們留下深刻的印象，或者取得他們的批准：受雇者在遣詞用字上，則比較審慎。

6 白痴知識分子

沒有切膚之痛的人——脂質恐懼症——教導教授如何硬舉

從二〇一四到二〇一八年，從印度到英國到美國，我們見到整個世界都在反抗沒有切膚之痛的政策制定「文官」圈內人和新聞記者型的內部人。這群半知識專家，擁有常春藤聯盟、牛津或劍橋，或者類似標籤的學位，構成家長階級，告訴我們其餘這些人：一、做什麼；二、吃什麼；三、怎麼講話；四、怎麼思考，以及五、投票給誰。

去哪裡找椰子

但是問題在於獨眼人跟著瞎子走：這些自稱是「知識階層」（intelligentsia）成員的人，在椰子島上找不到椰子，意思是說他們的智慧還不到能夠定義智慧的地步，因此掉進迴圈之中——他們的主要技能，是答對像他們那樣的人出的考題，或者寫像他們那樣的人會讀的論文。我們有些人——不是胖子東尼——對於他們一連串的無能視而不見。不到四〇%的心理學研究能夠再做出相同的結果，經歷三十年的飲食肥胖恐懼症，飲食建議翻轉，總體經濟學和財務經濟學（困於複雜難懂、數量龐大的字詞補丁中）在科學上還不如占星學（「不確定系列」的讀者從《隨機騙局》以來，就知道這件事），身為聯邦準備理事會主席的柏南克，對財務風險一竅不通，卻於二〇一〇年再獲任命，以及藥品實驗充其量只有三分之一的時候能夠再做出相同的結果，所以人們絕對有資格依賴本身的先人本能和聽祖母的話（或者聽蒙田和經過過濾的古典知識），因為他們的紀錄比這些政策制定笨蛋要好。

科學與科學主義

事實上，我們可以看出這些學院派官僚覺得有權運轉我們的生活，可是不管在醫學統計上或政策制定上，他們甚至都不夠嚴謹。他們說不出科學和科學主義的差別——事實上，在他們眼裡，科學主義看起來比真正的科學還科學，例如，舉個微不足道的事來說：法律學家凱斯．桑思坦（Cass Sunstein）和經濟學家理查．塞勒（Richard Thaler）之類的人——他們想要把我們「輕輕推向」表現出某種行為——他們歸類為「理性」或「不理性」（或者像這樣的一些類別，指出我們偏離了理想或要求的協定）的不少東西，來自他們對機率理論的誤解及表面上使用一階模式。他們也容易誤將集群（ensemble）當作各個成分的線性集合——也就是他們認為，了解單一個人，我們就能了解群眾和市場，或者我們了解螞蟻，就會了解蟻群。

白痴知識分子（Intellectual Yet Idiot; IYI）是現代的產物，因此至少從二十世紀中葉以來就激增，今天到達了局部上確界（local supremum），到了我們體驗到沒有切膚之痛的人接管的地步。在大部分國家，政府扮演的角色介於一個世紀之前的五到十倍之間（以國內生產毛額〔gross domestic product〕的百分率表示）。在我們的生活中，IYI似乎無處不在，但是人數少，而且在專門的處所、智庫、媒體和大學社會學系之外，極少見到——大部分人都有適當的工作，而且IYI職缺不多，這解釋了為什麼他們人數雖少，卻能有那麼大的影響力。

IYI把別人做他不了解的事，視為病態，卻不知道自己的了解可能有限。他認為人們的行為應該根據他們的最佳利益，而且他知道他們的利益是什麼，尤其是如果他們是「鄉巴佬」，或者投票贊成英國脫歐、母音發音不清脆的階級。當凡夫俗子做出自己覺得有意義，而IYI不這麼認為的事，他就會使用「大老粗」一詞稱呼他們。我們通常所說的參與民主過程，他卻使用兩個不同的名詞來稱呼：如果合IYI的意，那是「民主」，但當平民百姓敢於投票牴觸IYI的偏好，那就是「民粹」。富人認為，繳一塊錢的稅，應該就有一票。比較傾向人本主義的人，則認為應該一人一票。孟山都則認為應該一名遊說者一票。IYI認為應該一個常春藤聯盟學位一票，外國名校和博士學位也等值，因為他們的俱樂部是這麼要求的。

他們是尼采所說的文化土包子（Bildungsphilisters）——受過教育的老粗。當心稍微多懂一點的人，認為自己知識淵博，就像理髮師決定操刀動腦部手術那樣。

IYI也天生沒辦法察覺謬論。

土包子知識分子

IYI會訂閱《紐約客》。這本雜誌設計得讓土包子能夠學習怎麼假裝會談進化論、什麼神經理論、認知偏差和量子力學。他絕對不會在社群媒體上罵髒話。他會大談「種族平等」和「經濟平等」，但絕對不會和屬於少數的計程車司機出去喝一杯（再次缺乏切膚之痛。我會一說再說，重複這一點，直到聲音沙啞為止，因為IYI對這個概念根本上是陌生的）。現代的IYI親自參加過一場以上的TED演說，或者在YouTube上看過兩支以上的TED演說。他不只投票給希拉蕊·孟山都－馬爾梅松（Hillary Monsanto-Malmaison），①因為她看起來像是可以選的人，或者某種這樣的循環推論。他認為，誰不這麼做，那就是精神上有毛病。

IYI誤將近東（古東地中海）當作中東。

IYI的書架上擺了一本第一版的精裝《黑天鵝效應》，但是誤將沒有證據（absence of evidence）當作證明沒有（evidence of absence）。他相信GMOs是「科學」，它們的「技術」和傳統的育種，屬於相同的風險類別。

一般情況下，IYI在一階邏輯是正確的，但二階（或更高階）效應則不然，使得他在複雜領域中完全無能為力。

歷史上，IYI對史達林主義、毛澤東主義、GMOs、伊拉克、利比亞、敘利亞、腦白質切斷術、都市規劃、低碳水化合物飲食、健身器材、行為主義、反式脂肪、佛洛伊德主義、投資組合理論、線性迴歸、高果糖玉米糖漿（HFCS）、高斯主義、薩拉菲主義、動態隨機均衡建模、房屋建築專案、馬拉松、自私基因、電子預測模式、伯納・馬多夫（Bernie Madoff，身敗名裂之前）和 p 值，都一錯再錯。但他仍然被說服，相信他目前的立場是正確的。②

和俄國人喝酒從沒醉過

IYI加入俱樂部，以享受飛來飛去的特權；③如果他是社會學家，他會使用統計學，卻不知道如何推導它們（例如平克和一般的假心理學家）；在英國的時候，他會去參加文藝季，吃黃瓜三明治，每次都是輕輕咬一小口；他喝紅酒配牛排（從來不喝白酒）；他一向相信飲食中的脂肪是有害的，現在完全翻轉自己的看法（兩種說法的資訊出自同一個來源）；他遵循醫囑，服用他汀類藥物；他不明白遍歷性，而且向他解釋之後，很快就忘記；即使談生意，他也不使用意第緒語；他在學說一種語言之前，先研究文法；他有個表弟，其同事認識女王；他沒讀過弗雷德里克・達爾德（Frédéric Dard）、利巴紐斯・安提阿哥斯（Libanius Antiochus）、邁克爾・奧亞克索特

---

①譯註：參加二〇一六年美國總統大選的希拉蕊，和積極推廣基因改造食品的孟山都走得很近，也住馬爾梅松城堡飯店。

②原書註：在這個主題上，巴列圖（Pareto）的評論比我嚴厲。

③譯註：暗示他們是政治家或名流。

（Michael Oakeshott）、約翰・格雷（John Gray）、阿米阿努斯・馬爾切利努斯（Ammianus Marcellinus）、伊本・巴圖塔（Ibn Battuta）、薩阿迪亞・果昂（Saadia Gaon）或約瑟夫・德・邁斯特（Joseph de Maistre）；和俄國人喝酒從沒醉過；他不曾喝酒喝到開始打破杯子（或者更理想的是打破椅子）；他甚至不懂得黑卡特（Hecate）④和赫庫巴（Hecuba）⑤的區別（布魯克林語中是指「分不清狗X〔sh**t〕和新諾拉〔Shinola〕」⑥）；他不知道在缺乏切膚之痛時，「偽知識分子」和「知識分子」沒有差別；過去五年，在和物理學無關的談話中，他至少提到量子力學兩次。

IYI喜歡在討論無關的現象時，使用科學哲學的流行用語；對於給定的問題，他會太過於理論化，超過二或三個層次。

結語

白痴知識分子任何時點都知道他的言行對自己信譽有什麼影響。

但一個簡單得多的標記是：他甚至不會硬舉（deadlift）⑦⑧。

後記

從本章收到的反應（二〇一六年總統選舉之前開始張貼），我發現典型的IYI在閱讀的時候，難以區分什麼是諷刺，什麼是真話。

接著，我們停止諷刺，回到本書內容，談遭人嚴重誤解的經濟分配不均主題。誤解的人是IYI。

④譯註：希臘神話中的女神。
⑤譯註：希臘神話中的女性人物。
⑥譯註：美國俚語 not know shit from Shinola，是指非常無知的意思。新諾拉是美國著名的鞋油品牌，後來又生產腕錶、皮件以及腳踏車。
⑦譯註：一種經典的舉重健身動作。
⑧原書註：IYI也認爲對 IYIs 的這個批評，意味著「每個人都是白痴」，卻不曉得我們說過，他們那一群人只是少數人——但他們不喜歡自己理所當得的意識遭到挑釁。而且，雖然他們視其他人都不如己，一旦水管（法國人所說的灑水噴頭〔arroseur arrosé〕）往相反的方向噴，他們會不高興。例如，經濟學家和假心理學家理查·塞勒是危險的 GMO 支持者、超重量級推手凱斯·桑思坦的夥伴，解讀這段文字時說，「不是叫作塔雷伯的非白痴並不多」，卻不知道像他那樣的人，占總人口的不到一%，或甚至不到○·一%。

7 分配不均與切膚之痛

靜態與動態——如何破產和受到許多人喜愛——皮凱提的分配均等

分配不均相對於分配不均

有兩種分配不均。

第一種是人們能夠容忍的分配不均，例如一個人的理解相對於愛因斯坦、米開朗基羅或者隱居的數學家格里夏・裴瑞爾曼（Grisha Perelman）。和他們比較，人們不難承認他們確實大有過人之處。這適用於創業家、藝術家、士兵、英雄、歌手巴布・狄倫（Bob Dylan）、蘇格拉底、眼前的當地廚師名流，以及名聲良好的羅馬皇帝，例如馬可・奧里略；簡而言之，一個人自然而然會成為他們的「粉絲」。你可能想要模仿他們，渴望成為他們，但你不會痛恨他們。

第二種分配不均，人們無法容忍，因為對方明明看起來就像你，除了他一直在玩弄系統，設法享有尋租的利益，取得德不配位的特權——而且，雖然他擁有的一些東西，你不介意擁有（可能包括他的俄羅斯女友），你卻不可能崇拜他。後面這一類，包括銀行家、有錢的官僚、受聘於邪惡公司孟山都的前參議員、鬍子刮得很乾淨打著領帶的執行長，以及通告費超高的電視名嘴。你不只羨慕他們；你還厭惡他們的名聲，看到他們那昂貴或甚至半昂貴的汽車，不由得氣從中來。他們讓你覺得渺小。①

對有錢奴隸的看法，可能有不協調的地方。

作家瓊．威廉斯（Joan C. Williams）在一篇文章一針見血解釋說，美國的勞動階級對財富留下深刻的印象，視之為角色模範——這是媒體上的人彼此溝通，但很少和真實世界中的人談話，在他們灌輸人們規範性觀念時（「這是他們應該思考的方式」），所不了解的事情。《勞動者的尊嚴》（*The Dignity of Working Men*）作者米凱萊．拉蒙特（Michèle Lamont）引用威廉斯的研究，系統性地訪問藍領美國人，發現他們厭惡高薪專業人士，但出乎意料並不討厭富人。

所以我們可以說美國大眾——事實上是所有的民眾——鄙視薪水高的人，或者說是賺很多錢的薪水族。這其實可以概化到其他國家。幾年前，瑞士所有人民公投是否要通過法律，限制經理人的薪水上限是最低薪資的某個倍數。這條法律沒有通過，但是他們以這種方式思考，單單這件事就具有重大意義。因為同樣的瑞士人有一些有錢的創業家，而且人們在某些方面，是以其他的手段躋身名流之列。

此外，在財富來自尋租、政治恩給，或者監管俘虜（regulatory capture；我要提醒讀者，這是有權有勢的內部人使用法令規定，詐騙大眾的手法，或者以繁文縟節減緩競爭）的國家，財富被視為零和。②彼得獲得的，是從保羅那邊拿來的。有人致富，是犧牲了別人。在美國這樣的國家，財富可以來自破壞。人們很容易見到有人不是從你的口袋拿錢而致富；他甚至可能放一些錢到你的口袋。另一方面，分配不均依定義是零和。

這一章，我要指出人們厭惡——或者應該厭惡——的是沒有切膚之痛的頂層人士，也就是因為他沒有承擔分配給他的風險。他免於從台上掉下來的可能性、想方設法擺脫他的高所得或財富級距，並且在廚房外面排隊等分一杯羹。同樣的，就這件事來說，在川普還是候選人的時候，批評他的人不只誤解傷疤發出承擔風險的訊號有其價值，他們也大做廣告，指出他曾經破產，個人損失接近十億美元，而未能理解他消除了人們可能對他的厭惡（第二種分配不均）。損失的十億美元如果是你自己的錢，是有可敬之處。

此外，有些沒有切膚之痛的人——例如，有上檔利益，卻沒有財務下檔損失的企業高階主管（這種人在會議上講得振振有詞）——是根據不見得反映公司健全與否的若干衡量指標敘薪；他可以操縱這些事、隱匿風險、得到紅利，然後退休（或者到另一家公司做同樣的事），並將公司後來發生的結果歸咎於接班人。

---

①原書註：我注意到，在高尋租的國家，財富被視爲零和：你從彼得那裡拿錢給保羅。另一方面，在低尋租的地方（例如歐巴馬政府之前的美國），財富被視爲正和遊戲，人人利益均霑。

②原書註：複雜的法令規定，讓前政府員工能夠找到工作，協助企業摸著石頭走過他們製造的法令規定。

這個過程中，我們也會重新定義分配不均，並以更為嚴謹的基礎，談這個概念。但我們首先需要介紹靜態和動態兩種方法的不同，因為切膚之痛可以將一種分配不均化為另一種。

也看看下面這兩句話：

> 真正的均等是機率上的均等。

以及

> 切膚之痛防止系統崩毀。

靜態和動態

經濟學家（尤其是那些不曾承擔風險的人）顯而易見的問題，在於心理上處理會動的東西有困難，以及未能理解動的東西在性質上不同於不動的東西。這是他們大部分人對複雜理論和厚尾（fat tails；稍後我們會解釋）感到陌生的原因。對於比較深層的機率理論需要的數學和概念上的直覺，他們也有（嚴重的）困難。事實上，依我之見，無視於我們會在幾段之後開始定義的遍歷性，是區分了解這個世界上某些事情的真正學者，和參與儀式性論文寫作的學界傭兵，兩者不同的最佳標記。

再來看一些定義：

靜態分配不均是分配不均的快照：它沒有反映你的人生歷程中會發生什麼事。

大約一〇%的美國人至少有一年會高居頂層一%，超過一半的美國人會有一年位於頂層一〇%。③這顯然和較為靜態的歐洲——但名目上比較均等——不同。舉例來說，最富有的五百個美國人或王朝只有一〇%三十年前也有這樣的地位；但是超過六〇%的法國人名單是繼承人，三分之一最富有的歐洲人幾個世紀以前也最為富有。佛羅倫斯的情況更為嚴重：相同的少數家庭保有財富長達五個世紀之久。

動態（遍歷）分配不均考慮了未來和過去的整個人生。

單單提高底層的水準，沒辦法創造動態均等，而是要讓富人輪替——或者迫使人民承受創造

③原書註：三九%的美國人會有一年的時間位於所得分布的最高五%，五六%的人會發現自己位於最高一〇%，七三%會有一年的時間在最高二〇%。

缺口的可能性。

> 使社會更為均等的方式，是強迫透過切膚之痛，使富人承擔離開一％的風險。④

我們這裡的條件，比起僅僅促使所得流動更強。流動意味著某人可以成為富人。非吸收壁（no-absorbing-barrier）條件意味著富有的某人絕對不應該確保繼續富有。

現在，用更為數學的語言來說，

> 動態均等恢復遍歷性，使得時間和集群機率（ensemble probabilities）能夠永續。

讓我來解釋遍歷性——我們說過，這是知識階層感到陌生的東西。本書後面的第十九章會有詳細的說明；它取消了和機率與理性有關的大部分極為重要的心理實驗。現在，直覺如下所說。針對美國人口畫張橫切面圖。假設一％中有少數百萬富翁，有的太胖，有的高，有的幽默。也有絕大多數人位於中產階級下層，有人是瑜伽教練，有人是烘焙專家，有人是園藝顧問，有人是電子試算表理論家，有人是舞蹈顧問，有人是鋼琴修理師——當然還有西班牙語法專家。就每個所得和財富的級距百分率來說（請注意所得的分配不均通常比財富分配不均要平）。完美的遍歷性意味著我們每一個人如果永遠活下去，會有一段時間落在整個橫切面圖的各種經濟狀況中：例如，一個世紀中，平均有六十年在中產階級下層，十年在中產階級上層，二十年在藍領階級，可能只有一年在最高的一%。⑤⑥

和完美的遍歷性恰好相反的是吸收狀態（absorbing state）。吸收（absorption）一詞來自粒子，當它們撞擊到障礙物，會被吸收，或者黏在上面。吸收壁像陷阱，一旦進去，就出不來，不管好壞。一個人經過某個程序而致富，到達那裡之後，就維持富有的狀態。而如果某個人（由上）進入中產階級下層，即使他（當然）想要有錢，卻永遠沒有出來的機會——因此厭惡有錢人是有道理的。你會注意到，在大國中，居於頂層的人向下流動往往少之又少——法國等國親近大公司和保護它們的高階主管與股東，不致經歷這種溜滑梯；它甚至鼓勵他們往上爬。

某些人沒有下檔損失，意味著其他人沒有上檔利益。

④原書註：或者講得更爲數學一點：動態均等假設馬可夫鏈（Markov chain）沒有吸收狀態。

⑤原書註：（給吹毛求疵的人）技術性評論：我們這裡可以稱之爲不完美的遍歷性，意思是說我們每個人都有長期的遍歷機率，不同個人之間存有若干差異。你最後落到一%的機率，可能高於我；不過對我來說，沒有一種狀態的機率是零，而且你也沒有一種狀態的轉移機率（transition probability）是一。

⑥原書註：給吹毛求疵的人另一個評論。《隨機騙局》一書中討論的羅爾斯之幕（Rawls's veil），假設一個公平的社會如果有某種樂透彩，你會選擇它。這裡我們更進一步，討論動態的結構，換句話說，我們要探討一個這樣的社會如何變動，因爲顯然它不會是靜態的。

皮凱提主義和官吏階級反抗⑦

有一個階級，經常被稱為官吏（Mandarins），取自法國作家西蒙·波娃（Simone de Beauvoir）的虛構回憶錄，根據明朝的文人命名（中國的官方語言也稱作Mandarin）。我一直知道有他們這種人存在，但是在觀察它的成員對法國經濟學家湯瑪斯·皮凱提（Thomas Piketty）的反應時，我發現了一個突出——而且邪惡——的屬性。

皮凱提在卡爾·馬克思（Karl Marx）之後寫了一本野心勃勃、談資本的書。在它還是法文版的時候（而且在法國之外沒沒無聞），一位朋友買來送我，因為我覺得有人以書的格式，發表他們的原創性、非數學社會學著作，是值得稱道的一件事。這本書的書名是《二十一世紀資本論》（*Capital in the Twenty-first Century*），積極宣稱分配不均升高，拉起了警報，並且加進一個理論，說為什麼資本相對於勞工，傾向於取得太多報酬，以及缺少再分配和徵收財產，如何可能導致世界崩潰。皮凱提的資本相對於勞工的報酬率升高的理論，毫無疑問是錯的，見過所謂「知識經濟」崛起的任何人（或者做過一般性投資的任何人），都知道這件事。

當你說從第一年到第二年的分配不均有變化，你顯然需要指出位居頂層的是同樣那些人——皮凱提沒有做這件事（不要忘了，他是經濟學家，處理會動的事情有困難）。但是問題沒有這樣就結束。我很快就發現——除了從靜態的分配不均量數導出結論——他使用的方法有瑕疵。皮凱提用的工具並不適合他說要顯示分配不均上升的狀況。他的工具缺乏數學嚴謹性。我很快就寫了兩篇文章（一篇是和拉斐爾·陶亞迪合著，另一篇是和安德里亞·方塔納里〔Andrea Fontanari〕、帕斯夸萊・奇里洛〔Pasquale Cirillo〕合著，發表在〈Physica A: Statistical Mechanics and Applications〉期刊），談存在於掌控頂層一%的分配不均量數，並且監控它的變化。瑕疵在於如果你使用衡量整個歐洲的分配不均，你會發現它高於所有組成國家的平均分配不均；偏差的嚴重性，隨著交付高度分配不均的過程而提高。總而言之，這些論文有足夠的定理和證明，使得它們如同科學上的著作那般嚴格；雖然沒有必要，但我堅持將結果化為定理的形式，因為一個人不能不利用本身對數學的理解，駁斥正式證明的定理。

犯下這些錯誤的理由不為人知，因為研究分配不均的經濟學並不熟悉……分配不均。分配不均是指尾部扮演的角色不成比例——富人落在分布的尾部。⑧系統中愈是分配不均，贏家通吃的效應愈強，我們愈是脫離經濟學家接受訓練使用的薄尾平常世界（thin-tailed Mediocristan）方法（見名詞解釋）。財富累積的過程被贏家通吃效應主宰。任何財富累積過程的控制形式——通常是在官僚的煽動之下——往往將享有特權的人鎖定在他們認為理所當得的狀態中。所以解決方案是允許系統摧毀美國運作最好的強大東西。

但是有些事情遠比一位學者錯了要嚴重。

---

⑦原書註：對經濟學家不是特別有好感的人，可以跳過技術性濃厚的本節。

⑧原書註：和它有關的這種分布——稱作厚尾——使得分析師更加細膩得多，而且成了我的數學專長。在平常世界（Mediocristan）中，與時俱變是中心、中間的人集體貢獻的結果。在極端世界（Extremistan）中，這些變化來自尾部。如果你不喜歡，那很抱歉，不過，這是純就數學而論。

問題絕不是問題；問題在於人們如何處理它。比皮凱提的瑕疵還糟糕的是，我們發現官吏階級如何運作。他們過早因為分配不均上升的「證據」而感到振奮，以至於他們的反應就像假新聞。事實上，他們是假新聞。經濟學家樂昏了頭；他們讚譽皮凱提的「博學」，因為他討論了巴爾札克（Balzac）和珍・奧斯汀（Jane Austen），這就相當於看到某位舉重選手提著公事包，走過B航站大廈而喝采那樣。而且，他們完全忽視我的結果——如果他們沒有視而不見，則是宣稱我「傲慢」（還記得我使用正式數學，讓他們不可能說你錯了的策略嗎？）——這是一種科學恭維形式。保羅・克魯曼（Paul Krugman；目前著名的經濟學家和公共知識分子）甚至寫道：「如果你認為已經發現皮凱提一個明顯的漏洞，不管實證上的，還是邏輯上的，你很可能是錯的。他已經做好家庭功課！」但我和他面對面，向他指出瑕疵所在時，他卻閃躲不談——不見得是出於惡意，很可能是因為機率和組合學難倒了他；他自己也承認這一點。

現在想想克魯曼和皮凱提之類的人，他們的存在並沒有下檔損失——降低分配不均，會使他們在人生的階梯往上升。除非大學體系和法國國家破產，否則他們會繼續領取薪水支票。你在垂吊金鍊的牛排館看到的那個傢伙，暴露在施粥流動廚房前等著施捨的風險之中，可是他們不會。就像靠劍為生的人，會死於劍下，靠冒險維生的人，會因為承擔風險而失去生計。⑨

我們在這裡大篇幅談談皮凱提，是因為他的書普遍受到熱烈歡迎，代表那個階級的人喜愛理論化，並和受壓迫的人搞假團結，同時鞏固他們享有的特權。

皮匠羨妒皮匠

一般人不會像「知識分子」和官僚那麼尖酸刻薄，因為羨妒不需要走很長的距離，或者跨越許多社會階級。羨妒不是起於窮人想要改善他們的生活狀況，而是起於辦事員階級。簡單地說，看起來像是大學教授（他們已經「抵達」）、擁有永久安定所得的人（以終生職的形式）、政府或學界十分接受皮凱提的論調。從交談中，我相信反事實往上爬的人（也就是拿他們自己和較富有的人比較）想要積極剝奪有錢人。就像所有的共產主義運動，中產階級或辦事員階級往往是革命理論的早期採用者。所以階級羨妒不是起於阿拉巴馬州南部的貨車司機，而是起於紐約或華盛頓特區擁有常春藤聯盟大學學歷的ＩＹＩ（例如克魯曼或約瑟夫．史迪格里茲〔Joseph Stiglitz〕），懷有理所當得的感覺，對於「比較不聰明」的人財富遠多於他們感到不滿。

亞里斯多德在他寫的《修辭學》（*Rhetoric*）中，假定羨妒是你在自己的領域中，比較有可能

⑨原書註：如果這個過程是厚尾（極端世界），那麼財富是由頂層創造的。這表示財富增加會導致衡量得到的分配不均升高。整個人口中，財富創造是一連串小機率的賭注造成的。所以財富池（the pool of wealth；如同皮凱提所做的那樣，以多年來的支出衡量）自然就會隨著財富增加。以八〇／二〇世界中的一百個人來說：額外的財富應該來自一個人，其餘底層的五十個人都沒貢獻什麼。這不是零和利得：消除那個人，財富就會幾乎沒有增加。事實上，其餘的人已經受益於少數人的貢獻。

遇到的事。較低階級比較有可能羨妒他們的表兄弟姊妹或中產階級，甚於羨妒非常富有的人。在自己的土地上，沒有人是先知，使得羨妒成為地域性的東西（這句話被人誤以為源自耶穌），是出於《修辭學》。亞里斯多德本人是根據希臘詩人赫西俄德（Hesiod）的話進一步發揮：皮匠羨妒皮匠，木匠羨妒木匠。後來法國哲學家、作家尚・德・拉布呂耶爾（Jean de La Bruyère）寫道：同樣的技藝、才能和狀況中，可以發現妒忌。⑩

所以我懷疑皮凱提有像拉蒙特（本章前面提過）那樣，不嫌麻煩去問藍領法國人。我很肯定他們會想要更好喝的啤酒、新的洗碗機，或者坐更快的通勤火車，而不是把他們見不到面的一些有錢企業家拉下來。但是人們可以再次框架問題和把致富描繪成竊盜，就像法國大革命之前，藍領階級再度要求抓出罪魁禍首。⑪

分配不均、財富與垂直社會化

如果知識分子過度擔憂分配不均，那是因為他們傾向於以層級的方式看自己，因此認為別人也是這麼做的。此外，就像病理學，「相互競爭的」大學中，討論的都是針對層級。真實世界中的大部分人不會沉迷其中。⑫

在過去比較鄉村化的時代，羨妒控制得相當好；富人不像現在那樣，暴露在相同階級的其他人面前。他們不會承受向其他富人看齊，並與他們競爭的壓力。富人留在他們的地區之中，例如擁有物業的領主，四周圍繞著依賴他們的人。除了偶爾到城市參加季節性的活動，他們的社會生活相當垂直。他們的子女和僕人的子女玩在一起。

在商業化的都市環境中，社會階級裡面的社交活動發生了。而且隨著時間流逝，工業化之後，富人開始搬到都市或市郊，身邊是情況類似的其他人——但不完全相似。因此他們需要比拚，繼續操勞。

對於脫離與窮人垂直社交生活的富人來說，窮人成了教科書上完全理論性的東西。正如我在上一章提到的，我還沒見過思想正統的劍橋要人和巴基斯坦計程車司機在外面廝混，或者和講話帶倫敦腔的人一起舉重。知識分子因此覺得他們理所當然有權處理他們創造的窮人這塊群體。他們相信自己了解怎麼做對他們最好。

---

⑩原書註：拉布呂耶爾：除了同樣的技藝、同樣的才能和相同條件中的人，很難遇到模仿和嫉妒。（原文：L'émulation et la jalousie ne se rencontrent guère que dans les personnes du même art, de même talent et de même condition.）

⑪原書註：出自英國國會的支出醜聞：國會議員給自己電視機和洗碗機，民眾很容易知道那是什麼，並且群起撻伐。一位國會議員說：「我又不是拿走一百萬的債券。」可是民眾知道電視機是什麼，卻不知道債券是什麼。

⑫原書註：有個技術性論點說，如果一個人以動態的方式看問題，不是用靜態的方式去看，財富稅其實對薪水族有利，甚於對創業家有利。

同理心和趨同性

不要忘了規模縮放的問題，這是指人們的倫理規則並非放諸四海皆準的觀念。它們會看一個人是不是「瑞士人」，也就是不是外人而改變。

同樣的道理，可以用到同理心（羨妒的相反詞）。你可以看到人們對於他們所屬的階級比較有感覺。傳統上，上層階級會參與援助來自破碎家庭的人，讓他們當「管家」或侍女。這種群體內的保護，具有自我保險的屬性——只對數目有限的人使用，不一體適用。如果你照顧我沒落的後代子孫；我也會照顧你的。

資料，資料個頭

皮凱提雄心勃勃寫的那本書，給了我們另一個教訓：裡面滿滿是圖表。這裡的教訓是：我們從真實世界中的專業人士身上曉得資料不見得嚴謹。我——身為機率專業人士——在《黑天鵝效應》不談資料（除非是為了說明）的一個原因，是在我看來，人們似乎是在缺乏堅穩和合乎邏輯論點的情況下，才大量使用數字和圖表，以敘述他們的故事。此外，人們誤將實證主義視為提供排山倒海的資料。一個人正確的時候，只需要少數顯著的資料，尤其當它是反確認實證主義（disconfirmatory empiricism）或者反例（counterexample）：只要一個資料點（單一的極端偏離），便足以顯示黑天鵝存在。

交易員賺錢的時候，和人講話言簡意賅；賠錢的時候，就不厭其詳地用各種理論和圖表來淹沒你。

機率、統計和資料科學主要是靠觀察——和缺乏觀察——饋送的邏輯。在許多環境中，相關的資料點落在極端的地方；依據定義，這是極為少見的。集中注意力在那些少之又少但重大的資料點，以了解整個故事的梗概便足夠。如果你想要指出一個人擁有超過（例如）一千萬美元，需要做的事，是亮出他的經紀帳戶裡面有五千萬美元，不必額外列舉他家中的每一樣家具，包括書房中有一幅五百美元的畫，以及餐具室有銀湯匙。所以我根據經驗，發現當你買一本厚厚的書，裡面有一大堆圖表，用來證明某個論點，那麼你應該懷疑它是不是一本好書。這意味著有什麼事情沒有講正確！但是對於一般大眾和沒有念過統計學的人來說，這些圖表看起來很有說服力——這是用複雜的東西替代真相的另一種方式。

例如，科學新聞記者平克在他寫的《人性中的良善天使》（*The Better Angels of Our Nature*）就玩這種把戲。這本書宣稱現代人類史上的暴力減少，而這要歸因於現代的機構。我和共同作者帕斯夸萊·奇里洛審視他的資料，發現他不是不了解本身的數字（事實上，真的不懂），就是心裡早有定見，不斷加進圖表，卻不知道統計不是用來處理資料，而是用來清理、求其嚴謹和避免掉進《隨機騙局》——但是沒關係，一般大眾和他的國家崇拜型IYI發現它大有可取之處（暫時的）。

公務員的倫理

我們用一種比分配不均還糟糕的不公平來結束本章的討論：讓人看了眼冒怒火的後端辦公室，也就是沒有承擔風險的人，因為擔任公職而致富。

美國總統歐巴馬卸任時，接受了超過四千萬美元的價碼寫回憶錄，許多人大為憤怒。另一方面，他的支持者，也就是為他辯護的國治主義者，則批評接任的政府聘用有錢的創業家。在他們看來，有錢人貪得無厭——但沒有因經商而賺到錢的人則免受責難，可是這不合邏輯。我很難向人解釋找富人擔任公職和公職人員致富是非常不同的兩碼事——重要的，再度是動態、順序。

擔任公職的富人，已經展現了他們並非完全無能的若干證據——他們的成功，當然可能碰巧是好運，但我們至少看到了他們在真實世界中的若干技能，見識了那些人因應現實的若干證據。這當然取決於那些人有切膚之痛——更好的是那些人摔過跟頭，他或她至少有一次損失部分的財富和承受因之而來的焦慮。

這照例混合著倫理與效能。

利用公職致富，是絕對不合倫理的行為。

對社會來說，一個好的規則，需要那些開始擔任公職的人承諾以後絕對不會從民間部門賺超過一定數量的錢，其餘的應該交給納稅人。這將確保字面上所說的公眾「服務」的誠信——政府員工領得的薪水應該偏低，因為他們從服務社會得到情感上的獎賞。這將證明他們不是把進入公共部門當作投資策略：你不是因為將來卸下聖職之後，可能有助於在高盛公司謀得一職，才去當耶穌會（Society of Jesus）會士——因為耶穌會會士通常博學多聞和長於控制詭辯。

目前大部分公務員傾向於繼續留任公職——除了產業界控制的敏感領域：例如農業食品部門、金融、航空太空、和沙烏地阿拉伯有關的任何行業……

公務員可以制定對銀行等行業友善的規則，卸任後到摩根銀行（J.P. Morgan）收取他或她目前的薪水與市場費率之間差價的好幾倍（你可能還記得，監管人員有那個誘因，把規則訂得盡可能錯綜複雜，如此他們的專長日後就能以較高的價格受雇）。

所以公職有一種隱性賄賂：你可以作為某種行業（例如孟山都）的公僕，日後他們會照顧你。他們不是出於榮譽感做這件事：簡單地說，有必要維持系統運轉，並且鼓勵下一個人按照這些規則行事。ＩＹＩ兼任人唯親者、前財政部長提姆．蓋特納（Tim Geithner）——我和他同樣請序文中提到的卡拉布里亞理髮師理頭——公然得到他協助紓困的行業獎酬。他協助銀行家獲得紓困，讓他們從危機之後的二〇一〇年，歷史上最大的紅利池中付錢給自己（也就是使用納稅人的錢），然後一家金融機構給他數百萬美元的工作，獎勵他的好行為。

下一章

專長有惡性領域相依的現象存在。電工、牙醫、葡萄牙不規則動詞學者、助理結腸鏡檢查員、倫敦計程車司機和代數幾何學家是專家（加上或減去一些地方性的變化），而新聞記者、國務院官僚、臨床心理學家、管理理論家、出版業高階主管和總體經濟學家不是。這讓我們能夠回答這些問題：誰才是真正的專家？由誰決定誰是和誰不是專家？超專家在哪裡？

時間是專家，或者如同我們在下一章看到的喜怒無常和殘忍無情的林迪。

8 叫作林迪的專家

她是那個唯一的專家——別吃他們的乳酪蛋糕——超專家由超超專家評審——娼妓、非娼妓和業餘從業人員

林迪是紐約的一家熟食店，現在是觀光客的陷阱，喜孜孜地宣稱它的招牌產品是乳酪蛋糕，但實際上由於在那裡發展出來的試探啟發法（heuristic），約五十年來為物理學家和數學家所熟知。在那裡打發時間的演員，談其他演員的八卦，發現已經上演（例如）一百天的百老匯秀，可望再演一百天以上。已經上演兩百天的，可望再演兩百天以上。這個試探啟發法便以「林迪效應」（Lindy effect）為人所知。

我要警告讀者：雖然林迪效應是我所知最實用、最強固和最普遍的試探啟發法之一，林迪的乳酪蛋糕……卻遜色得多。依林迪效應，這家熟食店可能開不下去。

有一堆數學模式算得上能夠說明上面的故事，卻不是真的這樣，要到(a)在下想出怎麼利用脆

弱和反脆弱理論，才能讓林迪效應為人了解得最透澈，以及(b)數學家易多．艾萊查（Iddo Eliazar）正式提出他的機率結構才辦得到。事實上，脆弱理論直接帶出林迪效應。很簡單，我和共同作者成功地定義脆弱為對混亂的敏感性：我書桌上眼前的陶瓷貓頭鷹，在我寫這段文字時，最需要的是沒人動它。它不喜歡震撼、混亂、變動、地震、患有灰塵恐懼症的清潔工一時失手、被收進行李箱拖過希斯洛機場第五航站大廈，以及不小心被沙烏地蠻國資助的伊斯蘭民兵的砲火擊中。它顯然不會從隨機事件和推而廣之的混亂受益（用更技術性的語彙來說，由於脆弱，它對壓力源必然產生非線性反應：直到它的斷點，強度更高的震撼和強度較小的震撼比起來，會對它產生不成比例的影響）。

現在，至關重要的是，時間等同於混亂，而抵抗時間的摧殘，也就是我們豪氣萬丈所說的生存，是有能力處理混亂的結果。

> 脆弱的事物對波動和其他的壓力源有不對稱的反應，也就是，受到的傷害會比從中獲益要多。

就機率來說，波動和時間是相同的東西。脆弱的觀念，有助於將事物唯一有效的評審是時間的這個概念，包上若干嚴謹性——所謂事物，我們指的是觀念、人、知識生產、車型、科學理論、書籍等。你騙不了林迪：由《紐約時報》目前當紅言論版作家寫的那類書，出版時也許會炒作一番或自發性產生一股熱潮，但它們的五年存活率通常低於胰臟癌。

誰是「真正」的專家？

事實上，林迪回答了由來已久的老問題：誰來評審專家？誰來守護守衛？（借自羅馬詩人尤維納〔Juvenal〕作品中的一句拉丁文：Quis custodiet ipsos custodes?）誰來評審評審？呃，生存會是評審。

時間是透過切膚之痛發揮作用。事物會存活下來，等於事後給我們發出訊號說，它們具有強固性——條件是它們暴露於傷害之中。因為少了透過暴露在現實之中，沒有切膚之痛，脆弱的機制就會遭到擾亂：有些事物可能以某種規模，沒有理由地存在一陣子，然後終於崩垮，造成許多連帶傷害。

再來多一點細節（對錯綜複雜的細枝末節有興趣的人，可以參考《反脆弱》一書，那裡有詳細說明林迪效應）。事物應對時間的方式有兩種。首先是老化和腐爛：事物因為有生理時鐘而死亡，我們稱之為衰老（senescence）。其次是危險或者意外發生率。我們在實體生活中，見到的是兩種的組合：當你老了且脆弱，因應意外就不會應付得很好。這些意外不一定是外部的，例如從梯子上摔下來或遭到熊攻擊；它們也可能是內在的，來自你的器官或循環隨機失常。另一方面，不會真正老化的動物，例如烏龜和鱷魚，剩餘預期壽命似乎長時間保持常數。如果一隻二十歲的鱷魚還能活四十年（由於棲息地的危險），另一隻四十歲的鱷魚也大約能再活四十年。

我們用「耐林迪」（Lindy proof）、「是林迪」或「林迪相容」（Lindy compatible）等簡稱

（可以彼此替代），指認似乎屬於已經證明有下類特質的事物類別：

反向老化的事物是「林迪」，它的預期壽命隨著時間而變長，條件是生存下去。

只有不易腐爛的事物是林迪。林迪底下的觀念、書籍、技術、程序、機構和政治制度，沒有內在的老化和不容易腐爛。《戰爭與和平》（*War and Peace*）的實體書會老化（特別是當出版商偷工減料，一本賣五十美元的書，省下二十美分的紙張錢）；這本書本身作為一種觀念則不會。

請注意，由於林迪，不再有專家是最後的專家，而且我們不需要超專家來評審低他們一階的專家的專業知識。我們解決了「一路下去都是烏龜」的問題。①脆弱是專家，因此時間和生存也是。

林迪的林迪

林迪效應的觀念，本身是耐林迪（Lindy-proof）。蘇格拉底之前的思想家科林斯的佩里安德（Periander of Corinth）在二千五百多年前寫道：法律要用舊的，食物要吃新鮮的。

同樣的，西班牙的阿方索十世（Alfonso X），綽號叫智者（El Sabio），有句格言：燒掉舊日誌。喝老酒。讀古書。交老友。

洞察機先和幸運的非學術界歷史學家湯姆．霍蘭德（Tom Holland）曾經發表評論：「我最佩服羅馬人的一件事，就是他們能夠表現出極其蔑視青春崇拜。」他還寫道：「羅馬人評審他們的政治制度時，不是問它是不是有道理，而是問它是否行得通」，這就是為什麼本書要獻給我稱作希臘人中的羅馬人榮．保羅。

我們需要評審嗎？

如同我在序三中說過的，我的大部分（算得上）學術生涯，為期都不超過一個學季。一個學季足夠讓我有地方可去，尤其是紐約下雨時，不用擔心錯過一場聚會或者必須獨自一人用餐，而在情感上與人交際，並且失去知識獨立性。但是有一天，一位（已經辭職的）系主任來找我，警告說：「就像商人和作者是被其他的商人和作者評審，在這裡，身為學者，你會被其他的學者評審。人生就是同儕評量。」

我過了一陣子才平服內心的憎惡——我到現在還沒能完全明瞭不承擔風險的人是怎麼過日子的；他們真的不理解其他人不像他們，而且不懂什麼事情讓真實的人動起來。不，商人身為風險承擔者，不必受其他商人的評審，只受他們的個人會計師評審。他們只需要避免有一份文件紀錄，說他們違反（若干）倫理。此外，你不只不需要同儕認可，也不需要他們的不認可（倫理事

①原書註：「一路下去都是烏龜」一詞表達了無限迴歸的問題，如下所述。曾經有人告訴邏輯學家伯川德．羅素，說世界坐在烏龜上。「那麼這些烏龜站在什麼上面？」他問。答案是「一路下去都是烏龜」。

務除外）：一位場內交易員（pit trader）老兄曾經分享他的智慧：「如果這邊的人喜歡你，那麼你一定做錯了什麼事。」

再者，

> 你可以精準地定義自由人為命運並不唯一且直接繫於同儕評量的人。

身為隨筆作家，我並不受其他作家、書籍編輯和書評人的評審，而是受讀者的評審。讀者？或許吧，但是等等……不是今天的讀者。只有明天和日後的讀者可以評審。所以，我唯一真正的評審是時間，也就是讀者群（指未來的讀者）的穩定性和強固性才重要。《紐約時報》最近評論的書，那些時尚導向的穩定讀者，我不感興趣。而且，身為風險承擔者，只有時間才要緊——因為我能用帶一大堆隱藏性風險的穩定收入愚弄我的會計師，但時間最後會揭露它們。

> 如果而且只有如果一個人受到未來——並非只是當下——的他人評審，被他人檢視或評量才重要。

此外，請記得，自由人不需要贏得爭論——只要贏就好。②

和女王一起喝茶

同儕放下榮譽、學界一員的身分、諾貝爾獎頭銜、受邀去達沃斯（Davos）和類似的地點、和女王一起喝茶（以及吃黃瓜三明治），被攀龍附鳳的有錢人邀去參加只有名人出席的雞尾酒會。相信我，有些有錢人的生活就是圍繞著這些事情。他們通常宣稱試著拯救世界、熊、孩童、高山、沙漠——散播美名令譽的所有要素都在裡面。

但他們顯然不能影響林迪——事實上，恰好相反。如果你花時間試著給紐約二十一俱樂部（club 21）的其他人留下深刻印象，你可能錯了。

當代的同儕是珍貴的協作者，不是最後的評審。③

---

②原書註：對現代性的觀察心得。如同我們在建築、飲食和生活方式見到的，爲了改變而改變，常常反而不見進步。就像我在《反脆弱》一書解釋過的，突變的速率過高，會妨礙鎖住之前的變化帶來的好處：進化（和進步）需要一些變動，但不要過於頻繁。

機構

事實上，有比同儕評量更糟的東西：這件事官僚化之後，製造了一個新的評審階級：大學行政人員。他們除了經由外部的訊號，對於某個人正在做什麼事，毫無概念，卻成了真正的仲裁者。

這些仲裁者不了解以循環的方式，由同儕審核確定的「名氣響亮」出版品，和林迪不相容——它們只意味著（目前）特定的一群位高權重人士滿意你的作品。

硬科學對病理學來說或許十分強固——就算是這樣吧。所以我們來看看社會科學。由於投稿人的唯一評審是他的「同儕」，於是那裡形成了一個引用圈（citation ring），導致各式各樣的腐敗行為。舉例來說，總體經濟學可以胡說八道，因為宏觀屁話，比微觀屁話容易——沒人能判斷某個理論是否確實可行。

如果你說了一些瘋狂的事，你會被視為瘋了。但是，如果你找了（比方說）二十個人結合成一個團體，他們設立一所學院，並說了全體都接受的瘋狂事情，那麼現在你有「同儕審核」，可以在一所大學設個系。

學術界有一種傾向，如果不加抑制（來自缺乏切膚之痛），會演變成儀式性的自我引用發表比賽。

現在，雖然學術界變成了運動競賽，維根斯坦卻有截然相反的看法：如果真要說什麼的話，知識是運動競賽的相反面。他說，在哲學上，贏家是最後跑到終點的人。

此外，

有任何一丁點競賽的味道，都會摧毀知識。

③原書註：福兮禍之所伏：其實，交易員之間長久以來相信，新聞記者的好評是反向指標。我因爲嘗到苦頭而了解這一點。一九八三年，就在我成爲交易員之前，電腦業巨擘IBM成了美國當時深具影響力的雜誌《商業週刊》（*BusinessWeek*）的封面故事，譽之爲終極公司。我天眞地搶著買它的股票，結果大賠。然後我猛然醒悟，曉得眞要做什麼事的話，應該放空那家公司，從它的跌勢中獲利才是。所以我反向操作，並且學到新聞記者集體讚美至少是件可疑的事，充其量是禍不是福。IBM進入長達十年半的跌勢；它幾乎破產。此外，我學會避開榮譽學位和獎項的部分原因是，萬一它們是錯誤的評審給的，很可能在你日正當中時把你打趴在地（我寧願被視而不見，或者更好的，全部媒體不喜歡我）。投資餐飲業的前交易員布萊恩．辛奇克利夫（Brian Hinchcliffe），給了我以下的試探啓發：買進得到「最佳」什麼（最佳氣氛、最佳服務員服務、最佳發酵優格，以及拜見伊斯蘭教教長最佳不含酒精飲料伴手禮等等）大獎的股票，然後在頒獎儀式前軋平部位。根據經驗，如果一位作家的作品想要跨越數代之久，千萬不要得到稱爲諾貝爾文學獎的那種榮譽。

在某些領域，例如性別研究或心理學，由於代理問題的特質，儀式性的文章發表比賽慢慢愈來愈少對應到實際的研究，到了像黑手黨那樣的利益分歧：研究人員有自己的盤算，和他們的客戶，也就是社會與學生付錢給他們要的東西不一樣。外部人不懂他們的研究主題，有助於他們控制大門。懂「經濟學」不表示懂經濟的真實活動，只是懂理論，而其中大部分是經濟學家製造的屁話。辛勤工作的父母需要存幾十年的錢，才能送孩子去念的大學課程，輕而易舉就變質為流行。你賣命工作和存錢，供你的孩子去學後殖民研究取向的學者對量子力學的批判。

但還有一絲希望。事實上，最近的事件顯示這個系統將如何轉變：校友（他們碰巧在真實的世界中工作）開始縮減捐贈資金給虛假和荒唐的學科（但沒有縮減給傳統學科使用荒唐方法的資金）。畢竟，需要有人支付總體經濟學家和後殖民性別「專家」的薪水。而且大學教育需要和專業訓練研討會競爭：很久以前，研究後殖民理論，可能有助於一個人找到賣薯條以外的工作。現在不再這樣。

違背自身的利益

最具說服力的說法是，一個人會因此發生損失、一個人會因此有最大的切膚之痛；最不具說服力的是，一個人毫無疑問（但不知情）在沒有做出具體貢獻的情形下（例如像是我們見過，絕大多數的學術論文沒什麼內容，也沒冒什麼風險），試著提升自己的身分地位。但不一定必須這樣。賣弄炫耀是合理的；人性本來就是這樣。只要實質內容多於炫耀成分，那就沒關係。保持你的人性，在你捨多於得的情況下，盡可能去得。

研究如果在力求嚴謹的同時，也駁斥其他同儕，尤其是如果會讓作者承擔成本和聲譽上的損害，那麼你應該給它更多的權重。

此外，

知名度高，但具爭議性且為自己發表的意見承擔風險的某個公眾人物，比較不可能是屁話販賣商。④

再談椎心之痛

研究去娼妓化（deprostitutionalization）最後可以用下述的方式做到。強迫想做「研究」的人用自己的時間去做，也就是，從其他的來源賺取收入。犧牲是必要的。這對被洗過腦的當代人來說

④原書註：我通常對一些公眾人物很感冒，對其他的公眾人物則不會。經過一段時間，我才想通如何明確劃分兩者的界線。差別在於承擔風險，以及那個人是否關切他或她的聲譽。

似乎相當荒謬，但《反脆弱》一書收錄了非專業，或者應該說是非金玉其外敗絮其內的人所做的巨大歷史性貢獻。他們的研究要擲地有聲，首先應該要有真實世界的日常工作，或者至少花十年的時間當：鏡頭製造者、專利職員、黑手黨殺手、職業賭徒、郵差、獄卒、醫生、豪華禮車司機、民兵、社會保障代理人、出庭律師、農民、餐廳廚師、面對大量顧客的服務生、消防隊員（我的最愛）、燈塔看守人等，同時發展他們的原創性觀念。

這是一種過濾、胡說八道除淨機制。我不同情呻吟中的專業研究人員。我自己就花了二十三年的光陰，投入十分吃力、壓力極高的全職專業，同時在晚上苦讀、鑽研和寫我的頭三本書；我對於為了事業生涯更上一層樓而做研究，因此不再那麼容忍（事實上，應該說是消除了容忍度）。

（有一種錯覺說，正如企業人士受到利潤的激勵與獎賞，科學家應該受到榮譽與認可的激勵與獎賞。實際的運作方式卻不是這樣。不要忘了，科學是少數規則掛帥：由少數人運轉，其他人只是後端辦公室的辦事員。）

科學有林迪傾向

前面說過，少了切膚之痛，生存的機制會受到嚴重擾亂。這也適用於觀念。

波普爾認為，科學這個實體所做的各種宣稱，不是由一連串可以驗證的觀察，而是由最後的觀察加以否定：科學根本上是反確認（disconfirmatory），不是確認（confirmatory）。這個否證

（falsification）機制與林迪完全相容；它實際上需要林迪效應（結合少數規則）的運作。雖然波普爾見到了靜態，卻沒有研究動態，也沒有觀察事物的風險向度。科學運作的理由，不是因為有一些書呆子關起門來，導出一個適當的「科學方法」，或者通過與機動車輛部的視力檢查類似的測試「標準」；相反的，那是因為科學觀念有林迪傾向，也就是受制於它們本身的天生脆弱性。各種觀念需要有切膚之痛。你知道，如果某種觀念不實用，它就是失敗的，因此面對時間否證顯得脆弱（而不是因為天真的否證，也就是根據政府印製的某些非黑即白指導準則）。一個觀念沒有遭到否證的時間愈久，它將來的預期壽命愈長。你如果看過保羅・費耶艾本德（Paul Feyera-bend）說明的科學發現史，就能清楚見到任何事物都會走這個程序——而不是經過時間的考驗。這似乎沒有商量的餘地。

請注意我在這裡要修正波普爾的觀念；我們可以用「實用」，甚至「沒有傷害」，甚至「保護它的使用者」，取代「真」（而不是偽）。所以我在下面會脫離波普爾。事物要存活，它們必然需要在風險向度表現得很好，也就是擅長於不死。依據林迪效應，如果某個觀念有切膚之痛，那麼它玩的不是真實的遊戲，而是傷害的遊戲。一個觀念如果是良好的風險管理者，也就是不只不傷害持有那個觀念的人，也有利於他們的生存，那麼這個觀念會存活下去——它也適用於跨越好幾個世紀的迷信，因為它們帶來某些保護行動。用更技術性的語彙來說，一個觀念需要呈現凸性（反脆弱），或者至少在某個地方帶來有利的脆弱性減低。

實證或理論

學者將研究劃分為理論和實證兩個領域。實證是指在電腦上觀察資料，搜尋他們所說的「統計顯著性」，或者在實驗室中，根據某些有目的的狹隘條件做實驗。某些專業（例如醫療）在真實世界中做事情，稱之為臨床，不被視為科學。許多學科缺乏這個第三向度，即臨床向度。

事實上，由於林迪效應，對時間的強固性（也就是在承擔風險的狀況下做事情）是由生存加以驗證。事物能夠運作，是因為一、做事情的人承擔某種風險，以及二、它們能夠跨越好幾個世代運作。

這讓我想起了祖母那一代的人。

祖母相對於研究工作者

如果你聽祖母和長輩的建議，十之八九可行。另一方面，部分因為科學主義和學術賣淫作祟，部分由於這個世界生活艱難，如果你讀心理學家和行為科學家寫的任何東西，行得通的可能性不到一〇％，除非祖母和古典著作也有提到。但如果這樣的話，你為什麼需要心理學家？⑤拿最近重做二〇〇八年「素負盛名」期刊中一百篇心理學論文的努力來說，發現一百篇論文中，只有三十九篇能夠重做。這三十九篇中，我相信不到十篇實際上具有強固性，而且能夠移轉到狹隘的實驗之外。醫學和神經科學也發現類似的缺陷；稍後會談更多（我會在第十八章和〈主要是〉第十九章進一步討論這一點，以及為什麼你的祖母發出的警告或禁令「不理性」；被稱為「不理性」的大部分事情，來自誤解機率）。

古時候的書仍然流傳下來，經過林迪過濾，而且讀過它們的人也存活下來，這是極為重要的一件事。

雖然古人不懂我們的物理學知識，但他們懂人性，所以社會學和心理學主張的每一件事，都必須耐林迪，也就是古典著作中曾有先例；不這樣的話，它就不能重做，或沒辦法概化到實驗之外。我們可以將古典著作定義為拉丁（和希臘晚期）的道德文獻（道德科學意味著不同於今天的東西）：西塞羅、塞內加、馬可・奧里略、艾彼科蒂塔斯（Epictetus）、盧西恩（Lucian），或者詩人：尤維納、賀拉斯，或者稍後法國人所說的衛道士（moralists，如拉羅希福可〔La Rochefoucauld〕、沃韋納爾格〔Vauvenargues〕、拉布呂耶爾、尚福爾〔Chamfort〕）。波舒哀（Bossuet）則自成一類。我們可以用蒙田和伊拉斯謨（Erasmus）作為進入古人世界的門戶：蒙田是他那個時代的大眾化人物；伊拉斯謨博學多聞，是出色的收錄編訂專家。

⑤原書註：我在針對「p值」隨機性（stochasticity）和研究人員努力求解，稱作「p值元分布」（Meta-distribution of p-values）的技術註解中，指出這些論文的統計顯著性，頂多比它們宣稱的要小一個數量級（order of magnitude）。

簡述祖父母的智慧

我們來列舉古老傳說和現代心理學重新證實的一些觀念，結束這一章。這些觀念是有機摘要的，意思是說它們不是研究的結果，而是自發性浮上心頭（請記得本書原文書名稱作《切膚之痛》），然後經過內文驗證。

認知失調（Cognitive dissonance）：利昂・費斯廷格（Leon Festinger）談酸葡萄的一種心理學理論，意思是說人們為了避免信念不一致，而合理化說他們摘不到的葡萄是酸的。當然首先見之伊索，後來經過拉封丹重新包裝。但是它的根源可以追溯到更為久遠的尼尼微的亞述人亞希卡爾（Ahiqar）。

厭惡損失（Loss aversion）；一種心理學理論，說損失給人的痛苦，多於利得給人的愉悅）：在李維的史記（Livy's Annals〔XXX, 21〕）中，好事給人的感覺，不像壞事給人的感覺那麼強烈。⑥塞內加幾乎所有的文字都有厭惡損失的元素。

反面建議（Negative advice：否定法〔via negativa〕）：我們對於錯的事，懂得比對的事多。你應該還記得白銀法則優於黃金法則。好事不像沒有壞事那麼好。⑦愛尼爾斯（Ennius）這麼說，西塞羅又說了一次。

切膚之痛（字面上真的是這個意思）：我們先提一句意第緒諺語：你不能用別人的牙齒咀嚼。斯卡利哲（Scaliger）約一六一四年的《阿拉伯諺語》（*Proverborum Arabicorum*）中收錄了這句話：「用你的指甲抓癢最好。」⑧

反脆弱：古老的說法有幾十種。我們只提西塞羅。安逸鬆懈，蜜蜂螫了會痛（When our souls are mollified, a bee can sting.）。也見馬基維利（Machiavelli）和盧梭（Rousseau）用在政治制度的說法。

時間折現（Time discounting）：「一鳥在手比十鳥在林要好。」⑨（黎凡特諺語）

人群的瘋狂：尼采：個人很少瘋狂，但群體、政黨、國家，瘋狂是司空見慣之事（這算是古時的智慧，因為尼采是古典主義者。我在柏拉圖的著作中，看過多次這方面的引用）。

少即是多：普珀里琉斯・西魯斯（Publilius Syrus）說，爭論太多，事實會不明。⑩但是當然了，「少即是多」一詞出現在一八五五年羅勃特・白朗寧（Robert Browning）的詩中。

過度自信：「我因為過度自信而丟了錢，」⑪伊拉斯謨受麥加拉的泰奧格尼斯（Theognis of Megara）和科斯的埃庇卡摩斯（Epicharmus of Kos）的啟發（前者是：自信滿滿，我失去一切；公然違抗，我救了一切。後者是：保持清醒，記得睜大眼睛）。

---

⑥原書註：原文：Segnius homines bona quam mala sentiunt.

⑦原書註：原文：Nimium boni est, cui nihil est mali.

⑧原書註：原文：Non scabat caput praeter unges tuo, Ma bihikkak illa difrak.

⑨原書註：原文：xasfour bil'id aḣsan min xaṡra xalṡajra.

⑩原書註：原文：Nimium allercando veritas amittitur.

⑪原書註：原文：Fiducia pecunias amici.

進步的悖論，以及**選擇的悖論**：有個耳熟能詳的故事說，在希臘度假的一位紐約銀行家和漁民談過，檢視了他做的事，提出一套計畫，準備幫助漁民把事情做大。漁民問他，這麼做有什麼好處；銀行家答說，可以在紐約賺大錢，然後到希臘度假。漁民聽了覺得荒唐可笑，因為他已經在那裡做銀行家來希臘度假做的那種事。

這個故事在古代眾所周知。蒙田用較為優雅的形式說（我翻譯如下）：皮洛士王（King Pyrrhus）想要揮軍攻進義大利。謀士西乃阿斯（Cynéas）試著讓他了解這項行動的虛幻。「你做這件事的目的是什麼？」他問。皮洛士回答：「因為要推進到高盧，接著是西班牙。」西乃阿斯：「然後呢？」皮洛士：「征服非洲，然後……放心休息。」西乃阿斯：「可是你現在已經是這樣了；為什麼要冒更多的風險？」蒙田接著應用盧克萊修（Lucretius）所寫的《物性論》（*De Rerum Natura*; V, 1431）中知名的段落，談人性永不饜足，好像是在懲罰自己。

第六部

更深入談代理

9 外科醫師看起來不應該像外科醫生

文學看起來不像文學——川普起用實務工作者——官僚的榮耀——指導教授如何硬舉——看上去很像

看上去很像

假設你必須在某家醫院同一科位階相近的兩位外科醫生之間做選擇。第一位細心整飭儀容；戴銀邊眼鏡，身材精實，雙手纖細，講話慢條斯理，儀態優雅。銀灰色的頭髮梳得很整齊。如果你拍的電影需要有人扮演外科醫生，他是不二人選。他的辦公室掛著醒目的常春藤盟校學士和醫學院文憑。

第二位看起來像是殺豬的，胖嘟嘟，手厚大，講話粗魯，外表邋遢。襯衫後面沒有塞進褲子，垂在背後。美國東岸找不到一位裁縫師傅，能將他的襯衫釦子扣在脖子。他講話不客氣，帶著濃厚的紐約腔，好像自己不在乎似的。張嘴時，甚至看得到金色牙齒。牆上沒掛文憑，想來學歷沒有可傲人之處：也許只是上過當地某個學院而已。拍電影時，你會預期他扮演新進國會議員的退休警衛，或者新澤西州一家自助餐廳的第三代廚師。

現在，如果我必須挑一個，那麼我將克服自己的冤大頭傾向，任何時候都選那個殺豬的。還有：如果我是在兩個看起來像是醫生的醫生之間做選擇，我會找那個殺豬的當第三人選。為什麼？簡單地說，那個看上去不像醫生的人，在他的專業中擁有（說得上）成功的事業生涯，以前必須在認知方面克服對他不利的許多事情。如果我們夠幸運，遇到了看上去不像的人，那得感謝某種切膚之痛的存在。接觸現實，就會過濾掉無能的人，因為現實無視於外表美醜。

當結果來自直接因應現實，不是透過評論者代理，形象便比較不重要，即使它和技能有關聯。但是在有層級和標準化「工作評量」時，形象就相當重要。以公司的執行長為例來說：他們不只看上去像，甚至看起來相同。更糟的是，當你聽他們講話，每個字詞和比喻，聽起來都一樣。不過那是他們的工作：而且我要不斷提醒讀者，企業高階主管不同於創業家，看起來應該像演員。這和一般的看法恰好相反。

現在，外表和技能可能有某種關聯（看起來像是運動員的人，可能就是運動員），可是由於儘管看起來不像，卻取得了成功，所以這是強有力，甚至極其重要的資訊。

因此，這個國家的執行長工作，曾經被當過演員的雷根（Ronald Reagan）擔任，也就不足為奇了。事實上，最佳的演員，沒人看得出來他是演員：更仔細瞧歐巴馬，可以發現他甚至更像演員：引人注目的常春藤盟校大學學歷，加上自由主義的聲譽，是令人信服的形象營造因素。

關於《原來有錢人都這麼做》（*The Millionaire Next Door*），人們所寫已多：總的來說，這個人真的有錢，但看起來不像你認為的有錢人，反之亦然。幾乎每一位私人銀行家都被教導不要被客戶的外表所騙，以及避免看上鄉村俱樂部中開法拉利（Ferrari）的人。在我寫這段文字時，我的祖居地村莊一位鄰居（而且和那裡的幾乎每個人一樣，都是遠親），過著小康但舒適的生活，吃自己種的食物，喝自己釀的茴香酒（亞力酒），諸如此類的勤儉度日，卻留下一億美元的遺產，是人們預期他身後遺留財富的一百倍之多。

所以下次你隨便挑一本小說時，不要選作者照片打領巾狀寬領帶，看起來面現愁容的男人，站在四面牆都是書架的那一本。

根據同樣的推理，把這個論點往前推，擅長偷竊的賊，大體上看起來應該不像賊。看起來像賊的人，比較有可能已經被抓起來關了。

接著，我們要更深入談下面的事情：

> 脫離切膚之痛直接過濾器的任何種類活動和企業中，絕大多數的人懂得說行語、看起來很像，而且熟悉表面上的細節，卻對主題一無所悉。

綠木材謬誤

這一章的觀念是林迪相容。拉丁諺語說，不要認為長得漂亮的蘋果好吃。①這是一般常說「會發亮的不只黃金」之類更委婉含蓄的版本——消費者花了半個世紀才弄懂這件事；但即使如此，他們還是繼續被產品的外表愚弄。

我這一行，有個專家規則說，千萬不要雇用衣冠楚楚的交易員。但是更進一步：

> 雇用成功的交易員，雖然他有堅實的紀錄，但你對細節了解得最少。

請注意：最少即最多。為什麼會這樣？

我在《反脆弱》一書介紹了這個觀念，稱之為**綠木材謬誤**。有個人靠綠木材賺了大錢，卻不懂他所交易產品的根本細節——他不知道綠木材代表剛砍下來的木頭，不是漆成綠色的木材。②相對的，在此同時，講這個故事的人，雖然對綠木材的每個細節瞭如指掌，卻破產了。箇中的謬誤在於一個人在真實世界中可能需要懂得的事情，不見得和一個人能夠透過知識去認知的事情相符：這不表示細節無關緊要，只是我們傾向於（以ＩＹＩ的風格）相信重要的事，會使我們分心，沒有注意到價格機制中更為核心的屬性。

任何活動中，隱藏的細節只能經由林迪揭露。

> 以清楚的敘述方式措辭和表達，如果可以說服冤大頭，那麼將是冤大頭陷阱。

另一個層面：

我的朋友特理（Terry B.）教一個投資班，請了兩位講師。一個從頭到腳看起來就像投資經理：穿量身訂製的衣服、戴昂貴的手錶、著閃閃發亮的皮鞋、講話條理分明。他也侃侃而談，散發你預期高階主管會有的那種信心。第二位看起來比較接近我們的殺豬外科醫生，完全不知所云，甚至留下連自己也搞不清楚的印象。現在，當特理問學生，他們相信兩位講師中的哪一位比較成功，他們的得票數甚至沒有很接近。第一位不出預料，果然是在相當於那一行的施粥流動廚房排隊的人；第二位至少是億萬富翁。

已故的吉米．包爾茲（Jimmy Powers）是死硬派的紐約愛爾蘭人。我早年的交易生涯，曾和他在一家投資銀行共事。儘管他是輟學生，而且未成年時，在布魯克林街頭混過幫派，事業卻做

---

① 原書註：原文：Non teneas aurum totum quod splendet ut aurum/nec pulchrum pomum quodlibet esse bonum.

② 譯註：綠木材即新伐木材，或稱生材。

得有聲有色。他在會議上，討論我們的交易活動時，會向一群丈二金剛摸不著頭腦的高階主管說出這樣的話：「我們先這麼做，然後那樣做，從嘰哩到呱啦，一切就搞定了。」只要我們的部門賺錢，高階主管並不在意不懂他在說些什麼。神奇的是，經過一段時間，我學會不費吹灰之力了解吉米的意思。我也在二十出頭的時候，知道你輕而易舉了解對方在說些什麼的人，他必然是在講屁話。

潤飾得最好的事業經營計畫

文學看起來不應該像是文學。作家喬治．西默農（Georges Simenon）青少年時，在新聞業服務，當著名法國作家柯萊特（Colette）的助理。她教他拒絕把假設語氣未完成式和引用，放到文章中的和風、杜鵑花和蒼穹上的觀念——也就是一個人在修潤文字時所用的那些東西。西默農謹遵教誨，文風類似於葛雷安．葛林（Graham Greene）；他剝除華麗的詞藻，深刻見骨，因此文字不致阻礙氛圍的傳遞——只要讀他描述政委梅格雷（Maigret）走在巴黎雨中無數個小時，你就會感受到濕氣滲進你鞋裡，就好像他的中心人物在背景中。

同樣的，企業的工作是透過事業經營計畫，科學是透過資金募集，這樣的錯覺占得上風。這絕對不是真的；對想要說服冤大頭的人來說，事業經營計畫有它的用處。如同我在序二說過的，事業經營計畫行得通，是因為創業型公司從包裝公司和把它們賣出去賺到最多錢；少了某些強而有力的敘述，就不容易出售。但是對真正的企業（有別於募集資金的企業），由於必須自尋活路，所以事業經營計畫和資金募集反而反向運作。在本書撰稿時，大部分近來大獲成功的企業（微軟、蘋果、臉書〔Facebook〕、Google）都是由有切膚之痛和椎心之痛的人創設的，並且有機成長。如果他們求助於資金募集，就會擴大或允許經理人以股換鈔，拿了現金走人；資金募集不是首要的創造來源。你不是為了創設公司而創設公司，也不是為了做科學而做科學。

萬聖節的主教

這把我帶回到社會科學。許多場合中，我曾經迅速將一些想法草草記在一張紙上，加上數學證明式，張貼在某個地方，準備發表。這些是不虛飾浮誇，沒有囉嗦累贅的觀念一提再提的社會科學論文。在經濟學等一些假領域，講究儀式和被引用圈主宰，所以每一件事都注重怎麼呈現。因此，我收到的批評，從來不是針對內容，而是針對形式。長期投資的人只需要學一種特定的語言，論文則只是一提再提那種語言。

> 千萬不要聘用學者，除非他的功能是參加寫論文或考試的儀式。

這把我們帶到了科學主義的屬性。因為對這些白痴而言，重要的不只是呈現。它是不必要的複雜化。

但是這些學術複雜化和儀式背後是有邏輯的。你有沒有想過為什麼主教要為萬聖節打扮？

地中海的社會，傳統上是位階最高的人切膚之痛最大。如果要說今天的美國有什麼特色的話，那麼那是盎格魯－撒克遜社會中，愉快地將軍事價值移轉給企業和商務，而形成的經濟風險承擔——叫人驚訝的是，傳統的阿拉伯文化也同樣強調經濟風險承擔的榮耀。但是歷史顯示，以前有過——現在仍然有——一些社會，知識分子居於頂層。印度人將婆羅門置於整個階層的第一位，凱爾特人（Celts）有祭司（druids；所以他們可能的表親德魯茲派也是一樣），埃及人有他們的文士，中國人相當短的時間內有文人。且讓我加進戰後的法國。你可以注意到這些知識分子握有權力和孤芳自賞，與眾有別，驚人的類似性：透過複雜、極其精細的儀式、階級內部保持的神祕，以及凌駕一切專注於表面。

即使在「正常的」戰士或實幹者運行的社會中，知識分子階級還是極其注重儀式：少了排場和儀式，知識分子只是空談者，也就是差不多什麼都不是。以我那地方的希臘正教主教來說：那是尊嚴的展示。穿直排輪的主教，不再是主教。如果那仍然是裝飾性的，那麼裝飾並沒有什麼不對，而這一點，直到今天仍然是如此。不過，科學和商業不可以是裝飾性的。

我們接著檢視下列幾點：

正如開法拉利那位油頭粉面的老兄，看起來比邋遢的億萬富翁有錢，科學主義看起來比真正的科學要科學。

真正的知識分子看起來不應該像知識分子。

戈爾迪之結

當你需要的只是結果，千萬不要花錢去買複雜的呈現手法。

亞歷山大大帝曾經被叫去解決佛律基亞的首都戈爾迪烏姆（Phrygian city of Gordium；如同一般的希臘故事，位於現代的土耳其）如下所說的挑戰。當他進入戈爾迪烏姆，看到一輛老舊的馬車，轅上綁著無數的結。所有的結都緊緊交纏在一起，根本不可能想出它們是怎麼繫得那麼緊的。神諭宣示，解開結的人，將統治當時所說的「亞細亞」，也就是小亞細亞、黎凡特和中東。

亞歷山大費盡九牛二虎之力，解不開結，只好把纏繞成一團的繩子丟回去，鄭重宣告，預言說要怎麼解開這一團亂無關緊要。他接著抽劍出鞘，一揮，結應聲斷成兩半。

沒有一位「成功的」學者經得起遵循這種政策。白痴知識分子也一樣。醫藥業花了很長的時間才了解，病人頭痛，給他阿司匹靈或者建議晚上好好睡覺，遠比動腦部手術要好。雖然後者看起來比較「科學」。但是大部分的顧問師和按時計酬的其他人，還沒有到達那種地步。

生活中的過度知識化

研究工作者捷爾德．蓋格連澤（Gerd Gigerenzer）和亨利．布萊頓（Henry Brighton）以理查．杜金茲所說棒球選手如何接球的例子，對比「理性主義」學派的方法（這裡用引號，是因為這些理性主義者極少是理性的）和試探啟發學派的方法：

> 理查・杜金茲（……）表示，「他的行為好像他解開了預測棒球軌跡的一組微分方程式。在某個潛意識水準，某種東西的運作，就相當於數學運算在進行」。（……）相反的，實驗指出，選手是依賴幾種試探啓發法。凝視試探啓發法是最簡單的一個，在球飛到高空時運作：兩眼緊盯著球不放，開始奔跑，並且調整你的奔跑速度，讓凝視的角度保持不變。

科學作者理查・杜金茲的這個錯誤，簡單地說，概化到人類對所有自然現象反應的過度知識化上。棒球選手對於確切的試探啟發法一無所知，但是他會照著去做——不這樣的話，比賽會輸給沒有知識化的另一隊競爭對手。同樣的，如同我們將在第十八章看到的，宗教「信仰」只是解決一組問題的心理試探啟發法——代理人根本不懂怎麼做。解開方程式去做出決定，不是我們人類可以期望擁的技能——這在運算上是不可能辦到的。我們在理性上能做的事，是中和這些試探啟發法的若干有害層面，或者可以這麼說：拔除它們的尖牙。

另一種干預生意

總是在沒有切膚之痛（或者沒有在正確的場所有切膚之痛）的情況下運作的人，會尋求複雜化和集權化，並且竭盡全力避免簡單。另一方面，實務工作者則有相反的本能，尋求最簡單的試探啟發法。一些規則如下所述：

被教養、選擇去尋找複雜化解決方案，而且得到報酬的人，沒有執行簡單化解決方案的誘因。

在補救措施本身是切膚之痛問題時，情況變得更加複雜。

這在元問題（meta-problem，或譯後設問題）中，尤其尖銳，因為解決方案正是要解決這個問題。

換句話說，社會上的許多問題，來自銷售複雜解決方案的人所做的干預，因為那是他們的立場和受到的訓練要他們去做的事。處於這種立場的人，提議採取某種簡單的方法，對他絕對沒有利益：你是因為認知而得到獎賞，不是因為成果。在此同時，隨著這種複雜化而非線性成長的副作用，他們不必為此付出任何代價。

解決方案對技術人員有利可圖時，情況也是這樣。

黃金與稻米

我們依本能，確實知道腦部手術沒有比阿司匹靈更「科學」，就像從約翰甘迺迪機場飛四十哩左右到紐華克機場，並不代表「效率」，只是用到更多的科技而已。但是我們並不容易將這轉化到其他領域，並且繼續當科學主義的受害者。科學主義之於科學，就像龐氏（Ponzi）騙局之於投資，或者廣告或宣傳之於真正的科學通訊。你放大了表象屬性。

回想第三部所說的基因改造（以及第四章所說的抹黑攻勢）。我們來談經過基因改造的黃金稻米故事。許多開發中國家有營養不良和營養不足的問題。我的共同研究者雅尼爾．巴延和喬．諾曼（Joe Norman）將這歸因於簡單和非常直白的運輸問題。簡單地說，我們浪費了三分之一以上的食物供給，而從簡單的配銷改善得到的利益，將遠超過改善供給。只要想想一顆番茄有接近八〇或八五％的成本用在運輸、儲存和浪費（沒有賣出去的存貨）上，而和農民的生產成本無關，我們所做的努力，便非常明顯應該放在低科技的配銷上。

現在，「技術人員」見到了干預的機會。首先，你拿出挨餓中孩子的照片，引人同情，並且有助於阻止進一步的討論。在有孩子瀕臨死亡之際說三道四的人，一定是沒心沒肺的混蛋。其次，你要設法讓批評你所用方法的任何人，說的話聽起來就像是反對拯救孩童那樣。第三，你要提出看起來很科學的技術，除了讓你有利可圖，萬一引發災難或農作物疫病，還能使你脫身於長期的影響之外。第四，你找來新聞記者和有用的白痴。這些人討厭在他們的不科學眼光裡看起來「不科學」的東西。第五，你要發動抹黑攻勢，傷害那些沒有他×的錢做研究的人的聲譽。這些人的聲譽，經不起一點點的玷汙。

這裡要談的技術是基因改造稻米，讓穀物含有維他命。我和同事努力指出下述各點，整體而言是在批評這種方法。第一，轉基因，也就是因此得到基因改造的那一種，和自有農牧業以來，人類活動特有的那種植物與動物雜交育種不屬相同的類別——例如馬鈴薯或柑橘。我們跳過了複雜性類別，而且對環境的影響難以預料——沒有人研究過互動結果。我們說過，脆弱性出在劑量：從二十樓掉下來，和從椅子上掉下來，不屬相同的風險類別。我們甚至指出系統性風險顯著增加。第二，風險研究並不適當，而且支持那種論點的論文使用的統計方法有瑕疵。第三，我們引用簡單性原則，稱之為反科學（antiscience）。我們為什麼不分別給這些人稻米和維他命？畢竟，我們並沒有基因改造的咖啡含有牛奶。第四，我們能夠指出GMOs對環境帶來一堆隱藏性風險，因為殺蟲劑用量增加，殺死了微生物群系（也就是細菌和土壤中的其他生命）。

在那之後，我很快就了解，由於少數規則，沒必要繼續爭論下去。如同我在第三部所說的，GMOs輸了，很簡單，因為少數聰明和頑固的人起而反對它們。

薪酬

簡單地說，一個人被其他人而不是被現實評審的那一刻起，事情就會扭曲，如下所述。還沒有破產的公司，有個東西，稱作人事部。於是它們就會使用一些衡量指標，要求員工填寫「評量表」。

從一個人拿到評量表的那一刻起，扭曲就發生了。還記得《黑天鵝效應》一書中，提到我必須填自己的評量表，寫上獲利天數的百分率。這個衡量指標鼓勵交易員穩定賺錢，而不顧隱藏的黑天鵝巨大虧損風險。俄羅斯輪盤讓你在六次中賺五次錢。這導致銀行破產，因為銀行在一百季中，虧損不到一季，但那一次的虧損，就多於全部賺到的錢。我宣稱自己使用的方法是久久才賺一次。我在大老闆面前撕掉評量表。以後他們就不來煩我了。

現在，評量導致你不是用最後的結果接受評審，而是依某個中介衡量指標，要你去看複雜的東西，單單這個事實，就會帶來某些扭曲。

教育是奢侈品

在新的亞洲上層階級眼裡，常春藤盟校大學正成為終極的身分地位奢侈品。哈佛大學就像威登（Vuitton）包和卡地亞（Cartier）錶。這是中產階級沉重的負擔。他們把愈來愈高比率的儲蓄交給教育機構，將錢移轉給官僚、不動產開發商、本來不會存在的某些學科（性別研究、比較文學和國際經濟學）終生職教授，以及其他的寄生蟲。在美國，我們有堆積如山的助學貸款自動移轉給這些收租者（rent extractor）。從某方面來說，這和敲詐勒索沒什麼兩樣：一個人需要像樣的大學「校名」，好在人生中出人頭地。但是我們有證據顯示，集體而言，社會不但沒有因為有組織的教育而進步，反而退步：一國的（正式）教育水準是財富的結果。③

屁話檢測試探啟發法

這裡的試探啟發法將反向使用教育：在技能組相同的條件下，雇用標籤導向最低的人。這表示，由於這個人的競爭對手有好看的文憑，所以他必須更加努力取得成功和克服更為嚴峻的障礙。此外，沒有進哈佛的人，在現實生活中比較容易相處。

如果某個學位十分依賴授予學位的學校名望，那麼你可以判斷那個學科是狗屁。記得在我申請念企業管理碩士班時，有人告訴我，念排名在前十或前二十以外的學校，都是在浪費時間。相形之下，數學學位遠遠不那麼依賴學校（條件是在某個水準之上，所以試探啟發法是應用在前十名和前二千名學校的差異之上）。

③原書註：同樣的道理適用於科學新聞記者——或者專業的傳記作家——寫的科學家和數學家傳記。他們會找到某些文字敘述他們，以及（更糟的是）把他們奉爲偶像。

同樣的道理適用於研究論文。在數學和物理等學科，張貼在arXiv等論文庫網站（障礙最低）的結果是可以接受的。在學術金融等低品質的領域（這些領域的論文，通常是採取複雜的說故事形式），期刊的「名望」便是唯一的標準。

真正的健身房看起來不像健身房

教育標籤給了很多表象的東西，卻漏掉反脆弱和真正的學習等一些根本的事情。這讓人想起健身房。人們對像是太空船上的昂貴設備——花俏、複雜、五顏六色——留下深刻印象。東西看起來極為複雜和科學——但是不要忘了，有如科學的東西，通常是科學主義，不是科學。和標記各所大學一樣，你花很多錢加入健身房，得到好處的主要是不動產開發商。可是做肌力訓練的人（在現實生活中的許多層面真的十分強大的那些人）曉得，過了初期階段，這些機器的使用者鍛鍊不到什麼力量。一般的使用者訴諸對肌肉通常沒什麼幫助的機器，身材最後變得像梨子，身體愈來愈虛弱，技能沒辦法移轉到他們接受訓練的機器之外。這些設備在醫院或復健計畫中也許管用，但頂多就這樣而已。另一方面，比較簡單的槓鈴（一根金屬桿，兩頭加上槓片）是能使你全身運動起來的唯一標準設備——也是最簡單和最便宜的。你需要學習的，只是盡全力將槓鈴舉離地板，避免受到傷害的安全技巧。這裡面又有林迪的影子：舉重訓練者知道這種現象至少已有二千五百年之久。

你需要的只是鞋子，在你可以的時候，到外面跑步（或許也需要褲子，讓你看起來不是那麼荒謬），以及兩頭有槓片的槓鈴。我在寫這些文字時，也在查看一家頂尖飯店的宣傳小冊，因為接下來兩天要住那裡。這本小冊一定是某個企業管理碩士寫的：頁面光滑，展示所有的機器和色彩豐富的果汁罐，為的是「改善」你的健康。他們甚至有座游泳池，卻沒有槓鈴。

如果健身房看起來不應該像健身房，那麼運動看起來也不應該像運動。身體力量增進最多的時候，來自分配曲線的尾部，接近你的極限。

下一章

本章設法將舉重和基礎研究混在一起，論點只有一個：有切膚之痛存在時，表象會消散，沒有切膚之痛時，會導致胡說八道成倍數增加。接下來我們要談當你富有時，你和自己的利益分道揚鑣的情形。

10 只毒有錢人：其他人的偏好

銷售員是頭兒——如何喝毒藥——廣告與操弄——週日晚上大豪宅難忍的沉默

人們一有錢，切膚之痛驅動的經驗機制就會流失。他們無法控制自己的偏好，以塑造的偏好（constructed preferences）取代自己的偏好，使他們的生活變得不必要的複雜，並且把自己推進悲慘的境地。而這些塑造的偏好，當然是那些想要賣他們某些東西的人的偏好。這是切膚之痛問題，因為富人的選擇受到有利可圖的人擺布，而且後者不會從買賣中遭到副作用。由於富人有錢，而利用他們的人通常不是那麼有錢，所以不會有人高喊受害。

我曾經和一個人約在米其林星級餐廳用餐。他堅持到那裡，而不是我選的一家輕鬆隨意的希臘小館，友善的老闆兼經營者的表叔兒子是經理，堂伯公的女兒是親切的接待員。如同我們用地中海語言所說的，其他的顧客看起來就像有軟木塞塞住屁股，妨礙正常的排氣，以至於氣體累積在胃腸壁內部，於是行為舉止就像你只會在受過教育的半上流階級看到的那種動輒發怒。我注意到，除了塞住軟木塞，所有的男士都打領帶。

晚餐由一連串複雜的小東西組成。用量極少的食材和對比強烈的味道，強迫你全神貫注，就像你在參加某種入學考試似的。你不是在吃東西，而是參觀某種博物館，有個主修英語、裝模作樣的人侃侃而談，告訴你自己不會想到的某個藝術向度。熟悉的東西少之又少，滿足我味蕾的東西少之又少：這個場合中，一旦有某種東西嘗起來像是真正的食物，卻沒機會再多吃一點，因為接著是下一道菜上桌。在一道又一道菜的折磨和聽斟酒服務員關於餐酒搭配的屁話言論之際，我擔心自己會失去注意力。假裝你不感到無聊，是很花力氣的一件事。事實上，我在錯誤的地方發現一個最適化問題：我關心的唯一一樣東西，也就是麵包，不是溫熱的。看來這不是米其林的三顆星要求。

金杯毒藥

我餓著肚子離開那個地方。現在，如果可以選擇的話，我會在一個熱鬧的地方，挑經過時間考驗的食譜（例如用非常新鮮食材做的披薩，或者可口多汁的漢堡）——價格只要二十分之一。但由於一起吃飯的那個人負擔得起吃昂貴的餐廳，我們最後成了由某位米其林官僚評審的廚師所做一些複雜實驗的受害人。這會使林迪效應失靈：從西西里島祖母到西西里島祖母之間的一些細微變化，食物確實變得更好吃。我猛然醒悟，曉得有錢是自然而然的目標；在塞內加的同名悲劇中，提厄斯忒斯（Thyestes）大叫，賊兒不進窮人之家，以及一個人比較有可能用金杯喝毒藥，而不是用普通的杯子。毒藥是倒在金杯中喝的（原文：Venenum in auro bibitur）。

把人帶進複雜的情況中，要欺騙他們就很容易——窮人可免於這種詐欺。這和我們在第九章看到的複雜性相同，也就是雖然有簡單的解決方案可以辦到，學者還是要銷售可能最複雜的解決方案。此外，富人開始請「專家」和「顧問師」效力。意在詐騙你的一整個行業開始誆你：財務顧問、飲食顧問、運動專家、生活風格工程師、睡眠顧問、呼吸專家等。

我們許多人覺得，漢堡遠比菲力牛排美味，因為脂肪成分較高，可是人們被說服，相信後者比較好，因為生產成本較昂貴。

我覺得美好的生活，就是不參加節慶晚宴，因為到了那裡，你會發現自己坐在堪薩斯市不動產開發商的妻子（剛從尼泊爾玩回來）和華盛頓遊說人士（剛從峇里島度假回來）之間，兩個小時動彈不得。

大型殯儀館

不動產也是一樣，我被說服相信大部分人住在緊密的空間中，也就是真正的少數族裔區那樣的鄰里，會比較快樂，因為在那裡能夠感受到人情溫暖和有人作伴。但是當他們有了很多錢，最後會受到壓力，搬進超大、缺乏人情味和無聲的豪宅中，遠離鄰居。到了黃昏，那些大型長廊寂靜無聲，瀰漫著有人往生的感覺，卻少了撫慰人心的樂音。這在歷史上極為罕見：過去，大豪宅裡面，僕人、管家、僕役長、廚師、助手、女傭、私人教師、貧困的表兄弟、馬夫，甚至私人樂手來來去去，相當熱鬧。而且，今天沒有人會來安慰你擁有一棟豪宅——極少人知道週日晚上待在那裡，是多麼難過的一件事。

如同法國衛道士沃韋納爾格指出的，由於我們今天所稱的規模特質，小是比較理想的。簡單地說，有些東西大到你的心難以承受。他寫道：羅馬是個小村莊時，容易被它的居民所愛，等到它成為大帝國，就比較難以見到這種事。

生活富足、沒有追尋財富的人絕對懂得這一點——他們住在舒適的角落裡，本能上知道搬家會是心理上的負擔。許多人仍然住在他們原始的房子裡。

非常少人了解他們本身的選擇，最後落到被想賣他們某些東西的人操控的地步。從這個角度來說，貧窮甚至也許是可取的。以沙烏地阿拉伯來說（應該逐步恢復到因油致富前的貧窮水準），我很好奇：如果從他們那裡取走某些東西——包括搖尾乞憐的外國人蜂擁而至，騙他們掏出錢來——會不會使他們的日子好過些？

用另一種方式來說：如果財富給你較少的選項，而不是更多（和更多樣）的選項，那麼你就做錯了。

談話

真要說些什麼的話，如果你想要有我所說的朋友，那麼有錢之後，你需要將錢藏起來。財不露白，或許是眾所周知之事；比較不為人知的是，你可能也需要隱藏自己的博學和見識。只有在不試著搶戲或表現得比別人聰明的時候，人才有可能是社群朋友。事實上，古典的談話藝術是試著避免任何不平衡，如義大利人文主義作家巴爾達薩雷・卡斯蒂利奧內（Baldassare Castiglione）所著《侍臣論》（*Book of the Courtier*）說的：人需要平起平坐，至少在交談時是這樣，否則就沒什麼好談的。這必須不分階層，而且貢獻均等。相信你寧可找朋友共進晚餐，不是和教授一起吃飯。當然了，除非你的教授懂得談話的「藝術」。

事實上，我們可以將社群概化和定義為一個空間，裡面消除了許多競爭和階層規則，並且強調整體優先於個人的利益。和外界當然會有緊張存在，但這是另一個討論話題。群體或部落中消除競爭的觀念，再次出現在伊莉諾・歐斯壯研究的群體概念中。

進步的非線性

現在我們來概化到一般的進步。你希望社會更為富有，或者想要其他什麼東西——例如脫離貧窮？你的選擇是自己的？還是推銷員的？

我們回到餐廳的體驗和討論塑造的偏好相對於自然的偏好。如果我可以選擇花二百美元買一塊披薩，還是花六・九五美元買法國複雜的體驗。我會臉不紅氣不喘地掏出二百美元買披薩，外加九・九五美元買一瓶梅貝克（Malbec）紅酒。事實上，我願意花錢，只求不要米其林的體驗。

這樣的推理，顯示複雜化可以在某種水準造成劣化，也就是經濟學家所說的「負效用」（negative utility）。這告訴我們關於社會中的財富和國內生產毛額成長的某些事情；它顯示有一條倒U曲線存在，超過某個水準，你就會逐漸受到愈來愈多的傷害。只有在擺脫塑造的偏好之後才能察覺它。

現在，許多社會愈來愈富有，其中不少超越了倒U曲線的正值部分，更別提他們寵壞的孩子過得愈來愈舒適。而且，我敢說，就算一塊披薩要價二百美元，屁股塞著軟木塞的人也會排隊來買。但是因為披薩做起來太簡單，所以他們選擇昂貴的東西，而用新鮮天然食材做的披薩，永遠會比複雜的垃圾便宜。

只要社會愈來愈富有，就會有人試著賣給你某樣東西，直到你的福祉劣化和變得比原來差為止。

下一章

下一章將透過阿薩辛派（Assassins）這一行專家好手的歷史，說明不用口頭威脅的規則。

11 先做再說

床上的死馬——透過毒蛋糕建立的友誼——羅馬皇帝和美國總統——活著的一個敵人抵得過死去的十個

你擁有的最佳敵人，是讓他有切膚之痛，並且讓他知道隨之而來的確切規則。你讓他活著，曉得由於你的仁慈，他才得以保住那條命。擁有一個敵人，比死去一個敵人要好的概念，從阿薩辛派的訓令，最能說明這一點，所以我們要稍微深入探索這個祕密組織如何運作。

開出很難拒絕的條件

電影《教父》中有驚悚的一幕。好萊塢一位高階主管早上醒來，發現他十分珍愛的一匹賽馬，頭被硬生生砍下來，血淋淋丟在他的床上。

原來他以看起來不公平的理由，拒絕起用一位西西里裔美國演員。雖然他明知後者是那個角色的最佳人選，卻討厭那副「磁性的嗓音」，迷倒他過去的情婦之一，並且害怕它有力量誘惑將來的情婦。後來才知道現實生活中，那位演員（可能）是法蘭克．辛納屈（Frank Sinatra），有朋友和朋友的朋友之類的關係；他甚至是黑幫角頭的教子。家族「顧問」登門拜訪，沒能說動那位高階主管，他的好萊塢難以相處的態度也沒有軟化——這位老兄不了解高階黑幫分子不辭辛勞，搭機橫越全國，提出請求，傳遞的不只是你寄給州立大學人事部的那種推薦函。他已經「開出他不可能拒絕的條件」（an offer that he could not refuse；這句話因為電影的那一幕而流行開來）。

這是個威脅，而且不是空洞的威脅。

我在寫這些內容時，人們正在討論恐怖主義和恐怖分子集團，卻犯下嚴重的分類錯誤；事實上，有兩種截然不同的類別。第一群是針對幾乎每個人的恐怖分子，也就是足以辨識，而且不是沙烏地阿拉伯居民，以及不是在酋長資助的智庫工作的每一個人；第二群是民兵組織，大致上被他們的敵人稱為恐怖分子，以及被喜歡他們的人稱為「反抗力量」或「自由戰士」。

第一群包括非士兵，為了做效果而濫殺無辜平民，卻不對軍事目標下手，因為他們的目的不是取得軍事上的勝利，只是要發表某種聲明、傷害一些活人、製造一些噪音、尋找進天堂十拿九穩的方法。大多數遜尼派聖戰士就是從炸死平民得到無與倫比之樂的那一類。蓋達組織、伊斯蘭國，以及前美國總統歐巴馬資助的敘利亞「溫和叛軍」，都屬於這一類。第二群是策略性的政治殺手——例如愛爾蘭共和軍（Irish Republican Army）、大部分什葉派組織、對抗法國的阿爾及利亞獨立戰士、德國占領期間的法國反抗戰士。

對於什葉派和近東、中東類似的教派來說，世系、方法和規則起源於阿薩辛派。而阿薩辛派是遵循羅馬時期猶太匕首黨（Judean Sicarii）的做法。Sicarii一詞來自他們用於殺死羅馬士兵，以及主要是他們的猶太人合作者使用的匕首。他們認為自己的聖殿和土地遭到褻瀆。

我不幸對這件事略知一二。我念的貝魯特佛朗哥黎巴嫩高中（Franco-Lebanese Lycée）有一張「傑出」前學生清單。只有我「傑出」的理由，不同於其他刺殺成功或刺殺未遂的受害人（但是我有夠多的薩拉菲敵人，還有時間符合這個條件——切膚之痛）。

阿薩辛派

關於阿薩辛派，最有趣的一件事是，實際的刺殺在他們的清單上排在很低的位置。他們了解世界上沒有便宜的訊息。他們寧可擁有敵人。死人是你唯一不能操控的敵人。

一一一八年，艾哈邁德・桑賈爾（Ahmad Sanjar）成了小亞細亞（也就是今天的土耳其）、伊朗和阿富汗一部分的塞爾柱土耳其帝國蘇丹。他登基後不久，一天醒來，一把匕首牢牢插在床邊地上。一個傳說版本指出，有一封信告訴他，匕首插入硬地板，比另一個選擇，也就是插進他的軟胸膛要好。這是阿薩辛派（阿拉伯文是Hashishins）發出的獨特訊息，要他知道別惹他們、送他們生日禮物，或者下一部電影起用他們的演員。蘇丹桑賈爾曾經不理會他們的和平談判，所以他們推進到第二階段，展現能夠做到精心策劃的事。他們說服他，相信自己的命握在他們掌心，而十分重要的是，只要他做對的事，就不必擔心什麼。真的，桑賈爾和阿薩辛派此後一起過著幸福快樂的生活。

你應該注意到，不必明著講出威脅的話。口頭威脅只不過揭露一個人的弱點和不可靠。再次務必請記得：不要用口頭威脅。

阿薩辛派是十一到十四世紀和什葉派伊斯蘭教有關的教派，以前是（現在透過他們的化身仍然是）以暴力的手段反遜尼派。他們經常和聖殿騎士團（Knights Templar）聯手，往往站在十字軍戰士的那一邊作戰——如果他們似乎和聖殿有一些相同的價值，也就是不傷害無辜和弱者，那麼可能是因為前者將它的一些價值傳給後者。行俠仗義的第二條榮譽守則是：我尊重和保衛弱、病、窮者。

阿薩辛派應該也送了相同的訊息給薩拉丁（Saladin；敘利亞的庫德人統治者，從十字軍手裡征服耶路撒冷），告訴他：他將吃的蛋糕……他們下了毒。

阿薩辛派的倫理體系認為，政治暗殺有助於防止掀起戰爭；床邊的匕首之類的威脅，更適合用在不流血的情況下控制對方。①它們的目的理應在不傷害平民和不直接針對的人。它們精準命中目標，是為了減少現在所謂的「連帶傷害」（collateral damage）。②

把暗殺當作行銷手段

曾經試著除去鞋裡小石頭（也就是打擾到你，給他暗示卻置之不理的人）的讀者，可能知道對一般公民的「契約」（也就是啟動他們的葬禮）相當容易執行，買起來也便宜。這些契約有相當活躍的地下市場。整體而言，你需要多支付一點，「使它看起來像是意外」。但是熟讀古往今來大事的歷史學家和軍事歷史觀察者會建議反其道而行：在政治上，你應該多支付一點，使它看起來像是故意的。

事實上，馬克・魏森博恩（Captain Mark Weisenborn）、帕斯夸萊・奇里洛和我在針對暴力做系統性的研究時發現（推翻前面所提平克指暴力下降的空談命題），歷史上戰爭的數目被誇大……雙方都誇大。蒙古人（中世紀時橫掃整個歐亞）和恐慌的受害人有誇大其詞的誘因。其實那只是威懾而已。蒙古人無意殺死每一個人；他們只要歸順，而透過恐怖的手段，得來容易。此外，花點時間細察入侵種群留下的基因印記，明顯可以看出如果來自東方草原的戰士留下了文化烙印，他們肯定將基因留在家鄉。基因在各個地區之間移轉，主要是靠群體的遷徙、嚴酷的天候和土壤不適合栽種作物，不是靠戰爭。

最近，一九八二年阿薩德（Assad）的高階官員對敘利亞聖戰士展開的哈馬（Hama）「大屠殺」，有紀錄的傷亡人數（據我估計）至少比報導的數字低一個數量級，其餘來自灌水。隨著時間的流逝，在沒有重大新資訊進來的情況下，數字從二千增加到接近四萬。敘利亞政權和它的敵人都有意把數字灌水。有趣的是，近年來數字持續攀升。第十四章會回頭談歷史學家，我們將在

---

①原書註：我們所讀關於阿薩辛派的歷史，似乎是他們的敵人中傷的結果，包括不足憑信的說法，指他們的名稱來自吃印度大麻（阿拉伯語爲hashish），爲的是在執行殺手任務之前，陷入狂喜的狀態。

②譯註：或稱爲殃及池魚。

那裡指出，實證嚴謹性對他們的學科來說相當陌生。

把暗殺當作民主手段

現在來看政治生活；如果民主制度沒有完全治理得很好——由於任人唯親和希拉蕊．孟山都－馬爾梅松似的偷偷摸摸合法貪腐——我們知道將來永遠會是什麼樣子：頂層的流動率增加。恩斯特．祖．明斯特（Ernst zu Münster）伯爵對俄羅斯憲法發表的警句式描述，解釋了這一點：「經過暗殺淬鍊的專制主義。」

今天的政治人物沒有切膚之痛，而且只要他們照章行事，就沒什麼好擔心的，更由於現代的預期壽命增長，他們在工作上待得愈來愈久。法國的魚子醬社會主義者法朗索瓦．密特朗（François Mitterrand）當了十四年的總統才卸任，比許多法國國王要長，而且拜科技之賜，他影響人民的力量，比大多數法國國王要大。甚至美國總統，可說是現代的帝王（不同於拿破崙和沙皇，戴克里先〔Diocletian〕之前的羅馬皇帝不是專制主義者），通常能在寶座上至少再待四年。羅馬曾經一年有五位皇帝，另一年有四位。這個機制行得通。不妨想想所有的羅馬壞皇帝——卡里古拉（Caligula）、卡拉卡拉（Caracalla）、埃拉伽巴路斯（Elagabalus）和尼祿（Nero）——不是被羅馬禁衛軍（Praetorian Guard）殺害而結束帝王生涯，就是像尼祿那樣，果如預期般自殺。回想這個帝國的頭四百年，不到三分之一的皇帝是自然死亡，假使這些死亡真的自然的話。

照相機用於切膚之痛

由於照相機，你不再需要把馬頭放在漢普頓（Hamptons）的精緻飯店或別墅裡，才能讓人俯首聽命。你甚至可能不再需要暗殺任何人。

我們以前住在小社區，名聲由我們所做的事情直接決定——我們的一言一行，總是有人看著。今天我們遇到的大都是生面孔，結果帶出了人群中的混蛋。所以我無意中發現一個方法，可以不用口頭威脅，就改變不合倫理和目中無人的行為。那個方法就是：拍下他們的照片。由於你的沉默，單單拍下他們的照片這個動作，就類似於將他們的生命握在你手中，並且控制他們的未來行為。他們不知道你會拿照片做什麼事，因此活在不確定的狀態中。

我發現照相機在重建文明／倫理行為方面，有它的魔法，說明如下。一天，在紐約地下鐵的地下走道，我在出口處遲疑了幾秒，試著摸清方向。一個穿著體面、身材精實、神經兮兮的人，開口就罵「停下來做什麼」。我不像一九二二年那樣，先打再說，而是掏出手機，拍下他的照片，同時平靜地稱他「脾氣暴躁的白痴，辱罵迷失方向的人」。他嚇壞了，掉頭就跑，還邊雙手掩臉，以免進一步被拍到。

還有一次，上紐約州一個男人在我倒車進停車位時，搶先開了進去。我告訴他，這很不禮貌。他的表現就像個混蛋。同樣的，我默默拍下他和車牌號碼的照片。他馬上就把車開走，空出車位給我。最後，在我家附近，有座森林保護區，禁止自行車進入，因為會傷害環境。兩位登山自行車手在每個週末下午四點我散步時，都會騎進去。我勸阻他們，卻被當耳邊風。終於有一天，我平靜地照了十來張照片，而且故意讓他們注意到我在拍照。個子較大的傢伙不滿地說了幾句，但他們接著迅速離去。此後不曾看到他們的身影。

我當然刪了他們的照片。但我從沒想過手機可以當成這種武器。拿他們的照片，在網路上滋擾他們是不公平的。過去，壞行為只會傳給知道事情怎麼做才對的熟人知道。今天，沒有能力評審一個人整體性格的陌生人，自命為行為警察。網路羞辱遠比過去的聲譽玷汙更強而有力，而且更具尾部風險。

柏拉圖《共和國》第二冊中，蘇格拉底和柏拉圖的兄弟葛老康（Glaucon）討論到蓋吉斯（Gyges）戒指。戴上這枚戒指，就可以隨意隱形和觀察別人。柏拉圖顯然預見後來的基督徒發明的「你被看著」（you are watched）。他們討論人們的行為正確，是因為他們正被看著——或者根據蘇格拉底的說法，是因為他們的個性使然。我們當然站在蘇格拉底那一邊，但我們甚至會走得更遠，定義美德不只是為了取悅觀察者，而且實際上反而可以激怒他們。不要忘了，蘇格拉底因為他的標準不肯妥協而被置之死地。幾章之後，在我們討論真正的美德時，會談得更多。

12 事實是真的，新聞是假的

我不曾說過我說過的事——沒新聞大致上就是新聞——資訊雙向流動

如何不同意自己

二〇〇九年夏天，我和正在競選、後來當上英國首相的大衛・卡麥隆（David Cameron）公開討論一個小時。我們談的是如何使社會強固、甚至對黑天鵝免疫、權力下放和負起責任需要什麼樣的結構，以及這樣的系統應該如何建立，等等之類的事情。那是相當有趣的五十九分鐘，講的是「不確定系列」的主題。我第一次覺得，因為把所有的要點都講了出來而大快我心。高雅的皇家文藝學會（Royal Society for the Arts）房間擠滿新聞記者。我後來和幾位朋友到（倫敦的）蘇荷區（Soho）一家中國餐廳慶祝，卻接到一個嚇壞了的朋友來電。原來倫敦所有的報紙都稱我為

「氣候變化否認者」，把我描繪成黑暗的反環境保護陰謀的一員。

整整五十九分，被新聞媒體摘要和以膚淺的評論報導，長二十秒，而且意思完全相反。沒有到現場聽整場討論的人，會以為那就是全部的談話內容。

所以我在談話中提出的預防原則版本，值得在這裡重述。這個原則聲稱一個人不需要複雜的模式，作為避免採取某種行動的理由。如果我們不了解某件事，而它有系統性效應，避開它就是。模式容易犯錯，這一點，我在金融業知道得很清楚；大部分風險只會在傷害造成之後，出現在分析上。就我所知，我們只有一個地球。所以那些製造汙染的人——或者引進新物質的數量多於正常水準的人——需要承擔責任，指出這麼做不會有尾部風險。事實上，模式的不確定性愈高，一個人應該愈保守。同樣的報紙曾經讚譽《黑天鵝效應》，一清二楚地闡釋其中的論點——所以它們的攻擊，明顯和我提出的論點無關，而是它們想要藉著將我妖魔化，而削弱卡麥隆的氣勢。我曉得，不管我說什麼，它們會找另一個理由抹黑我。

我設法製造很大的噪音，保衛自己。我也明白表示，將採取法律行動，強迫每一家報紙刊登我的更正啟事。即使這樣，《衛報》的某個人嘗試（但沒有成功）淡化我的信，讓它顯得像是我不同意自己說過的話，而不是更正他們的扭曲報導。換句話說，他們要我說：我不同意自己。

倫敦的報紙對他們自己的群眾積極歪曲報導某些事情。讀報的某個人，誤將新聞記者當作他或她與產品（也就是每一則新聞）之間的中間人。但如果我的脅迫奏效，導正視聽，許多報紙再也不能做相同的事。

所以這裡面顯然有代理問題，《衛報》的新聞記者和米蘭的餐廳老闆沒有兩樣。你在米蘭那家餐廳叫計程車時，他會打電話找他的表兄，後者在市內繞一圈，讓碼表虛增才出現。或者，醫生故意誤診，好賣他有既得利益的藥品給你。

資訊不喜歡被擁有

新聞和林迪並不相容。資訊是以雙向口耳相傳的方式有機傳遞。在古羅馬，人們是在沒有中央過濾器的情況下取得資訊。在古地中海的市集，人們會交談；他們是新聞的接收者和傳播者。理髮師提供全方位的服務；他們身兼外科醫生、爭議解決專家和新聞報導者。如果人們需要自行過濾謠言，他們也是傳送過程的一部分。酒吧和倫敦的咖啡館也是一樣。在東地中海（目前的希臘和黎凡特），弔唁是收集和傳遞資訊的來源——並且代表很大部分的社交活動。這些聚會上，新聞會散布出去。我那愛社交的祖母，有些日子會跑「好幾攤」，到那時相當重要的希臘東正教社區弔唁，因此知道幾乎每一件事最不起眼的細節。例如，某位名人家的孩子考試不及格，她會知道。鎮裡事無巨細，幾乎每一件都會被挖出來。

不可靠的人說話的分量低於可靠的人。你沒辦法騙人兩次以上。①

---

①原書註：由於不實的謠言散布，偶爾有一些集體的瘋狂出現，但因為各社群之間的連結水準低，所以這些瘋狂不像今天傳播得那麼迅速。

依賴電視和報紙等能由官員控制的單向傳播時期，從二十世紀中葉直到二〇一六年的美國總統選舉止。那個時候，允許資訊雙向流動的社群網站，將傳播訊息的機制回復到自然的格式——林迪終究必須出手。如同市場和露天市集的參與者，當個可靠的人，才享有長期的優勢。

此外，像目前的新聞媒體那樣的代理問題是系統性的，它的利益會持續背離民眾的利益，直到系統最後爆裂為止，如同我們在鮑伯．魯賓交易看到的那樣。舉例來說：我的觀念被錯誤解讀，和沒有讀者知道我和卡麥隆的討論，有九九％是氣候變遷以外的事情比起來，挫折感沒那麼大。如果前者是誤解的話，那麼後者就是結構性缺陷。而結構性缺陷是沒救的；系統是以崩垮的方式自我矯正。②

從新聞工作者擔心其他新聞記者的意見，遠甚於在乎讀者的判斷，可以看出這種背離。拿它和一個健全的系統，例如餐廳來比較。如同我們在第八章說過的，餐廳老闆擔心的是顧客的意見，不是其他餐廳老闆的意見。這對他們產生抑制作用，防止整個行業集體偏離它的利益。此外，切膚之痛創造了多樣性，而不是單一的文化。經濟不安全感加重了這種傾斜。新聞記者目前置身於你能夠找到的最不安全的專業之中：絕大多數報業從業人員勉能糊口，如果再遭到朋友的排擠，那就完了。因此，他們變得很容易受到遊說人士操弄，如同我們在GMOs、敘利亞戰爭等看到的。如果你對英國脫歐、GMOs、普丁，說了不受歡迎的話，那麼你會被丟進歷史的灰燼之中。這和追隨別人、如法炮製會遭到懲罰的行業截然不同。

不同意的倫理

現在我們來更深入探討白銀法則在知識辯論上的應用。你可以批評一個人說的話或者一個人表示的意思。前者比較帶感情，因此更容易散播。招搖撞騙的人——例如作家和偽理性主義者山姆·哈里斯（Sam Harris）——正字標記是保衛自己的立場，或者只抓住別人特定的一句話（「看看他說了什麼」），用猛烈的砲火攻擊批評者，而不是抨擊對方的確切立場（「看看他的意思」，或者更廣泛的說，「看看他代表什麼」）——因為後者需要廣泛地理解所提的觀念。請注意，同樣的道理適用在宗教經文的解讀上，因為往往是從更廣的情境中斷章取義。

任何人寫了一篇頭頭是道、絕對合乎理性的文章，不可能沒有一個段落，不被不誠實的文案撰寫人斷章取義，化成看起來荒唐無稽，極具煽情性的東西，以至於政客、騙子，以及更叫人不安的是，新聞記者爭相獵取這些段落，大肆散播。黎胥留（Richelieu）、伏爾泰（Voltaire）、塔

---

②原書註：新聞業因爲日益背離民眾而自我毀滅的一種方式，可以用 Gawker 的故事來說明。Gawker 是個偷窺式部落格，專門大張旗鼓發表人們的私生活。Gawker 欺凌財務上弱勢的受害人（通常是出現在復仇式色情畫面中的二十一歲孩子），最後遭到更有錢的人欺凌，應聲破產。發人深思的是，新聞記者一面倒，站在 Gawker 那一邊，理由是「資訊自由」，但這是利用那個概念最爲錯誤的方式。他們不是和民眾站在一起。後者自然與受害人站在同一邊。這件事提醒了讀者，新聞業是所有代理問題之母。

列朗（Talleyrand，法國革命恐怖時期邪惡的檢查員），以及其他一些人表示，「把任何人寫的幾行字拿給我看，我會找到足夠的東西讓他問吊」。正如川普所說：「事實是真的，新聞是假的。」——諷刺的是，這是在記者會上說的，後來他苦於和我的皇家文藝學會事件相同的選擇性報導。

偉大的波普爾經常在討論一開始，一字不差地陳述對手的立場，而且往往不厭其詳，好像把它們當作自己的觀念在行銷似的，之後再系統性地一一擊破它們。海耶克寫的諷刺性《反凱因斯與劍橋》（*Contra Keynes and Cambridge*）也說：名為「反」，卻沒有一行字錯誤引用凱因斯的話，或者公然煽動情緒（人們懾於凱因斯的學識和好鬥的性格，以至於不敢冒險去觸怒他，這也有幫助）。

閱讀義大利神學家阿奎那（Aquinas）八個世紀前寫的《神學大全》（*Summa Theologica*）；你會注意到題為「本文」（Questio），然後是「另外」（Praeteria）、「反對」（Objectiones）、「但是」（Sed Contra）等章節，以法律的準確性，描述將挑戰的立場和尋找其中的缺陷，之後才找妥協之道。如果你發現它和《塔木德經》類似，那不意外：看來兩種方法都源自羅馬的法律推論。

請注意相關的稻草人（straw man）論調，指一個人不只摘取評論，也提供解讀或推廣錯誤的解讀。身為作者，我認為稻草人和盜竊沒有兩樣。

公開市場一些類型的謊言，導致其他人對待作惡之人的態度，好像他們是隱形似的。重要的不是謊言；而是系統需要一點點的信任。毀謗言論的散播者，在古時候的環境中生存不下去。

行善的原則要你試著了解一個訊息，好像你就是它的作者。這個原則和厭惡違反這個原則，與林迪相容。舉例來說，《以賽亞書》第二十九章第二十一節說：「他們在爭訟的事上定無罪的為有罪，為城門口責備人的設下網羅，用虛無的事屈枉義人。」惡人陷害你。誹謗他人在巴比倫已經是非常嚴重的罪。不實指控他人的人，會以他所指相同的罪定罪。

但是，在哲學上，行善的原則——成為原則——只有六十年的歷史。和其他的事情一樣，如果行善的原則必須成為原則，那一定是因為某些古老的倫理實務遭到捨棄。

下一章

下一章將帶我們探討切膚之痛的美德。

13 美德商品化

桑塔格批桑塔格——美德是沒人在看時你所做的事——有膽量不受歡迎——會議生會議——週六打完網球後打電話給寂寞的人

斯巴達議員萊克格斯（Lycurgus）對於有人建議在那裡實施民主，回應道：「先從你家做起。」

我永遠記得和作家與文化偶像蘇珊．桑塔格（Susan Sontag）的相遇，主要是因為我恰好在同一天和知名數學家本華．曼德博（Benoit Mandelbrot）見過面。那是二〇〇一年，九月的恐怖分子攻擊之後兩個月，在紐約一座廣播電台的事。受訪的桑塔格，被一個「研究隨機性」的傢伙提出的觀念激起興趣而來找我。當她發現我是交易員，脫口而出說她「反對市場制度」，並在我一句話還沒講完，掉頭就走，顯然是要羞辱我（這裡，請注意，禮貌是白銀法則的應用），她的助理也瞄了我一眼，好像我因殺童而被判有罪。我試著合理化她的行為，好忘記這件事。我想像她住在某個鄉下社區，自己種菜、用鉛筆在紙上寫書、以物易物，等等之類的事。

不，後來發現，她沒有自己種菜。兩年後，我無意間讀到她的訃聞（為了避開數說亡者的不是之嫌，我等了十五年，才提這件事）。出版業的人不滿她貪得無厭；她的一本小說，非要從法勒施特勞斯與吉魯出版社（Farrar, Straus and Giroux）榨取相當於今天的幾百萬美元不可。她和一位女性朋友，同住在紐約的一棟豪宅，後來以二千八百萬美元賣出。桑塔格可能覺得羞辱有錢人，無可置疑讓她得以躋身聖人之列，可免於承擔切膚之痛。

> 反對市場制度而不住在（佛蒙特州或阿富汗北部某個地方）與它隔絕的小木屋或洞穴中，是不道德的。

但更糟的是：

> 滿口仁義道德，卻沒有完全承擔它的直接後果，遠為缺乏道德。

這將是本章的主題：為了形象、個人利得、事業、社會地位等等之類的東西，而利用美德——所謂個人利得，我的意思是指並沒有分攤負面行動下檔損失的任何東西。

我認識一些人，腳踏實地實踐他們公開提倡的觀念，與桑塔格恰好相反。例如，拉爾夫・納德過著修士般的生活，和十六世紀修道院裡的修士相同。凡俗聖人西蒙娜・韋伊（Simone Weil）

雖然來自法國的猶太上流階級，卻在一座汽車廠待了一年，為的是希望勞動階級一詞對她而言不再是抽象的構念。

公與私

如同我們看到的干預推手，有一個理論派階級可以蔑視現實上的細節。如果你能說服自己，相信你在理論上是對的，那麼你真的不必在乎你的觀念如何影響別人。你的觀念給了你德行崇高的地位，它們如何影響他人，與你無關。

同樣的，如果你相信自己把錢花在利用PowerPoint投影片上台解說，以及國際會議上（那種會帶出更多會議的會議和PowerPoint投影片解說），是在「幫助窮人」，那麼你可以完全忽略個人——窮人成了抽象物化的構念，你在現實生活中不會遇到。你在會議中所做的努力，給了你當面遇上他們時，羞辱他們的許可。希拉蕊．孟山都—馬爾梅松，有時稱作希拉蕊．柯林頓（Hillary Clinton），認為飆罵特勤局特工是可以的。最近有人告訴我，一位有名的加拿大社會主義環境保護人士（我和他是同一演講系列的一員），在談平等、多元化與公平的演講之間，辱罵餐廳的服務生。

父母有錢的孩子，在麻州大學安默斯特校區（Amherst）等得天獨厚的人才念得起的學院，高聲批評「階級特權」——但是有一次，其中一個人被《紐約時報》暢銷書的保守派作者迪內希．杜澤（Dinesh D’Souza）一個簡單且合乎邏輯的問題給考倒：你為什麼不去註冊組，把你享特權的學籍讓給排在下一位的少數族群學生？

在這種情況下，人們的辯護之詞顯然是他們希望別人也做相同的事——他們希望見到每一個被認為不公平的局部性問題，都端出系統性的解決方案。我覺得那是不道德的。就我所知，沒有一個倫理體系允許你任憑一個人淹死，而不伸出援手，因為其他人都沒挺身救人。沒有一個體系說：「只有在其他人也救別人免於溺死的情況下，我才會救溺水的人。」

這把我們帶到了下述的原則：

> 如果你的私生活和你的知識意見相互牴觸，要取消的是你的知識意見，不是私生活。

而且，我們在序文中討論的枯燥乏味普遍主義的解決方案是：

> 如果你的私人行動不能推而廣之，那麼你就不能有普世的觀念。

這不只限於倫理，也可用於資訊。如果汽車銷售員開本田汽車，卻想賣底特律汽車給你，那麼他發出了他所推銷的東西可能有問題的訊號。

美德販子

從阿根廷到哈薩克，幾乎每一家連鎖飯店的洗手間，都有醒目的標誌，吸引你的注意：保護環境。它們希望你別急著把毛巾送洗，再用一陣子，因為不要過度清洗，它們一年可以省下數萬美元。這就像銷售員告訴你，東西對你有什麼好處，但其實主要（而且最重要的）是對他自己有好處。飯店當然喜歡保護環境，但是我們敢說，如果不是對它們的盈餘有幫助，它們不會那麼用力宣導。

所以這些全球性的崇高主張——例如消除貧窮（尤其是貧童）、保護環境、追求遭殖民列強宰割的某些少數族群的正義，或者保護將受到迫害的未知性別——現在是那些卑鄙無賴宣傳美德的一大庇護所。

美德不是你宣傳的。它不是投資策略，不是成本撙節計畫，不是書籍銷售（或者更糟的是，音樂會門票銷售）策略。

我很好奇想知道，依林迪效應，為什麼古書中極少提到所謂的為善唯恐天下不知（virtue signaling）。它怎麼可能是件新鮮事？

呃，這並不是新鮮事，但過去這種行為不被認為相當盛行，值得抱怨，並給它取一個難聽的名稱。但是過去確實曾經提及；我們來看看《馬太福音》第六章第一至四節，提到最高的德行是暗中進行的：

你們要小心，不可將善事行在人的面前，故意叫他們看見。若是這樣，就不能得你們天父的賞賜了。

所以，你施捨的時候，不可在你面前吹號，像那假冒為善的人在會堂裡和街道上所行的，故意要得人的榮耀。我實在告訴你們：他們已經得了他們的賞賜。你施捨的時候，不要叫左手知道右手所做的，要叫你施捨的事行在暗中，你父在暗中察看，必然報答你。

是或者看起來是

投資人查理·孟格（Charlie Munger）曾經說：「想想。你寧可當世界上最棒的情人，卻讓每個人認為你是世界上最糟的情人？還是寧可當世界上最糟的情人，卻讓每個人認為你是世界上最棒的情人？」照例，如果有道理的話，那麼在經典著作中一定找得到。你可以在我翻譯為「是或者被認為是」（esse quam videri）的名稱底下找到它。西塞羅、塞勒斯特（Sallust），甚至馬基維利的著作都能找到。後者以他獨特的方式，將它反過來說成「被認為是而非是」（videri quam esse）。

聖職買賣

歷史上曾經有段時間，如果你有錢，可以拿出其中若干來免除罪責。有錢人可以買教會的特權和特赦，而把良心放一邊。雖然這種做法到了第九和第十世紀盛極而衰，後來還是以比較溫和及比較微妙的形式繼續進行，並且肯定助長了人們對教會的做法感到憤怒，進而掀起宗教改革（Reformation）。

聖職買賣是教會藉出售聖職，募集資金的一種便宜行事方式。這樣的安排皆大歡喜。和特赦一樣，買方有便宜的上天堂管道，賣方則出售不需要成本的東西。在交易上，我們稱之為「無本生意」。可是在技術上，它違反了教會法，因為它拿現世的東西去交換性靈和非現世的東西。這非常肯定和林迪相容：技術上，特赦並沒有顯著不同於異教徒以祭品取悅諸神的做法，而且其中一部分進了大祭司的口袋。

現在想想公開捐贈一百萬美元給某個「慈善機構」。這筆錢有一部分用於打廣告，說你捐了那筆錢。慈善機構的定義是某個組織，目標不是營利，而且「支出」一大筆錢在它的專業上：會議、將來的資金募集活動，以及成倍數增加的公司間電子郵件（所有這些活動，舉例來說，是為了幫助地震後的某個國家）。你看得出這和聖職買賣及特赦有什麼不同嗎？事實上，聖職買賣和特赦在凡俗社會中，化身為慈善晚餐的形式（由於某個理由，出席者要打黑領帶）。人們認為，與其參與自私的跑馬拉松活動，這要有用多了——不再自私，因為它的目標是救別人的腎（好像人們光開支票救腎，就救不了腎似的）。企業高階主管把他們的名字刻在大樓上，如此人們就會記得他們做過善事。這一來，你可以詐騙世界十億美元；需要做的事，只是支出其中的一部分，例如一兩百萬美元，就能進入保留給「捐贈者」的天堂區。

我的意思並不是說，把名字刻在大樓上的所有那些人，必然沒做善事，以及肯定是想花錢在天堂買個位置。其實許多人是被同儕和社會壓力所迫才那麼做，如此才有辦法擺脫某些人糾纏不放。

我們認為，美德不是裝飾品，不是一個人能買的東西。我們再進一步，看看美德在什麼地方需要人們冒險以產生切膚之痛，尤其是攸關一個人的聲譽時。

美德是指對他人和整體

從規模縮放的特質來看，我們可以安全地指出，美德是對整體做出某些事情，尤其是當一種行動與你狹隘定義的利益相互衝突時。美德不只是善待其他人所關懷的人。

所以真正的美德，主要在於也善待被其他人忽略的人、不是那麼明顯的案例、敲鑼打鼓的慈善事業往往漏掉的那些人。或者那些沒朋友的人，希望有人偶爾打個電話過來聊聊天，或者一起喝杯新鮮烘焙的義式咖啡。

不受歡迎的美德

此外，最高形式的美德是不受歡迎的。這並不表示美德天生不受歡迎，或者和不受歡迎有相關性，只是不受歡迎的行為，發出承擔風險和表現真正行為的訊號。

勇氣是你不能造假的唯一美德。

如果我要描述完美的善行，那就需要採取如坐針氈的立場，遭到共同論述的懲罰。

舉個例子來說。由於某個理由，敘利亞戰爭期間，在卡達（Qatari）資助的公共關係公司運作之下，反對聖戰砍頭劊子手（敘利亞稱之為叛軍，實際上是為了在敘利亞境內成立薩拉菲－瓦哈比〔Salafi-Wahhabi〕國而戰）的每一個人，遭到單一文化的懲罰。「阿薩德主義者」（Assadist）和「嬰兒殺手」等標籤，是設計來嚇壞新聞記者不敢質疑對這些聖戰士的任何支持。而且凡事總要扯到孩子。還記得孟山都的同夥經常指控那些反對他們的人「餓死孩子」。

在不受歡迎的時候，堅持為真理辯護，是遠為崇高的美德，因為你得付出某些成本——你的聲譽。如果你是新聞記者，行為舉止有遭到排擠之虞，那麼你是個好人。有些人只在安全的時候，表達暴民羞辱（mob shaming）的一部分意見，並且在討價還價時，認為他們正在展現美德。這不是美德，而是惡行，混合著欺凌和懦弱。

承擔風險

最後，當「想幫助人類」的年輕人來問我：「我應該做些什麼事？我想減少貧窮，拯救世界」，以及宏觀層次的類似崇高抱負。我的建議是：

一、為善不欲人知；
二、絕不尋租；
三、你必須開創事業。置自己於險境，開創事業。

是的，去承擔風險，如果你致富（這不是必要的選項），慷慨大方地把錢花在別人身上。我們需要人們承擔（有限的）風險。這整個觀念是將智人（Homo sapiens）的後代推離宏觀、抽象的普世目標，遠離會給社會帶來尾部風險的社會工程。開創事業做生意總會有幫助的（因為它帶來經濟活動，卻不致在經濟中造成大規模的高風險變化）；設立機構（例如援助產業）或許有幫助，但它們同樣可能有害（我這麼說已經很樂觀了；我很確定，除了少部分，大部分都以傷害收場）。

勇氣（承擔風險）是最高的美德。我們需要創業家。

14 和平，不是靠筆墨，也不是靠流血

阿拉伯人戰鬥到最後一位巴勒斯坦人——獅子在哪裡？——讓歷史學家造火箭——商務使人平等（或者不平等，但那是另一個主題）

干預推手的問題之一——想要介入別人的事情，「助以一臂之力」——是破壞了人類事務內在的若干和平建立機制；這個機制結合了協同合作和策略性的敵意。如同我們在序一看到的，錯誤會繼續存在，是因為其他某個人正在付出代價。

我推測，要是IYIs和他們的朋友沒有多管閒事，以色列和巴勒斯坦之類的問題會得到若干解決——而且雙方，尤其是巴勒斯坦人，會過得更好。我在寫這些文字時，問題已經持續七十年之久，同樣的小廚房裡擠滿了太多廚師，其中大部分從來不需要他們去品嘗食物的味道。我猜想，如果你不多事，人們傾向於為了實務上的理由而擺平問題。

土生土長的人，也就是有切膚之痛的人，對地緣政治和宏偉的抽象原則，沒有太大興趣，只

希望餐桌上有麵包，電冰箱裡有啤酒（或者對某些人來說，有優格等非酒精發酵飲料），以及全家到戶外野餐時有好天氣。他們也不希望在與其他人接觸時遭到羞辱。

阿拉伯國家敦促巴勒斯坦人為他們的原則而戰，它們的君主卻坐在鋪設地毯、沒有酒精的宮殿裡（電冰箱裝滿了優格等非酒精發酵飲料），而接受他們建議的人，卻住在難民營。想像這幅景象，就覺得很荒謬。要是巴勒斯坦人一九四七年就結束爭議，他們的處境會比現在好。但是當時的想法是趕走猶太人和地中海的新十字軍戰士；在巴勒斯坦人流離失所、住在帳篷中時，來自幾百哩、幾千哩外阿拉伯各黨派的阿拉伯華麗言詞，主張堅持「原則」。然後是一九四八年的戰爭。要是那時候巴勒斯坦人結束爭端，事情會解決。但是，不，他們是有原則的。接著是一九六七年的戰爭。現在他們覺得，如果能夠收復一九六七年的失土會很幸運。然後是一九九二年由上而來的奧斯陸和平條約。官僚的筆墨沒有促進和平進展。如果你想要和平，那就讓人們去交易，如同他們幾千年來所做的那樣。他們最後會被迫想出辦法來。

我們大體上懂得攜手合作——除非有機構從中作梗。我推測，如果我們讓美國國務院中那些「想要幫忙的人」帶薪休假，去玩陶瓷，或者睪丸激素低的人請公休假時會做的任何事情，對和平會有很大的好處。

此外，這些人傾向於把每件事都看成是地緣政治，好像這個世界兩極化成兩大強權，而不是由多元利益的一群人組成。為了制衡俄羅斯，美國國務院被敦促要讓敘利亞的戰爭一直打下去，而這事實上只是讓敘利亞生靈塗炭。

從上而來的和平，不同於真正的和平：想想今天的摩洛哥、埃及，以及在某種程度內的沙烏地阿拉伯，或多或少有親以色列的政府（電冰箱擺滿了優格等非酒精發酵飲料），本國人民卻明顯敵視猶太人。相形之下，伊朗堅定親西方和包容猶太人。可是讀太多西伐利亞條約（Treaty of Westphalia），複雜系統卻讀得不夠多，沒有切膚之痛的一些人，仍然堅持將各國之間的關係，和各政府之間的關係混為一談。

火星和土星

如果你對問題一無所悉（就像華盛頓特區的自命權威之士那樣），而且沒有切膚之痛，那麼每件事就會透過地緣政治的稜鏡去觀察。對這些無知的自命權威之士來說，一切就都只是伊朗對上沙烏地阿拉伯，美國對上俄羅斯，火星對上土星。

我記得在黎巴嫩戰爭期間，注意到局部性的衝突，變質成「以色列對上伊朗」的問題。我在《黑天鵝效應》一書中，描述了來到黎巴嫩的戰地記者，如何從來到黎巴嫩的其他戰地記者打聽所有的資訊，因此他們可以活在平行的世界中，從來沒有看到真正的問題所在——缺乏切膚之痛，在扭曲資訊方面，做出了神奇的事情。但是對於那些在現場的我們來說，目標是讓這個世界運轉，好好過生活，不是為了地緣政治，犧牲自己的存在。有血有肉的人對人類的共性與和平有興趣，對衝突和戰爭不感興趣。

我們現在來檢視自行運轉的歷史，有別於知識分子和機構見到的歷史。

獅子在哪裡？

我在寫《反脆弱》一書時，有段時間待在南非的野生保護區。白天有些時候，我會展開遊獵（Safari）式的觀賞旅遊，下午則東弄西弄一點書的內容。我到保護區去「看獅子」。整個星期，只看到一頭獅子，結果這成了不得了的大事，附近所有野營休閒區的觀光客都來了，造成交通堵塞。人們一直用祖魯語高叫「kuru」，①好像找到黃金似的。在此同時，在一天兩次找不到獅子的旅途中，我見到長頸鹿、大象、斑馬、野豬、黑斑羚、更多的黑斑羚，又是更多的黑斑羚。其他每個人都和我一樣，尋找獅子，卻只見到溫和的動物：我們在大草原遇到另一輛車上有位南非來的老兄，在看膩了平常那些無聊（也顯得無聊）的動物之後，指著一座山丘苦中作樂說：「瞧，那邊有兩隻長頸鹿和三隻黑斑羚。」

後來才知道，我正好犯下我所警告不要犯的錯誤，也就是將可怕的東西當作實證上一定會見到的：食肉動物相對於可稱之為協同合作的動物少之又少。野生保護區的營帳旁邊有一個水坑，到了下午，擠滿幾百隻不同種的動物，牠們顯然彼此相處得很好。但是在我累積看到的幾千隻動物中，雄偉卻平靜的獅子印象占滿了記憶。從風險管理的觀點來說，高估獅子扮演的角色，可能有道理——但我們對世界事務的解讀卻不是這樣。

如果「叢林法則」有任何意思的話，那麼它指的是大部分時候協同合作，少數時候我們本來運作得很好的風險管理直覺造成認知上的扭曲。即使是食肉動物，最後也會和牠們的獵物做成某種安排。

從急診室看歷史

人類歷史大部分時候是和平的，偶爾被戰爭打斷，而不是大部分時候都在打仗，偶爾才出現和平。問題在於我們人類傾向於採用可得性試探啟發法（availability heuristic），意思是說，顯眼的東西被誤認為是統計結果，而且一個事件的顯著和情緒性影響，使我們認為它在現實中更常發生。這有助於我們在日常生活中小心謹慎，迫使我們多加一層保護，但這對學術成就沒有幫助。因為當你閱讀國際大事史，可能產生錯覺，以為歷史主要都在打仗，每當人們有機會，喜歡打仗是預設的狀況，以及當兩國結成「策略性」聯盟，對抗共同的危險，各方才會相互協調。或者在由上而下的官僚結構之下，行事才會一致。歐洲國家最近的和平，要歸因於統治各國的囉哩八嗦官僚缺乏「有毒的陽剛之氣」（最近各大學病理化的結果），而不是美國和蘇聯的占領。

我們被戰爭歷史穩定餵食，比較少讀到和平歷史。身為交易員，我受到的訓練是尋找人們忘了問的第一個問題：這些書是誰寫的。是的，歷史學家、國際事務學者，以及政策專家寫的。這些人有可能被愚弄嗎？且讓我們有禮貌一點，說他們絕大多數不是火箭科學家，並且在結構性偏

①譯註：即獅子。

見之下動筆。儘管有相當多的表面文章和自省，歷史與國際關係上的實證嚴謹方法卻難得一見。

第一，有「過度配適」（overfitting）的問題，也就是從過去的資料過度講述、汲取太多的肯定（via positiva），否定卻不夠多。即使在實證科學，正面結果（「這行得通」）比起負面結果（「這行不通」），往往得到更多的報導。所以歷史學家和國際關係學者一頭掉進相同的陷阱，這不應該讓人感到驚訝。

第二，不是火箭科學家的這些學者，未能理解一個核心的數學特性，竟將強度和頻率混淆。義大利統一之前的五個世紀中，理該有「很多戰火」肆虐這塊地方。因此，許多學者堅稱，統一帶來和平。但是超過六十萬義大利人在「穩定期間」死於大戰（Great War），約為之前五百年全部累積死亡人數的一個數量級。國與國或地方之間發生的許多衝突，是在職業軍人之間，而且往往是傭兵，不少人並不知道有他們的存在。現在，依我的經驗，列舉這些事實之後，我幾乎總是會聽到這樣的回應：「不過，還是有更多的戰爭和不穩定。」這是羅伯特・魯賓的交易論點，也就是不常賠錢的交易比較穩定，即使它們最後會將你掃地出門。②

第三是代表性問題，或者人的敘述在多大程度內反映實際狀況。我們所接觸的歷史學家和國際事務推手，喜歡更廣泛的一組非機構性玩家、商人、理髮師、醫生、貨幣兌換商、水管工、娼妓和其他人之間實際發生衝突的故事，甚於協同合作的故事。和平與商務可能有點意思，卻不是那麼讓人感興趣——而且，雖然法國的年鑑學派（Annales）讓人意識到歷史是一個有機體的全部生活，不是駭人聽聞的戰爭插曲，卻未能多少改變國際事務等相鄰學科的想法。就算是我，即使理解他們的論點，並且寫了一章談這件事，還是經常覺得描述現實生活相當無趣。

第四，如同前面說過的，馬克．魏森博恩、帕斯夸萊．奇里洛和我所做的研究指出，講述過去的戰爭，充滿了高估的偏差。駭人聽聞的事浮上檯面，而且一次又一次的講述，使它不斷升高。

新聞業要報導「事件」，不是報導世界無大事，而許多歷史學家和政策學者是光環罩頂的新聞記者，事實查證標準高，使得他們有點無聊，才能被人認真看待。但是顯得無聊，不會使他們成為科學家，事實查證也不會使他們成為實證派，因為這些學者漏掉了缺乏資料點和沉默事實的概念。向俄羅斯的機率學派學習，一個人會意識到需要以片面不平等的方式去思考：資料中缺少的東西應該納入考慮——紀錄中少了黑天鵝，不表示它們就不存在。資料並不充足，而一個人的分析，需要永遠呈現這種不對稱。沉默的證據應該是動因。讀歷史書，卻不用正確的視角去看它的事件，就和在貝爾維醫院（Bellevue Hospital）的急診室，讀紐約生活的報導，一樣有類似的偏差。

所以務必時時記得：歷史學家和政策學者推手是從一群人中選出來的，他們的知識來自書本，不是實際的生活和商業。美國國務院員工也一樣，因為不是聘用冒險家和實幹家，而是這些學者的學生。坦白說：把你的一部分人生埋首在耶魯大學圖書館的書堆中，不會養成必須留意和

②原書註：混淆頻率和期望值（或平均值），是我在《隨機騙局》一書指出，基本但十分常見的錯誤。非交易員很難理解，如果摩根銀行在二百五十二天的交易中，有二百五十一天賺錢，不見得必然是件好事，反而經常應該解讀爲升起紅旗。

提防背後壞人（例如為黑手黨討債的人，或者在交易場當價格變動快速商品的投機客）的非學術性氣質（如果你不明白這一點，那麼你是學者）。

舉西班牙中的阿拉伯人、拜占庭帝國一些部分的土耳其人，或者阿拉伯人和拜占庭人的標準說法為例。從地緣政治的觀點來說，你會認為所有這些狀況都是拉鋸戰。沒錯，是有拉鋸，但不是你以為的那種。這些時期，商人非常積極地做生意。我自己在伊斯蘭教下，以拜占庭的希臘東正教儀式過活的經驗（但是和遜尼派穆斯林保持非常安全的實體距離），見證了這種協同合作。而且，千萬不要漠視神學上合理化與經濟強權的協同合作——在發現美洲之前，世界的商業中心是在東方。「土耳其人的頭巾好過教皇的三重冕！」一語源自拜占庭帝國與鄂圖曼人磋商友好條約的盧卡斯・諾塔拉斯大公（Grand Duke Lucas Notaras），而且在歷史上的各個階段，屢屢被人提起。這也歸因於以弗所的聖馬克（Saint Mark of Ephesus），而且巴爾幹農民經常高喊這句話，以合理化他們和土耳其人站在同一邊，反抗天主教領主的行為。

讀者現在知道，我自己度過黎巴嫩內戰的最惡劣時期。除了接近綠線組織（Green Line）的地區，感覺並不像在戰爭。但是在歷史書上讀這件事的人，不會理解我的經驗。③

下一章

我們剛在第六部中，看到生活中主要來自未被察覺的代理問題所帶來的各種不對稱，缺乏切膚之痛汙染了各個領域和產生扭曲。

但是記得宗教是有切膚之痛的——不是那麼只談「信仰」。接下來幾章，我們要探討人們所說的「宗教」。這將帶我們進入本書更深層的核心：理性與風險承擔。

③原書註：讀什麼書？這不會矯正否定的問題，但是與其一開始就研究凱撒和龐培（Pompey）的羅馬史，或者維也納的伯羅奔尼撒（Peloponnesian）的權力平衡或外交陰謀，不如轉而研究日常生活和法律與習俗典故。約三十年前，我意外發現考古學家保羅．韋納（Paul Veyne）、中世紀史學家菲利普．阿里葉（Philippe Ariès）和歷史學家喬治．杜比（Georges Duby）寫的《私人生活史》（*A History of Private Life*）這本書（英文版四卷）。《第一卷》（古羅馬〔Ancient Rome〕），此後就擺在床頭伸手可及之處。這種方法的另一本代表性書籍是歷史學家埃曼紐．勒華拉杜里（Emmanuel Le Roy Ladurie）寫的《奧克西坦山村蒙塔尤》（*Montaillou Village Occitan*）。至於我們摯愛卻動盪不安的地中海，可以看歷史學家費爾南．布勞岱爾（Fernand Braudel）的巨著《腓力二世時代的地中海和地中海世界》（*The Mediterranean and the Mediterranean World in the Age of Philip II*）。

在某種程度上，閱讀從貿易的角度談威尼斯的書，而不是抽象的地緣政治屁話，更叫人愉快。有些書會讓你聞到香味。自從發現杜比、布勞岱爾、布洛赫（Bloch）、阿里葉等人的著作以來，我讀傳統的歷史書，就沒辦法不發火。例如一本談鄂圖曼帝國的書，重點放在蘇丹上。感覺像是歷史學家全面走令人反感的《紐約客》「敘事非小說」風格。

其他推薦書籍：英國大學教授詹姆斯．戴維森（James Davidson）的《妓女與魚餅》（*Courtesans and Fishcakes*）可以讀到希臘人如何用左手吃麵包。或者英國作家格雷厄姆．羅布（Graham Robb）寫的《非典型法國》（*The Discovery of France*），告訴你一九一四年法國人幾乎不講法語。還有其他更多。

第七部

宗教、信仰與切膚之痛

15 人們談宗教時不知道自己在講什麼

他們講得愈多，你愈不懂——法律（law）或法律（nomous）①——宗教和其他事情一樣，你得為標籤付出代價

我一生的座右銘是：**數學家從物件和關係的角度去思考（當然，有精確的定義和對應），法學家和法律思想家從構念去思考，邏輯學家則是極其抽象的運算者……傻瓜是從話語去思考。**

兩個人可以使用同一個字，各指不同的東西，卻繼續交談。這在喝咖啡時無關緊要，但是做決策時則不然，尤其是影響別人的政治決策。不過，像蘇格拉底那樣，只要問**他們認為自己說的話是什麼意思**，就很容易教他們結結巴巴，不知怎麼回答——哲學因此誕生，在論述上十分嚴

① 譯註：希臘文。

謹，並且抽絲剝繭，解開纏繞在一起的各種概念，這和詭辯家舌粲蓮花恰好相反。自蘇格拉底以來，我們有悠久的數學科學和契約法傳統，字詞的對應非常精準。但是我們也看到傻瓜使用標籤發表許多言論——除非吟詩賦詞，否則要留意詞藻華麗的人，因為他們是知識的大敵。

不同的人說「宗教」一詞，很少是指相同的東西，而且自己也不知道這件事。對早期的猶太人和穆斯林來說，宗教就是法律。Din在希伯來語中的意思是法律，在阿拉伯語中則是宗教。對早期的猶太人來說，宗教也是部落；對早期的穆斯林來說，它是宇宙。對羅馬人而言，宗教是社會活動、儀式和節慶——religio②和superstitio③反義，而且雖然在羅馬時代有這個意思，希臘拜占庭東方卻沒有相當的概念。在整個古代世界，法律在程序上和機制上自成一格。由於聖奧古斯丁（Saint Augustine），早期的基督教敬法律而遠之，後來想起它的起源，才和它結成不安的關係。例如，即使在宗教法庭審判異端（Inquisition）期間，還是由凡俗的法庭正式做最後的審理。此外，狄奧多西的法典（第五世紀編纂，以統一羅馬的法律），用類似祝福的簡短引言，「基督教化」（Christianized）——其餘仍然和君士坦丁堡與（主要是）貝魯特斯闡述的羅馬異教法律論證相同。這部法典仍然由腓尼基的法律學者烏爾比安（Ulpian）和帕皮尼安（Papinian）主導，他們是異教徒：羅馬的貝魯特斯（貝魯特）法律學派和地緣政治論者的理論相反，不是遭到基督教打壓，而是毀於地震。

其間的差異，可由基督教阿拉米語使用不同的字看得出來：din是宗教，nomous（希臘文）是法律。耶穌指示「凱撒的物當歸給凱撒」，④分離了神聖與凡俗：基督教是另一個領域，「天國臨近了」，只有在末世與這一個領域合併。⑤伊斯蘭教和猶太教都沒有顯著分離神聖與凡俗。基督教當然脫離了單純性靈的領域，擁抱禮俗和儀式，整合了黎凡特和小亞細亞不少的儀典。為了象徵性的顯示政教分離，從奧古斯都之後的羅馬皇帝而來的祭司長（Pontifex Maximus）頭銜，在第四世紀末的狄奧多西之後，還給羅馬主教，後來又或多或少非正式地還給天主教教宗。

對今天的大多數猶太人來說，宗教已經成為沒有法律的民族文化——對許多人而言，更是國家。亞美尼亞人、講古敘利亞語的人（Syriacs）、迦勒底人（Chaldeans）、科普特人和馬龍派教徒也是一樣。對東正教和天主教的基督徒而言，宗教在很大程度上是美學、排場和儀式。對於新教徒，宗教是沒有美學、排場或法律的信仰。再往東，對佛教徒、神道和印度教徒來說，宗教是實踐和精神哲學，有它的倫理準則（對某些人來說，則是宇宙進化）。因此，當印度教徒談到印度的「宗教」，在巴基斯坦人心中，不是指同樣的事情，對波斯人而言，肯定也是不同的意思。

當民族國家的美夢來了，事情就會變得愈來愈複雜。阿拉伯人以前說「猶太人」，主要是指

---

②譯註：拉丁文，意爲「宗教」。

③譯註：拉丁文，意爲「迷信」。

④譯註：接下來一句是「上帝的物當歸給上帝」。

⑤原書註：埃及科普特人日益遭到遜尼派穆斯林的迫害，但科普特教堂在反對於埃及某個地方建立自治國家的聲浪中，以它「不是基督教徒」想在這個世界中有個政治實體的論調而巍然矗立。

一個信條；在阿拉伯人心裡，改信之後的猶太人，不再是猶太人。但是對猶太人來說，猶太人的定義很簡單，就是他的母親是猶太人。但是猶太教已經有點合併到民族國家，現在對許多人而言，是指屬於一個國家。

在塞爾維亞（Serbia）、克羅埃西亞（Croatia）和黎巴嫩，承平時期，宗教是一回事，戰爭時期，卻是相當不同的另一回事。

有人在黎凡特討論「基督教少數族群」，並不等同於（阿拉伯人傾向於這麼想）推廣基督教神權政治（基督教歷史上，極少見到完全的神權政治，只有拜占庭和喀爾文〔Calvin〕短暫試圖這麼做）。它只是意味著「凡俗」，或者想要顯著區分政教。諾斯替教（德魯伊派〔Druids〕、德魯茲派、曼達安派、阿拉維派、阿列維派〔Alevis〕）也是一樣，信徒大致上不知道他們的宗教是什麼，以免他們洩漏出去，遭到居於主宰地位的大多數迫害。

歐洲聯盟的問題在於天真的官僚（在椰子島找不到椰子的那些老兄）被標籤所騙。他們視（例如）薩拉菲主義只是一種宗教——有它的「禮拜」堂——而事實上，它只是不容異己的政治體系，推廣（或允許）暴力，並且排斥西方的機構——正是讓他們能夠運作的那些機構。我們談過的少數規則說，不容異己會勝過寬容；癌症細胞在轉移之前必須殺死。

薩拉菲主義在鼎盛時期和無神論蘇聯共產主義非常類似：兩者都包山包海，控制所有的人類活動和思想，使得討論宗教或無神論政權時因為缺乏針對性、精確性和真實性而更為危險。

信仰相對於信仰

我們會在下一章談到「信仰」可以是認識論的，或者只是程序上的（或者隱喻性的）——導致人們感到混淆，不知道哪一類的信仰是宗教信仰，哪一類不是。因為在「宗教」問題之外，還有信仰的問題。有些信仰主要是裝飾性的，有些是功能性的（它們有助於生存），其他是字面上一板一眼的。回到我們的轉移性薩拉菲問題：當這些基本教義派之一和一位基督徒一談，他會相信基督徒對自己的信仰是當真的，基督徒則深信薩拉菲有他所有、相同的經常性譬喻概念，可以認真對待，但不能當真——而且經常不能非常認真。基督教、猶太教，以及在某種程度內的什葉派伊斯蘭教等宗教，正因為脫離字面上的束縛而演進（或者，任憑它的成員演進，以發展複雜的社會）。字面上的束縛，沒有留下調整適應的空間。

如同吉朋（Gibbon）所寫：

> 在羅馬世界盛行的各種敬拜方式，都被人們視為一樣真實；被哲學家視為一樣虛假；被行政官視為一樣有用。因此寬容不只產生相互忍讓，甚至造成宗教和睦相處。

自由意志主義和沒有教會的宗教

正如我們提過的羅馬皇帝叛教者尤利安試圖在他的表叔君士坦丁大帝約半個世紀前將基督教定為國教之後，恢復以前的多神信仰。但他犯下致命的推論錯誤。

他的問題是，由於被教養成基督徒，他以為其他的信仰需要一個類似於教會的結構。所以他試著建立其他信仰的主教、宗教會議，以及這類東西，他沒有理解到每一個信仰團體有它本身的宗教定義、每一座廟有它本身的實務，以及依定義，不同的信仰在執行、儀式、宇宙進化、實務和「信仰」等方面，呈現一條分布曲線。

尤利安是個出色的將領和勇猛的戰士，（英勇地）死於戰鬥中之後，重回古代價值的美夢也隨他而去。

正如我們不能把異教框在鴿籠內，同樣的道理也適用於自由意志主義。它不適合嵌入一個政「黨」的結構內——只適合嵌入下放權力的政治運動中。這個概念不允許強硬的黨路線給人穿上緊身衣，以及考慮到法院的地點或與蒙古的關係，統一政策。政黨是階層式的，設計的方式是以定義明確的協定，取代某個人本身的決策。這對自由意志主義者行不通。政黨運轉所需的權貴階層（nomenklatura），沒辦法存在於個人喜怒不定和極其獨立的自由意志主義環境中。

不過，我們自由意志主義者有一個共同的最低信仰組合，核心信仰是以法治取代權威統治。這是有必要了解的一點，如果不這樣的話，自由意志主義會相信複雜系統。而且，由於自由意志主義是個運動，它仍能存在為其他政黨中四分五裂的派系。

下一章

總結而言，在和信仰有關的事務上，要留意標籤，並且避免視宗教為好像都是相同的動物。但是有一個共性。下一章將告訴我們宗教如何不像只知錦上添花，不知雪中送炭的朋友；它需要承諾；它是根據切膚之痛。

16 沒有切膚之痛的敬拜

每個地方都對稱——需要入會費的信仰

從開齋，你會了解宗教。寫這段文字時，我正要結束折騰人的希臘東正教齋期。這段時間，大致上不准吃肉。西方人吃奶油和乳製品，這種飲食方式使得守齋對他們來說特別困難。但一旦你守齋，就會覺得有資格慶祝復活節；這就好比你口渴難耐時，有淡水可喝那麼不亦樂乎。你已經付出了代價。

還記得我們簡短說過，讓基督成為人，在神學上是必要的——他必須犧牲自己。現在是發展這個論點的時候了。

帕斯卡賭注的主要神學缺陷，是這種信念不能是自由選項。它需要在你付出什麼和收到什麼之間有對稱性。如果不是這樣，事情就太容易了。所以人與人之間的切膚之痛，在我們與神的關係中也存在。

眾神不喜歡廉價的訊號傳遞

即使我活到一百二十五歲，還是會永遠記得講阿拉米語的馬路拉（Maaloula）鎮中，聖謝爾蓋（Saint Sergius；或者用方言來說，是Mar Sarkis）教會的祭壇。數十年前，我參觀了這座教堂，迷上那種被忽略的古老語言。這座小鎮當時仍然講基督講的那種西阿拉米語。基督在世時，黎凡特沿海城鎮講希臘語，農村講阿拉米語。對研讀《塔木德經》的人來說，西阿拉米語相當於耶路撒冷語（Yerushalmi）或巴勒斯坦阿拉米語（Palestinian Aramaic），有別於巴比倫阿拉米語；後者比較接近現在的古敘利亞語。看著孩子們以古時的語言講話、彼此打鬧，以及做孩子會做的事，教人如痴如醉。

當一個小鎮堅持使用遺留下來的古老語言，我們需要尋找古時做法的遺跡。事實上，確實是有一個。我永遠記得的細節，是聖謝爾蓋的祭壇有一道乾掉的血跡。它是更久以前，基督前的信仰者回收利用的。教堂裡的設備，來自早期基督徒使用的改裝後異教徒廟宇。事實上，為免觸怒某些人，不是那樣改裝的：早期的基督徒算異教徒。標準的說法是，在尼西亞公會議（第四世紀之前），基督徒常見的做法，是回收異教徒的祭壇。但是這成了我一直在懷疑的證據：基督徒和猶太人實務上和其他的閃族教派信徒沒有太大差別，而且彼此共用敬拜場所。基督教的聖人來自那個回收機制。那時候，沒有沙烏地王子出資購買電話機、傳真機或網站，以協調各個宗教。

在黎凡特和阿拉米的口語中，「祭壇」（altar）仍然是從DBH而來的madbah，意思是「切斷喉嚨靜脈的祭典宰牲」。這是個古老的傳統，在伊斯蘭教留下它的印記：清真認證食品要求採用這種屠宰方法。qorban相當於閃族所用QRB一字，指的是「更接近（神）」，最早是透過犧牲來執行，仍然被用作聖禮的一個字。

事實上，什葉派伊斯蘭教的主要人物之一阿里（Ali）的兒子伊瑪目侯賽因（Imam Hussein）在他死前對神說，要將自己當作犧牲：「讓我作為你的qorban」——這是至高無上的奉獻。①

而且直到今天，他的追隨者在他的逝世紀念日，也就是阿舒拉節（Ashoura），展現了如假包換的切膚之痛，自我鞭笞到傷口裂開。基督教徒也曾在紀念基督受苦時自我鞭笞——雖然盛行於中世紀，現在除了亞洲和拉丁美洲一些地方，已經不復見到。

在東地中海的異教徒世界（希臘閃族），敬拜的時候一定有犧牲。眾神不接受空口白話。這些都是顯示性偏好。此外，燒掉的牲禮一定得燒掉，凡人不能享用它們。事實上不盡然如此：大祭司得到了他的一份；自基督之前以來，在講希臘語的東地中海，祭司是獲利相當高的職位，大祭司一職經常是用標售的。

耶路撒冷的聖殿甚至有人體犧牲，連後來的猶太人，或者早期的基督徒，也就是波林基督教（Pauline Christianity）的信徒也這樣。《希伯來書》第九章第二十二節：「按著律法，凡物差不多

---

①原書註：原文：*Taraktu'l kalqa tarran fi hawaka, ayatamtul xiyala likay araka /Falaw qataxani fil hubbi irban, lama malil fu'ada(ou) ila siwaka/fakuth ma su'ta ya mawlaya minni, ana lkurbanu wajjahani nidaka*。但這有可能又是杜撰的。

都是用血潔淨的；若不流血，罪就不得赦免了。」（原文：Et omnia paene in sanguine mundantur secundum legem et sine sanguinis fusione non fit remissio.）

但基督教最後因為基督為別人犧牲自己的概念，而取消這種犧牲的觀念。但如果你在週日禮拜去天主教或東正教的教堂，你會見到模擬的過程。紅酒代表鮮血，在儀式結束時，會沖到洗禮場（下水道）。這和馬路拉的祭壇完全一樣。

基督教使用基督的人格來模擬。他為我們犧牲自己。

> 我們的救主，在祂被出賣的那一夜，在最後晚餐中，建立了祂的體血感恩祭獻，藉以永留十字架的祭獻於後世，直到祂再度來臨。——《禮儀》憲章第四十七節

犧牲是以譬喻的方式結束：

> 所以弟兄們，我以神的慈悲勸你們，將身體獻上，當作活祭，是聖潔的，是神所喜悅的；你們如此事奉乃是理所當然的。——《羅馬書》第十二章第一節

至於猶太教，也有同樣的進展：在第一世紀第二座聖殿破壞之後，牲畜犧牲取消了。在那之前，以撒與亞伯拉罕（Isaac and Abraham）的寓言故事，標誌著脫離亞伯拉罕教派以人為犧牲——以及堅持切膚之痛——的進步概念。但實際以牲畜為犧牲的做法持續了一段時間——不過使用不

同的名稱。神以不對稱的禮物，測試亞伯拉罕的信心：為我犧牲你的兒子——這和其他情況，只要將你收成的一部分獻給神，就可以交換未來的利益和收成增多不同。也就是說，這和一般常見的贈禮，也就是大家心照不宣，期待互惠不一樣。這是無條件獻給神的極致。大約一千年後，基督徒做了最後一筆交易。

哲學家摩西．哈爾伯塔爾（Moshe Halbertal）認為，在以撒的模擬之後，與主打交道成了互惠的贈禮。但為什麼以牲畜為犧牲持續了一段時間？

迦南人積習難改。邁蒙尼德（Maimonides）解釋了為什麼神沒有立即禁止那時候非常普遍的以牲畜為犧牲的做法：理由在於「服從這種誡命，有違人的本性，因為他們通常固守已經習慣的事情」；相反的，祂「轉移對祂的服事為崇拜所創造的萬物，以及崇拜想像和非真實的東西」。所以以牲畜為犧牲的做法持續進行——大致上是自願的——但是（而且這是亞伯拉罕教派的標誌）不敬拜動物，或者透過賄賂以取悅神。後面的做法甚至延伸到賄賂其他的部落和其他的神，如同阿拉伯持續奉行到第六世紀那樣。接著，像聯合國那樣的公共市集，供人買賣物品、外交關係和各式各樣的雙邊敬拜，出現在麥加。

沒有犧牲的愛有如偷竊（普羅克拉斯提斯〔Procrustes〕）。這適用於任何形式的愛，特別是對上帝的愛。

證據

總結而言，在猶太教－基督教的敬拜場所，也就是祭司所站，眾所矚目的焦點，象徵著切膚之痛。沒有犧牲的信仰概念（這是有形的證據），在歷史上是新的現象。

信仰的強弱，不是取決於有沒有「證據」顯示諸神的力量，而是看有沒有證據顯示敬拜者有切膚之痛。

17 教宗是無神論者？

當教宗很危險，但你會得到良好的醫療照護——空談就只是空談——宗教管理著儀式

教宗若望·保祿二世（John Paul II）一九八一年遭到槍擊之後，被緊急送往阿戈斯蒂諾格梅利大學綜合醫院（Agostino Gemelli University Polyclinic）的急診室，有一群義大利所能培養的最優秀醫生——現代的醫生——照顧他，而不是找附近照護品質較低的公立醫院。格梅利醫院後來成了教宗一有健康問題的跡象時，優先選擇的診療機構。

在緊急時刻，救護車司機並沒有考慮將若望·保祿二世送到小禮拜堂去祈禱，或者相當於向主求情的某種形式，給他神聖的治療優先拒絕權。而且他的繼任者似乎無一考慮立下與神溝通的先例，希望神展現某種奇蹟式的干預，取代現代醫學大費周章治療他們。

這並不是說，在那位聖潔的人迅速恢復健康之後，主教、紅衣主教、神父，和純粹的俗人就不再禱告，求上帝幫忙，也不表示他們相信禱告後不會得到回應。但是看來梵蒂岡仍然沒人冒險

先去找神，之後才去看醫生，而更叫人驚訝的是，似乎沒人看到這種邏輯順序倒轉的衝突。事實上，反向的行為會被認為瘋了。這違背了天主教教會的教義，因為這將被視為自願死亡，而這是被禁止的。

請注意公認的教宗前任，也就是歷任羅馬皇帝，有先尋求治療，之後才訴諸神學的類似政策，雖然他們的一些治療包裝成神提供的，例如希臘的阿斯克勒庇俄斯（Asclepius），或者與祂相當，但比較弱的羅馬維迪歐威斯（Vediovis）。

現在試著想像一個「無神論」教派強有力的教主，位階相當於教宗，健康同樣陷入危急之境。他和若望．保祿同一時間抵達格梅利（不是義大利中部地區拉丁姆〔Latium〕的二流醫院）。有一群外表看起來類似的「無神論」祝福者，以他們的無神論語言，給他稱作「希望」（或者「祝福」恢復良好）的某種東西。他們以某種自我一致的敘述，希望和「祝福」好事發生在他們心中的重要人物身上。這些無神論者穿得沒那麼鮮豔；他們的遣詞用字也比較少修飾，不過他們的行為幾乎相同。

地位崇隆的神父和位階相當的無神論者，顯然有許多地方不同，但這些都不是攸關生死的大事。這些事情包括犧牲。除了閱讀和祈禱，教宗放棄了臥室裡的一些活動，但至少他的十來位前任，其中最有名的是亞歷山大四世，生過許多孩子，至少一個是在他六十幾歲生的，而且是用傳統（不是清白無瑕）的方式（教宗不安分守己的故事有許多，但人們看膩了）。教宗騰出很多時間祈禱，根據若干基督教實務，安排他生活上的每一分鐘。還有，他們投入比較少的時間在他們認為不是「宗教」的事情上，許多無神論者卻做瑜伽或者參與類似的集體活動，或者以敬畏的神情，安靜地坐在音樂廳（你甚至不能抽雪茄，或者在手機上高吼下買單），花很多時間做火星人看了會認為是類似的儀式性手勢。

十三世紀有段期間，也就是阿爾比十字軍東征（Albigensian crusade）時，天主教徒曾經大肆殺害異教徒。為了節省時間和減低複雜性，不管是不是異教徒，有些人不分青紅皂白就殺戮。在他們看來，誰是誰並不重要，因為「主能夠分辨他們」。那段時間距今已遠，大部分基督徒遇到重要的醫療、倫理和決策狀況（像我自己就是東正教基督徒），行為舉止和無神論者沒有兩樣。不一樣的人（例如基督教科學家）少之又少。大部分基督徒已經接受了現代的民主、寡頭政治或軍事獨裁等機制，所有這些都是異教徒政權，沒有尋求神權政治。他們對於重要事務所做的決策，和無神論者沒有差別。

言語中的宗教

所以我們用言行來定義無神論或凡俗主義者，也就是依一個人的行為，和非無神論者處於相當的狀況表現出來的行為有多大的差異而定，不是看他的信仰和其他的裝飾性與象徵性事務——我們會在下一章說明這些並不重要。

這裡先盤點一下。有人

行動上是無神論者，言語上有宗教信仰（大部分是東正教和天主教徒），

其他人

行動上有宗教信仰，言語上有宗教信仰（薩拉菲伊斯蘭教徒和自殺炸彈客）。

但是我沒有認識行動上和言語上都是無神論者，他們完全不採用任何儀式、尊重死者和迷信（例如相信經濟學或者強大國家及其機構的神奇力量）。

下一章

本章會讓我們容易進入到下一部分：(a)理性存在於你所做的事，不是你所想的事，或者你「相信」的事（切膚之痛），以及(b)理性攸關生存。

第八部

風險與理性

18 如何對理性保持理性

沒有廚房的餐廳——來自墳墓的科學——不要射鋼琴演奏者的左邊——理性販子

我的朋友羅瑞・蘇瑟蘭聲稱，游泳池的真正功能，是讓中產階級穿著泳衣坐在那裡，看起來不至於很滑稽可笑。紐約的餐廳也一樣：你認為它們的使命是讓人飽餐一頓，其實這不是它們要做的事。它們投入這一行，是在你點一杯杯的烈酒或大托斯卡納（Great Tuscan）紅酒時，收取高得嚇人的價格，但它們曉得要以不賺不賠的成本，供應低碳水化合物（或者什麼偏低）的飲食，吸引你進門（這套商業模式在沙烏地阿拉伯當然行不通）。

所以，當我們看宗教，以及在一定的程度上，看祖傳的迷信，應該想想它們所要達成的目的是什麼，而不是專注在「信仰」的概念，也就是嚴謹的科學定義所說的認識論信仰。科學上，信仰是字面上的信仰；它不是對，就是錯，從來沒有隱喻。在現實生活中，信仰是做事情的一種工具，不是終端產品。這與視力類似：眼睛的目的，是導引你往可能最好的方向看去，並在必要時，讓你擺脫麻煩，或者協助你找到一段距離外的獵物。你的眼睛，不是設計來捕捉電磁光譜的感應器。它們的工作說明，不是針對現實產生最準確的科學表示；而是對生存最有助益。

視覺假象

我們的認知器官會犯下錯誤——扭曲——以引導我們採取更為準確的行動：原來視覺假象是必要的事情。希臘和羅馬建築師讓寺廟的石柱向內傾斜，以不實的方式表現這些石柱，好讓我們看起來像是直的。如同維特魯威（Vitruvius）解釋的，目標是「藉著改變比例，抵銷視覺接收到的訊息」。扭曲的目的，是增強你的美學體驗。巴特農神廟（Parthenon）的地板其實呈曲線，好讓我們把它看成是平的。石柱之間的間隔事實上並不平均，好讓我們看到它們等距一字排開，像行進中的俄羅斯軍隊。

萬一有人去向希臘觀光部投訴，說那些石柱和地面不垂直，以及有人利用我們的視覺機制，製造假象，那會怎麼樣？

先探遍歷性

同樣的道理，適用於信仰的扭曲。視覺的欺騙和引導某人相信有聖誕老公公存在，而能增進他或她的假期美學體驗，有任何不同嗎？沒有，除非造成傷害。

從這個意義來說，以任何衡量指標而言，心懷迷信沒有不理性：沒有人曾經根據不承擔任何成本的行動，成功地建立理性的標準。但是傷害你的行動，是可以察覺的，即使觀察不到。

我們將在下一章談到，除非有一些尾部風險的誇大和非現實（希臘石柱式）表現，否則一個人無法存活——只要單一的事件，就會造成不可逆地退出社會安全（Social Security）體系。如果那些個人和群體最後沒有死亡或者滅絕，是不是會有選擇性的偏執「不理性」？

下面這句話，將引導我們看完這本書：

先求生存，真理、理解和科學其次。

換句話說，你不需要科學，也能生存（我們已經存在幾億年或更長的時間，視你如何定義「我們」而定），但你必須活下來，才能做科學。正如你的祖母會說的：安全總比後悔好。或者如英國哲學家霍布斯（Hobbes）所表示的，先活著，再求哲學思考（Primum vivere, deinde philosophari）。交易員和真實世界中的人了解這種邏輯上的優先性，如華倫．巴菲特（Warren Buffett）的老生常談：「要賺錢，你必須先活下去」——這又和切膚之痛有關；那些冒險的人，優先順序守得比模稜兩可的教科書所說的偽理性主義要堅定。用比較技術性的方式來說，這再次把我們帶到遍歷性的特質（我一直承諾要解釋，但我們還沒有準備好）：世界要有「遍歷性」，就不能有吸收壁，不可以有實質的不可逆性。

而我們所說的生存，是什麼意思？誰的生存？你的？你的家人？你的部落？人類？請注意我

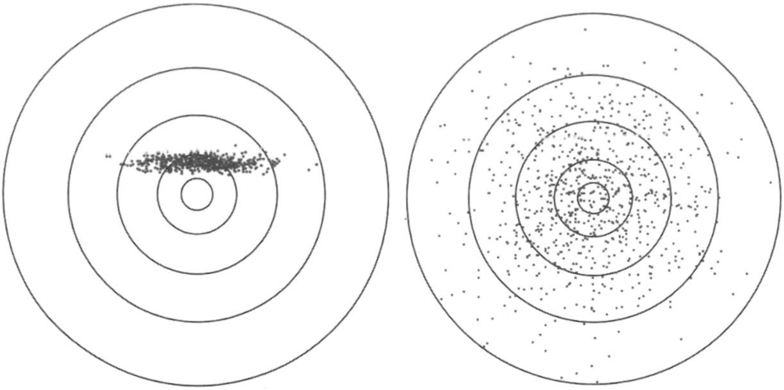

圖三、偏差和變異取捨之圖示。假設有兩個人（都很清醒），在（例如）德州射靶。左邊的射手有偏差，那是一種系統性「錯誤」，但總的來說，比右邊的射手更接近靶心。右邊的射手沒有系統性偏差，卻有很高的變異。一般來說，你沒辦法降低其一，卻不提高另一。脆弱的時候，左邊的策略最好：和毀滅維持一段距離，也就是，萬一危險的話，那就打外圍的一個點。這種做法，解釋了為什麼如果你想要將墜機的機率降到最低，那麼只要你減低離差，也許可以在不受懲罰的情況下犯錯。

的壽命有限，所以我的生存不如預期壽命無限的事物（例如人類或地球）生存那麼重要。因此事情愈有「系統性」，生存變得愈重要。

理性不是膚淺地看起來像理性——就像科學看起來不像我們看到的科學。有三位嚴謹的思想家（和他們的學派），在這件事上引導我們的思想：認知科學家和博學多聞的赫伯・西蒙（Herb Simon），開創人工智慧；心理學家捷爾德・蓋格連澤；以及數學家、邏輯學家和決策理論家肯・賓默爾，終生致力於構築理性的邏輯基礎。

從西蒙到蓋格連澤

西蒙構築現在稱為有界理性

（bounded rationality）的概念：我們不可能有如電腦般，衡量和評估每一件事；我們因此在演進的壓力之下，產生若干捷徑和扭曲。我們對世界的知識根本上不完整，所以我們需要避免掉進意想不到的麻煩之中。而且，即使我們對世界的知識完整，要對現實產生精準、沒有偏差的了解，在運算上仍然近乎不可能。「生態理性」（ecological rationality）收穫豐富的研究計畫，來自努力解決西蒙的問題；這主要是蓋格連澤（第九章批評杜金茲的那一位）組織和領導的，測繪我們所做的多少事情，表面上看起來不合邏輯，但有更深層的理由。

偏好顯示

至於賓默爾，他表示，隨意稱作「理性」的概念，定義不良，以至於這個名詞的許多使用者，只是在胡說八道。信念本身並沒有什麼特別不理性的（因為它們可以是有助於通向其他某樣事情的捷徑）：在他看來，每件事情都在於「顯示性偏好」的概念。

在解釋這個概念之前，先看看下面三句箴言：

> 根據信念評斷人們是不科學的。
>
> 世界上沒有信念有「理性」那樣的東西，只有行動有理性。
>
> 行動有理性只能用演進方面的考量加以評斷。

你應該還記得，偏好顯示的格言（起於保羅．薩繆遜〔Paul Samuelson〕，或者可能是閃族的諸神）這麼說：人們真正在想什麼、什麼事情能夠預測人們的行為，單單問他們，你不會有概念——其實他們自己也不見得知道。到頭來，重要的是他們付給神什麼，不是他們說他們「認為」祂們是什麼，或者他們為此給你或自己的各式各樣可能的理由。仔細想想，你會看出這是切膚之痛的重新構築。連心理學家也懂得這一點；在他們的實驗中，所用的程序要求他們真正砸錢下去，測試才會顯得「科學」。他們給受測者一筆錢，檢視他們怎麼花用，觀察受測者如何構築選擇。但是一大部分的心理學家在開始長篇大論談理性時，忘了顯示性偏好。他們回頭去評斷信念，而不是行動。

信念是……空口說白話。也許有某種翻譯機制，但對我們來說太難，而無法理解，不過，在思考程序的層級上發生的扭曲，實際上是事情能夠運作之所必需。

事實上，透過一個機制（用更技術性的語言來說，稱作偏差和變異取捨），你往往會因為犯下錯誤，而得到更好的結果，正如你在射擊時，略微偏離靶心（見圖三）。我在《反脆弱》一書中指出，當錯誤的成本微乎其微，犯下某些類別的錯誤，是我們能做的最理性事情，因為它們可能帶領我們發現其他的某些事情。舉例來說，大部分醫學「發現」，都是為了尋找其他某件事才意外出現的結果。沒有錯誤的世界，將沒有盤尼西林，沒有化學治療……幾乎沒有藥物，而且很可能沒有人類。

這就是為什麼我反對國家指示我們「應該」做什麼。只有演進知道「錯誤」的事情是不是真的錯了，如果有切膚之痛允許選擇的話。

宗教所為何事？

因此，依我的看法，宗教存在的目的，是管理跨世代的尾部風險，因為它的二元和無條件規則很容易教導與執行。雖然有各種尾部風險，我們還是活了下來；我們的生存不能那麼隨機。

不要忘了，切膚之痛的意思，在於你不是去注意人們說了什麼，而是只注意他們做了什麼，以及把脖子伸出去多遠。且讓生存發揮它的神奇力量。

迷信可以是風險管理規則的向量。我們有強有力的資訊，顯示迷信的人活了下來；再說一次，不要小看任何能讓你活下去的事。例如，賈德．戴蒙（Jared Diamond）提到巴布亞新幾內亞居民的「建設性偏執」。他們因為迷信的關係，所以不睡在枯死的樹下。不管是迷信，還是對於機率的其他某種深入的科學了解，所以阻止你這麼做，都沒關係，只要你別睡在枯死的樹下就行。如果你夢想著要用機率去做決策，那麼我有話要說：研究決策的心理學家（包括凱斯．桑思坦和理查．塞勒等監管官員和研究人員）超過九〇％對於機率毫無概念，並且試著擾亂我們的高效率有機偏執狂。

此外，我發現，如果某人的迷信，用意是帶來某些利益，那麼在批評他們的迷信的同時，卻對希臘廟宇的視覺假象不覺得有問題，那麼這種批評是不一貫的。

各式各樣的科學主義推動者所說的「理性」概念，並沒有定義得夠好，可用於信念。我們並沒有足夠的依據，去討論「非理性的信念」。但討論非理性的行動則有。

情況不透明時做出不完整的決策

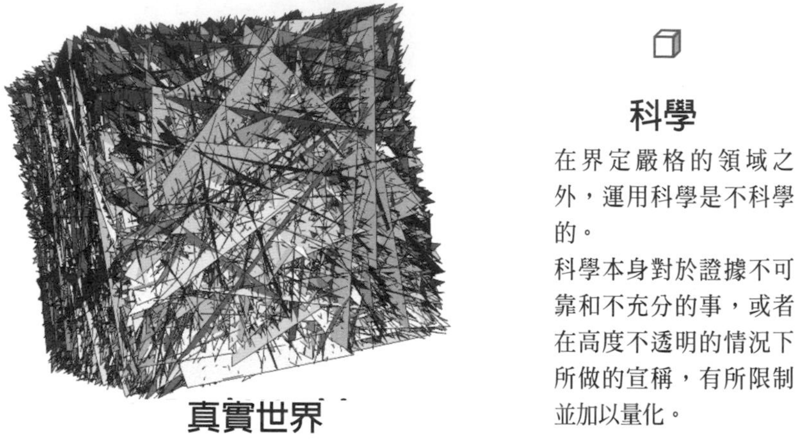
科學
在界定嚴格的領域之外，運用科學是不科學的。
科學本身對於證據不可靠和不充分的事，或者在高度不透明的情況下所做的宣稱，有所限制並加以量化。
真實世界

圖四、經典的「大世界相對於小世界」問題。科學目前過於不完整，沒辦法提供所有的答案——以及說自己辦得到。我們受到使用「科學」銷售產品的不少商販攻擊，以至於許多人把科學和科學主義混為一談。科學主要是追求過程的嚴謹。

延伸這個邏輯，我們可以指出，我們稱之為「信念」的東西，大都是人類心靈的某種背景家具。隱喻成分多於實際。它或許可以用來治療心靈。

記得第三章也說過，集體的理性可能需要某些個人的偏差。

「空談」和廉價的「空談」

我們得出的第一個原則是：

> 裝飾性的信念和付諸行動的不同種類信念，兩者之間是有差異的。

言語之間是沒有差別的，但承受

風險的行為會顯現出真正的差異，也就是攸關某些利益，一旦某個人錯了，可能就會損失某些事情。

改寫這個原則，給我們的教訓是：

你有真的多相信某件事，只能透過你願意為它冒什麼風險表現出來。

但是這件事值得繼續討論下去。人們相信這個裝飾性成分的事實，也就是在這個世界上的格梅利醫院之外，生活上有這些奇怪的規則要遵循，值得討論。討論這些做什麼？我們能夠真正了解它們的功能嗎？我們會對它們的功能感到混淆嗎？我們會弄錯它們的理性嗎？我們可以使用它們，而不是去定義理性嗎？

林迪說了什麼？

關於「理性」，我們來看看林迪有什麼話非說不可。雖然「理性」（reason）和「合理」（reasonable）的概念，古時就有，但大都存在於預防或者sophrosyne的概念之中。現代的「理性」和「理性決策」觀念，誕生於馬克斯．韋伯（Max Weber），以及一些心理學家、假哲學家和假心理學家的著作應運而生之後。古典的sophrosyne，意思是指預防、自我克制和節欲全部在內。它被有點不一樣的東西取代。「理性」一詞是在啟蒙時期之後形成的。那時候，我們認為了解這個世界指日可待。它假設我們的世界沒有隨機性或簡化的隨機結構。而且，當然了，和世界沒有互動。

我發現，唯一務實、合乎經驗、數學上嚴謹的理性定義如下所述：理性的事讓我們能夠生存。它對應到古典的思考方式，和假心理學家的現代理論不同。在我看來，在個人、集體、部落和一般層級上阻礙生存的任何事情，都不合理性。

因此，我們需要了解預防原則和對風險理解清楚。

裝飾中的非裝飾性

我在這裡所說的裝飾性，不見得是多餘的，事實上經常恰好相反。裝飾可能有一種功能，我們不是知道得很多。我們可以透過老人和非常複雜的統計學知道，稱作生存函數（survival function）的非常技術性工具，就這件事諮詢統計大師，也就是時間。我們這裡將訴諸老人的版本。

需要考慮的事實，不是信念存活了很長的時間——天主教會作為行政管理機構接近二十四個世紀（主要是羅馬共和國的延續）。重點是有宗教——特定的宗教——信仰的人存活了下來。

另一個原則：

> 當你從演進的角度探討信念，不要觀察它們如何彼此競爭，而是觀察持有它們的人如何存活下來。

拿與教宗的宗教相互競爭的猶太教來說。猶太人有將近五百個不同的飲食禁令。對以自己所能解釋的方式定義理性的外人來說，這些看起來可能不合理性。事實上，它們看起來十分肯定是如此。猶太教的飲食教規，除了禁止吃哪些動物，例如蝦子、豬肉等好吃的東西，還規定保有四套餐具、兩個水槽、避免混合肉與乳製品，或者單單讓兩者接觸也不行。

這些律法可能有事前的目的。人可以怪豬不健康的行為，而且這件事因為黎凡特很熱而加劇（不過，黎凡特的熱，並沒有顯著不同於更西方吃豬肉的地區）。或者，也許是出於生態上的理由：豬和人競吃相同的蔬菜，牛則吃我們不吃的東西。

但是不管它們的目的為何，猶太教的飲食教規仍然存在了數千年之久，理由不是它們合乎「理性」，而是因為遵循它們的人活了下來。這肯定帶來了凝聚力：在一起吃飯的人，會齊心協力（用技術性的語言來說，這是凸性試探啟發）。這種群體凝聚力，可能也和社群中遠處的成員進行商務交易存在信任有關，因此造就了充滿活力的網絡。或者，有其他某種利益——但是儘管猶太人歷經了非常艱困的歷史，他們仍然活了下來。

我們因此能夠總結如下：

> 理性並不是清楚明白用華麗的詞藻去解釋；它只是有助於生存，以及避免毀滅的東西。

為什麼？我們從林迪的討論中看得很清楚：

這個世界上發生的每件事，並不都是因為有理由才發生的，但是存活下來的每件事，都是因為有理由才存活的。

所謂理性，是指風險管理，就這麼簡單。下一章會提出最後的論點，支持這個原則。

19 承擔風險的邏輯

核心的一章總是擺在最後——總是要賭兩次——你了解自己的大叔點嗎？——「你」是誰？——希臘人十之八九是對的

現在是解釋遍歷性、毀滅和（再談）理性的時候。還記得我們說過，做科學（和其他好事）需要先求活著，而不是順序倒過來。

試想下面的想像實驗。第一種情形是：一百個人進賭場，在一段時間內，每個都賭一定的金額，一邊品嘗免費的加奎寧水杜松子酒——就和圖五的漫畫那樣。有些人可能賠，有些人可能贏，到了結束，我們可以推算賭場的「優勢」（edge）是多少，也就是，只要數數回來的人口袋裡還剩多少錢，就能算出報酬。因此能研判賭場是否正確地為它的勝算訂好價格。現在假設第二十八號賭徒賠個精光。第二十九號賭徒會受影響嗎？不會。

從樣本中，你可以很安全地算出約一％的賭徒會輸個精光。而且如果你一玩再玩，預期在相

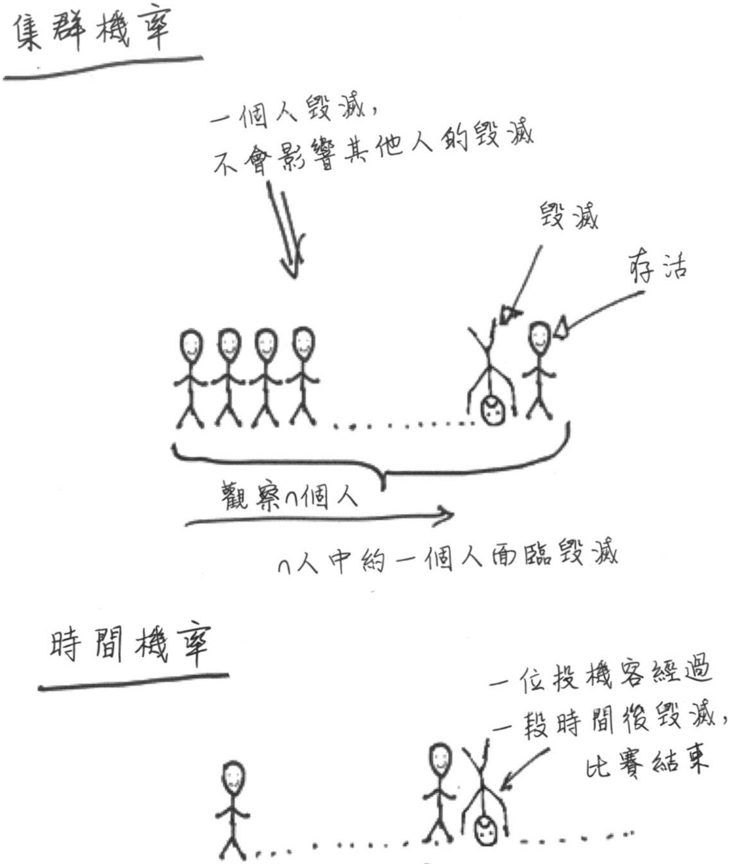

圖五、一百個人進賭場，和一個人進賭場一百次的差別，也就是路徑相依（path-dependent）的機率和傳統上所理解的機率兩者之間的差異。這個錯誤從很久以前，就一直存在於經濟學和心理學中。

同的時間窗口內，會有大致相同的比率，也就是一％的賭徒輸個精光。

接著，我們拿這個結果和想像實驗中的第二種情形相互比較。有個人，也就是你的表兄弟特奧多魯斯・伊本・華爾卡（Theodorus Ibn Warqa），帶著固定的金額，一連進賭場一百天。第二十八天，特奧多魯斯・伊本・華爾卡賠光了。還有第二十九天嗎？沒有。他到了大叔點（uncle point）；①遊戲結束了。

不論你的表兄弟特奧多魯斯・伊本・華爾卡多會賭或多小心謹慎，你敢說他最後賠光的機率是一〇〇％。

一群人的成功機率，不適用於表兄弟特奧多魯斯・伊本・華爾卡。我們把第一種情形稱為集群機率（ensemble probability），第二種情形為時間機率（time probability）；因為第一種情形和一群人有關，第二種情形是一個人經過一段時間的機率）。現在，當你閱讀財務學教授、財務學大師寫的東西，或者本地銀行根據市場的長期報酬率做出的投資建議，務必提高警覺。即使他們的預測是對的（事實不然），還是沒人能夠取得和市場相同的報酬率，除非他有深不見底的口袋，也沒有大叔點。他們把集群機率和時間機率混為一談。假如投資人因為虧損、退休，或者離婚再娶鄰居的太太，或者因為他在闌尾炎住院治療後突然海洛因成癮，或者對人生的看法改變，最後不得

①譯註：大叔點是指交易時棄子投降的點。有一說，羅馬時期，父親的兄弟，權力和地位相當於父親。羅馬的孩子遭到霸凌時，會被迫喊「大叔，我的好大叔」，表示打不過你，認輸，如此就能脫身。

不減低曝險，那麼他的報酬率會和市場的報酬率脫鉤。就是這樣。

在風險承擔業存活超過幾年的任何人，都有我們現在相當熟悉的原則版本，也就是「要成功，首先必須活著」。我自己的版本是：「如果一條河平均四呎深，絕對不渡河。」我以順序很重要這一點，以及毀滅存在時，成本效益分析不管用為準，有效地安排自己的所有生活；但是我從來沒發現，決策理論的缺陷竟然那麼深。直到不曉得從哪裡冒出物理學家奧列・彼得斯（Ole Peters）與偉大的默里・蓋爾曼（Murray Gell-Mann）合寫的一篇論文。他們用和我上面所說類似的想像實驗，提出集群機率和時間機率差異的一個版本，並且指出，社會科學和機率有關的幾乎每一件事都有瑕疵。瑕疵嚴重，非常嚴重。大致而言，可說是致命的瑕疵。數學家雅各布・白努利（Jacob Bernoulli）初步構築的不確定中決策，後來成了標準，此後二百五十年內，涉足這個領域的幾乎每個人，都犯了嚴重的錯誤，漏掉了集群和時間之間有差異的效應。②每個人？倒也不見得：每個經濟學家可能都是，但不是人人都這樣：應用數學家克勞德・山農（Claude Shannon）和艾德・索普（Ed Thorp），以及提出凱利準則（Kelly Criterion）的物理學家凱利（J. L. Kelly）懂得。他們也是用非常簡單的方式就懂了。保險數學之父、瑞典應用數學家哈拉爾德・克拉梅爾（Harald Cramér）也懂。此外，二十幾年前，馬克・斯皮茨納格（Mark Spitznagel）和我之類的實務工作者，以它為準，建立起我們的整個事業生涯（我是在寫作，以及在交易與做決定時，很神奇就弄懂了，並且在違反遍歷性時，會深入探查，但我不曾清楚明白了解彼得斯和蓋爾曼的數學結構——二十年前的《隨機騙局》甚至討論過遍歷性）。斯皮茨納格和我甚至開創一整個事業，幫助投資人消除大叔點，好讓他們能夠獲得市場的報酬率。在我退休後無所事事時，馬克繼續在他的投資管理公司Universa孜孜不倦努力著（而且經營得相當成功）。不懂遍歷性的經濟學家一直說，擔心尾部是「不理性的」，令馬克和我倍感無奈。

我剛提出的觀念極其單純。但為什麼二百五十年內沒人很懂它的道理？顯然是缺少切膚之痛。

在你沒有切膚之痛的情況下，看來好像要有很高的智慧，才能弄懂機率方面的事情。但是對學歷過高的非實務工作者來說，這些事情很難弄懂。除非是天才，也就是頭腦清晰，擅長撥雲見日，或者對機率理論理解透徹，能夠一眼看破胡說八道。蓋爾曼可說是個天才（彼得斯可能也是）。蓋爾曼發現次原子粒子，他稱之為夸克（quark；因此榮獲諾貝爾獎）。彼得斯說，他向蓋爾曼講這個想法時，「他馬上就明白了」。克勞德・山農、艾德・索普、和哈拉爾德・克拉梅爾無疑是天才——我個人可以保證索普是這樣的人，因為他在談話間，思路無比清晰，想法很有深度。這些人可能在沒有切膚之痛時弄懂它。但是經濟學家、心理學家和決策理論家裡面找不到天才（除了兼著研究心理學、博學多聞的赫伯・西蒙），而且將來可能也不會有。把一群根本上沒有洞見的人合起來，不會有洞見；在這些領域看得清楚明白，就好像在自力營生的電腦駭客工作的小房間，或者工具亂丟的電工的閣樓中，尋找美學上的和諧。

---

②原書註：正如我的「厚尾」（Fat Tails）專案，經濟學家可能察覺到集群和時間的問題，卻拿不出什麼方法。此外，他們一直說「我們知道有厚尾」，但不知何故，他們不曉得把這個觀念帶到下一步，會和他們的不少研究相互牴觸。重要的是後果。

遍歷性

整理一下：當我們觀察到的過去機率，不能用在未來的程序中，這情況被視為不具遍歷性。系在某個地方會有一個「停止點」（stop），也就是阻止有切膚之痛的人逃脫出來的吸收壁——系統總是傾向於走到那裡。我們把這些狀況稱為「毀滅」（ruin），因為那是不可逆的，無法從那種狀況逃脫。核心問題是，如果有可能毀滅，就不再可能做成本效益分析。

我們用比賭場實驗還要極端的例子來說。假設一群人玩俄羅斯輪盤，贏一次得一百萬美元——這是《隨機騙局》一書的核心故事。贏錢的機會約六分之五。如果有人用標準的成本效益分析，會聲稱一個人的獲利機會為八三．三三%，每扣一次扳機的「期望」平均報酬為八十三萬三千三百三十三美元。但如果你繼續玩俄羅斯輪盤，你最後會躺在墓園。你的期望報酬是……算不出來的。

重複曝險

我們來談談為什麼在毀滅問題和重複曝險都存在時，「統計檢定」和「科學」聲明高度不充分。如果有人聲稱有「統計證據顯示一架飛機很安全」，信賴水準（confidence level）是九八%（沒有這種信賴區間的統計是沒有意義的），並且據此而行動，那麼幾乎沒有一位經驗豐富的駕駛員今天還活著。在我和孟山都機器的戰爭中，基因改造生物（轉基因）的擁護者，一直用效益分析（通常造假和動過手腳），不是用重複曝險的尾部風險分析來反駁我。

心理學家請人在單一的實驗中受測，以確定我們的「偏執狂」或「厭惡風險」的程度——然後宣稱人類在理性上受到挑戰，因為人天生傾向於「高估」小機率。他們因此相信受測者絕對不會再冒任何個人的尾部風險！還記得談分配不均的那一章，提到社會科學的學者……很不會面對動態上的挑戰。沒人看到祖母輩十分清楚這種行為和我們根深柢固的日常生活邏輯不一致，而這樣的邏輯強固許多。抽一根菸，對身體的傷害極輕，所以成本效益分析會覺得，為了如此微乎其微的風險，放棄莫大的樂趣，是不理性的行為。但是一年抽上某一數量的包數，或者數萬根菸，卻會奪走人命——換句話說，這是重複連續曝險。

但是情況甚至更糟：現實生活中，你承擔的每一丁點風險，加起來會減低你的預期壽命。如果你愛登山、騎機車、混幫派、開自己的小型飛機、喝苦艾酒、抽菸、週四晚玩跑酷（parkour），③那麼你的預期壽命會顯著降低，雖然單一的行為沒有重大影響。重複這個觀念，使得我們對於某些低機率事件擇善固執，甚至被視為「有病」，到頭來反而是絕對理性的行為。

此外，這裡還可以拐個彎來說，如果醫藥逐步增長你的預期壽命，那麼你需要更為偏執。請

---

③譯註：根據維基百科，跑酷常被歸類爲極限運動，沒有一定的規則，只是將城市內各種建築設施當作障礙物或輔助，在其間迅速跑跳穿行。

從動態的角度去思考這件事。

如果你承擔很小的毀滅機率，而且那是一次性風險，結果你存活了下來，然後你再做一次（另一次的「一次性」交易），那麼你最後完蛋的機率是百分之百。這就讓人丈二金剛摸不著頭腦了，因為如果這次的「一次性」風險是合理的，那麼再一次的風險看起來可能也是合理的。這可以量化，因為隨著個別的小風險（比如說是萬分之一）曝險的次數增加，那麼毀滅的機率是一。

心理學論文的瑕疵，是相信受測者在實驗之外，不會在任何地方冒其他任何的尾部風險，而且十分重要的是，不會再冒任何風險。社會科學上的「厭惡損失」觀念，並沒有想得透徹且適當——它不是用能夠衡量的方式去衡量（如果可以衡量的話）。假設你問一位受測者，他願意付多少錢為有一%的機率虧損一百美元的事情保險。這麼問，等於是在研判他為「厭惡風險」，或者更蠢的是，「厭惡損失」，「多付」多少錢。但是你不可能忽視他所冒的其他所有的財務風險：如果他的車停在外面，可能被刮傷；如果他擁有財務組合，可能賠錢；如果他開麵包店，可能收到罰單；如果他有孩子在念大學，成本可能出乎意外高出預算；如果他可能遭到裁員；如果他將來可能意外生病。所有這些風險必須加起來，而且受測者的態度會反映它們全部。毀滅是不可分割的，可能造成毀滅的隨機來源也是不變的。

心理學文獻的另一個常見錯誤，是和所謂的「心理計帳」（mental accounting）有關。索普、凱利和山農的資訊理論學派要求，投資策略要具有遍歷性，以及最後捕捉市場的報酬率，那麼代理人應該在他賺錢的時候，提高所冒的風險，但是虧損之後，必須縮減所冒的風險。這種技術，稱作「拿莊家的錢去玩」（playing with the house money）。實務上，為了執行容易，它是靠門檻來做的，而這些規則並不複雜：每當你獲有利潤，就開始積極下注，出現赤字時，則千萬別這麼做。這就好比打開或關閉開關。存活下來的每一位交易員，可能都執行這種方法。現在，這種動態策略被叫人不寒而慄的干預推手理查・塞勒等行為財務假經濟學家視為不一致。塞勒非常無視於機率，稱這種「心理計帳」④是一種錯誤（而且當然了，引來政府「輕推」我們遠離它，以及避免策略具有遍歷性）。

我相信，厭惡風險並不存在：簡單地說，我們觀察到的是遍歷的餘差。簡單地說，人們試著避免財務自殺，並且對尾部風險抱持某種態度。

但我們不需要對自己過於偏執；我們需要轉移自己的一部分憂慮，到比較大的事情上。

④原書註：心理計帳是指人們在心理上（或實體上）傾向於將他們的資金放在隔離開來的不同帳戶中，專注於資金的來源，而且只要持有淨值，忘記來源爲何並不重要。有個人因爲一條領帶太貴且似乎多餘而不買，卻因爲太太使用共同活期帳戶中的錢買相同的領帶當生日禮物而興奮。在我們討論的案例中，塞勒認爲視資金來源是從賭場而得，還是原來就有的，而改變策略是錯的。塞勒和其他的假心理學家顯然無視於這裡面的動態。說穿了，社會科學家不擅長於處理會動的東西。

「你」是誰？

且讓我們回到「部落」的概念。現代教育和思想帶來的一個弊病，是產生了我們每一個人都是一個單位的錯覺。事實上，我曾經在研討會上抽樣，找了九十個人，問：「發生在你身上最糟的事情是什麼？」八十八個人答道：「我死亡。」

只有對精神病患者而言，這才是最糟的狀況。因為在那之後，我再問那些認為最糟的狀況是自身死亡的人：「你的死加上孩子、姪子、表兄弟、貓、狗、鸚鵡和倉鼠（如果你有上述任一）的死，是不是比單單你死要糟？」回答總是對的。「你的死加上孩子、姪子、表兄弟（……）加上全人類的死，是不是比單單你死要糟？」當然是的。那麼你的死怎麼會是最糟的可能結果？⑤

除非你非常自戀，也是精神病患者——即使是這樣——你最糟的情境，絕對不會限於只是損失自己的生命。

因此，我們看得出個人毀滅不像整體毀滅那麼嚴重。而且，當然了，生態滅絕、我們的環境遭到不可逆的破壞，是需要擔心的大事。

用遍歷性的框架來說：我玩俄羅斯輪盤而死，對我而言並不具遍歷性，但對系統具有遍歷性。我和一些同事建構的預防原則，正是和最高的一層有關。

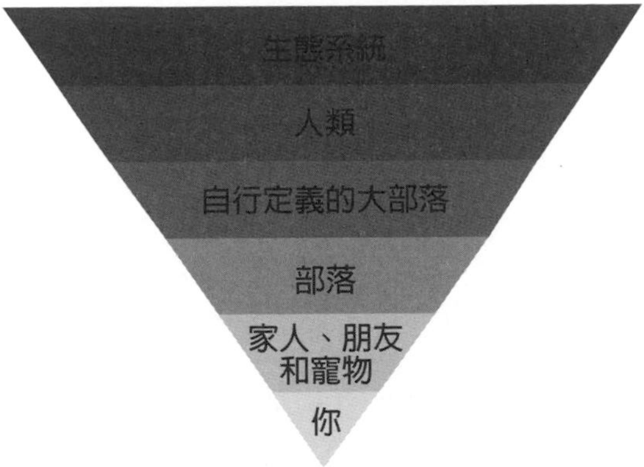

圖六、承擔個人的風險以拯救整體，是「勇氣」和「謹慎」的表現，因為你降低了整體的風險。

我在討論預防原則時，幾乎每次都有一些受過太多教育的自命權威之士會說：「我們冒著生命危險過街」，所以為什麼要對系統擔那麼多心？這種詭辯經常叫我略微動氣。除了行人死亡的風險是四萬七千年不到一次這個事實之外，重點是我的死，從來不是最糟的情境，除非與其他人的死相關。

> 吾生也有涯，人類則無涯。

或者，

> 我是可更替的，人類或生態系統則不然。

更糟的是，如同我在《反脆弱》一書指出的，

⑤原書註：事實上，我打趣說，我的死，加上我不喜歡的某個人（例如新聞記者型教授史蒂芬・平克）活著，比單單我死要糟。

系統的組成成分（如果它們可以再生和替換）呈現脆弱性，是確保系統整體的強固所必需的。如果人類永生不死，他們會因一次意外，或者逐漸累積的適應不良而全體滅絕。但因為人類的生命較短，允許跨世代的基因隨著環境變動而同步改變。

勇氣和預防並不對立

勇氣和謹慎兩者怎能都是古典美德？在亞里斯多德的《尼各馬可倫理學》（*Nicomachean Ethics*）一書中，美德包括：克己（sophrosyne；σωφροσύνη）、⑥謹慎，以及他更廣泛指稱的一種健全判斷形式，稱之為實踐智慧（phronesis）。這些和勇氣不是不一致嗎？

在我們的框架下，它們根本不會不一致。如同胖子東尼會說的，它們事實上是一樣的「素情」（ting）。怎麼會這樣？

我會發揮勇氣，冒險失去自己的生命，去救一群落水的孩子，而這也會對應某種謹慎形式。萬一我死了，我是為了圖六中較高的一層，而犧牲較低的一層。

根據亞里斯多德承襲自荷馬（以及梭倫〔Solon〕、伯里克里斯〔Pericles〕和修昔底德〔Thucydides〕傳承）的希臘典範，勇氣從來就不是自私的行為：

勇氣是指你為了比你更高一層的存活，犧牲自身的福祉。

自私的勇氣不是勇氣。愚蠢的賭徒並沒有表現勇敢的行為，尤其是如果他拿別人的錢去冒險或者有家要養的話。⑦

續談理性

上一章是從實際的決策重新框架理性，不是所謂的「信念」，因為這些信念可能經修改後，以最具說服力的方式，刺激我們避免做出會威脅系統生存的事。如果需要的是迷信，那麼這不只絕對不會違背理性的定理，技術上來說，阻礙它反而是不理性的行為。如果迷信是滿足遍歷性之所需，那就讓它存在。

我們回頭來談巴菲特。他不是靠成本效益分析賺進數十億美元；相反的，他只是設立門檻很高的過濾器，然後挑選通過這種門檻的投資機會。「成功人士和真正成功人士的差別，在於真正成功的人對幾乎每一件事都說不，」他說。同樣的，我們的腦子可能經修改後，對尾部風險「說不」。因為有不計其數的賺錢方法，不必冒尾部風險。我們也有不計其數的方法，不必用到會帶

⑥譯註：第十八章談過 sophrosyne 這個字。

⑦原書註：爲了指出社會科學的空虛無知，他們必須動用「鏡像神經元」（mirror neuron）的感覺論，以解釋個人和整體之間的連結。依賴神經元的某種東西，是稱作「大腦煽情文」（brain porn）的一種科學主義形式，《反脆弱》一書討論過。

來脆弱性和未知尾部爆破可能性的複雜技術，就能解決問題（例如餵飽世界）。每當我聽到有人說：「我們需要冒（尾部）風險。」我就知道這話不是出自存活下來的實務工作者之口，而是財務學者或銀行家說的——我們見到後面這些人幾乎總是爆了，但毀的通常是別人的錢。

真的，拒絕一些粗製濫造的新技術，不會讓我們損失多少。就算是錯的，抱持我的「精製偏執」，不會讓我損失很大。只要我的偏執對上那麼一次，就能救我一命。

愛某些風險

《反脆弱》一書指出人們如何把毀滅的風險和變異與波動混成一談——這種簡化，違背了更深層、更嚴謹的事物邏輯。我主張要愛風險、愛系統性「凸性」東修西補，以及愛不會帶來尾部風險，卻提供尾部利潤的許多風險。變動不居的東西不見得有風險，反之亦然。從長椅上跳下來，對你和你的骨頭都有好處，但從二十二層樓掉下來則不然。小傷對你有益，造成不可逆影響的比較大傷害則不然。對某些類別的事件危言聳聽會讓人心生恐慌，但對其他類別的事件這麼做卻不會。風險和毀滅是不同的「素情」。

天真的實證主義

風險不是都相同。我們經常聽到有人根據「證據」說，「伊波拉（Ebola）病毒造成的死亡人數，少於溺死在浴缸中的人」，或者類似這樣的事。這是你的祖母能夠了解的另一類問題，但是受過半生不熟教育的人則無法理解。

絕對不要拿成倍數增長、系統性和厚尾的風險，和非倍數增長、特殊性和薄尾的風險相互比較。

記得我曾經憂慮一個人的死亡和另一個人的死亡之間的相關性。所以我們需要關切系統性效果：事情一旦發生，會影響一個以上的人。

複習一下。隨機事件會降臨兩類世界中：平常世界和極端世界。平常世界呈薄尾，而且影響個人，和整體沒有相關性。依定義，極端世界影響許多人。因此極端世界有平常世界所沒有的系統性效應。倍數增長風險——例如時疫——總是來自極端世界。它們可能不致要人命（例如流行性感冒），但仍然來自極端世界。

用更技術性的方式來說：

平常世界的風險受制於切爾諾夫界限（Chernoff bound）。

切爾諾夫界限可以解釋如下。每年美國溺死在浴缸中的人數倍增的機率——假設人口或浴缸數都沒有改變——是宇宙數兆壽命之一。同期內被恐怖分子殺害的人數，倍增的機率則不是這樣。

新聞記者和社會科學家傾向於這種病理性胡說八道——尤其是其中一些人認為迴歸和圖形是接觸一個問題的複雜方式。簡單地說，他們受到的訓練，是使用平常世界的工具。所以我們經常見到新聞標題說，和金．卡戴珊（Kim Kardashian）睡過覺的人，多過死於伊波拉病毒的人。或者因自家家具而死的人，多於被恐怖分子殺害的人。你的祖母所持的邏輯會推翻這些說法。只要想想這件事：不可能有十億人和金．卡戴珊睡過覺（連她自己也不可能睡那麼多次），但是成倍數增長的過程（一種流行病）導致因為伊波拉病毒而死亡的人數，升抵十億這個數字的機率不是零。或者，即使這種事件不是成倍數增長，例如恐怖分子汙染水源可以導致極端偏差的行動，機率還是存在。另一個論點和反饋有關：如果因為恐怖行動而死傷的人數低，那是提高警覺的關係（我們常會在乘客登機之前搜他們的身）。認為這種警覺是多餘的論點，在推理上有嚴重的缺陷。你家的浴缸並沒有試著害死你。

我很好奇，不懂為什麼許多科學家（包括政策制定者）似乎認為這個論點很不自然，但是機率學家保羅．嚴布雷契茨（Paul Embrechts）等其他一些人卻覺得相當自然。簡單地說，嚴布雷契茨是從尾部看事情。嚴布雷契茨研究一門機率分枝學科，稱作極值理論（extreme value theory），而且是我們所說極端主義者（extremists）中的一員——這是人數很少的一群研究工作者，和我一樣，專門研究極端事件。嚴布雷契茨和他的同事觀察極端程序之間的差異，絕對不看一般的程序。不要把這和極端世界混淆：他們研究極端狀況會發生什麼事，而這包括極端世界和平常世界——他們根據概化的極值分布，將「尾部」可以發生的事分類。在尾部，事情會清楚得多——

清楚許多。而且以機率來看，比起用語言描述，事情會清楚得多——清楚許多。

小結

我們以幾句話來結束這一章。

一個人可能喜歡冒險，但十分厭惡毀滅。

生活中的核心不對稱是：

會招來毀滅的策略，效益永遠無法沖銷毀滅的風險。

此外，

毀滅和其他的狀況變化，是不同的動物。

你所冒的每一個風險，加起來會減低你的預期壽命。

最後：

理性是指避開系統性毀滅。

後記

林迪告訴我的事

各位讀者，現在到了旅程的終點——同時也寫到「不確定系列」的第五本書。當試著總結這本書，有責任點出其中精華之際，我看見餐廳鏡中自己的面孔：一臉泛白的鬍子，以及一個日漸變老的東地中海希臘腓尼基人目中無人的傲氣。超過二十五年前，我在鬍子還沒轉灰時，動筆寫「不確定系列」。林迪告訴我，對於某類事情，我證明得比較少、解釋得比較少、理論化得比較少。我曾在餐廳無意間聽到有人加強語氣強調：「事情就是那個樣子。」這句話一直迴盪在我腦海。

這一次沒有總結，以後也不再有總結。用林迪的話來說：

鬍子（或者頭髮）是黑的時候，留意推理，但忽視結論。鬍子變灰時，同時注意推理和結論。鬍子發白時，跳過推理，但注意結論。

所以讓我用一則否定法式的（長）箴言，結束本書：

肌肉不可以沒有力氣，
友誼不可以沒有信任，
意見不可以沒有後果，
改變不可以沒有美學，
老去不可以沒有價值，
人生不可以沒有努力，
飲水不可以沒有口渴，
食物不可以沒有營養，
愛不可以沒有犧牲，
權力不可以沒有公平，
事實不可以沒有嚴謹，
統計不可以沒有邏輯，
數學不可以沒有證明，
教學不可以沒有經驗，

禮貌不可以沒有溫度，
價值不可以沒有具體，
學位不可以沒有學問，
軍國主義不可以沒有堅忍不屈，
進步不可以沒有文明，
友誼不可以沒有投資，
美德不可以沒有風險，
機率不可以沒有遍歷性，
財富不可以沒有曝險，
複雜化不可以沒有深度，
流利不可以沒有內容，
決定不可以沒有不對稱，
科學不可以沒有懷疑，
宗教不可以沒有寬容，

以及最重要的是：

不可以有什麼事情沒有切膚之痛。

最後，感謝你讀這本書。

謝辭

Ralph Nader，Ron Paul，Will Murphy（編輯、顧問、校對、句法專家），Ben Greenberg（編輯），Casiana Ionita（編輯），Molly Turpin，Mika Kasuga，Evan Camfield，Barbara Fillon，Will Goodlad，Peter Tanous，Xamer 'Bou Assaleh，Mark Baker（又名Guru Anaerobic），Armand d'Angour，Alexis Kirschbaum，Max Brockman，Russell Weinberger，Theodosius Mohsen Abdallah，David Boxenhorn，Marc Milanini，ETH participants in Zurich，Kevin Horgan，Paul Wehage，Baruch Gottesman、Gil Friend、Mark Champlain、Aaron Elliott、Rod Ripamonti和Zlatan Hadzic（都是在談宗教和犧牲的部分），David Graeber（高盛公司），Neil Chriss，Amir-Reza Amini（自動排檔汽車），Ektrit Kris Manushi（宗教），Jazi Zilber（尤其是Rav Safra），Farid Anvari（英國的醜聞），Robert Shaw（航運與風險分攤），Daniel Hogendoorn（岡比西斯的判決），Eugene Callahan，Jon Elster、David Chambliss Johnson、Gur Huberman、Raphael Douady、Robert Shaw、Barkley Rosser、James Franklin，Marc Abrahams、Andreas Lind和Elias Korosis（全部都在理論上）；John Durant，Zvika Afik，Robert Frey，Rami Zreik，Joe Audi，Guy Riviere，Matt Dubuque，Cesáreo González，Mark Spitznagel，Brandon Yarkin，Eric Briys，Joe Norman，Pascal Venier，Yaneer Bar-Yam、Thibault Lécuyer、Pierre Zalloua、Maximilian Hirner、Aaron Eliott、Jaffer Ali、Thomas Messina、Alexandru Panicci、Dan Coman、Nicholas Teague、Magued Iskander、Thibault Lécuyer、James Marsh、Arnie Schwarzvogel、Hayden Rei、John Mast-Finn、Rupert Read、Russell Roberts、Viktoria Martin、Ban Kanj Elsabeh、Vince Pomal、Graeme Michael Price、Karen Brennan、Jack Tohme、Marie-Christine Riachi、Jordan Thibodeau、Pietro Bonavita。十之八九總會漏掉一些人，故本人在此致歉。

詞彙表

尋租（Rent Seeking）：試著利用保護性的法令規定或「權益」，來獲得收入，卻沒有給經濟活動增加任何東西，也沒有增加其他人的財富。正如胖子東尼定義的，這就好像被迫交付保護費給黑手黨，卻沒有得到保護的經濟效益那樣。

偏好顯示（Revelation of Preferences）：這個理論源自保羅・薩繆遜（Paul Samuelson；起初是在公共財選擇的情境中），指代理人並沒有完全接觸他們的行動背後的理由；行動是觀察得到的，想法則不然，所以這阻止了後者被用於嚴謹的科學調查。經濟學中，實驗需要代理人實際有所支出。胖子東尼總結而言：「空口說白話永遠是便宜的。」

監管俘虜（Regulatory Capture）：法令規定最後被代理人「鑽漏洞」，於是和監管的本意往往背道而馳。一些官僚和企業人士可能有一部分的所得來自保護性監管和特許經營權，並且為它們展開遊說活動。需要注意的是，法令規定的頒訂比修正和取消要容易。

科學主義（Scientism）：相信科學看起來……像科學。過度強調表象的層面，而不是它的懷疑機制。它盛行於由行政管理人員根據衡量指標判斷貢獻的領域。它也盛行於留給人們談科學，卻不需要「動手做」的領域，例如新聞記者和中小學教師。

天真的理性主義（Naive Rationalism）：相信我們已經懂得是什麼使得世界運轉，而且我們不了解的事情並不存在。

白痴知識分子（Intellectual Yet Idiot）：一種白痴。

偽理性主義（Pseudo-rationalism）：一、只管一個信念是否有理性，而不管其後果是否有理性，二、當他們展開某一類的行動，使用不良的機率模式，天真地譴責人們的「非理性」。

代理問題（Agency Problem）：代理人與委託人之間的利益不相稱，例如汽車銷售員和你（潛在的車主），或者醫生和病人之間。

鮑伯·魯賓交易（Bob Rubin Trade）：指效益看得到（而以若干薪酬予以獎賞），但損害極為少見（並且由於缺乏切膚之痛而不受懲罰）的偏態領域中獲得的報償。可以概化到政治，以及懲罰薄弱，受害者相當抽象和分散（例如納稅人或股東）的任何事情。

干預推手（Interventionista）：因為認為自己明白正在發生的事，而造成脆弱性的人。他並沒有暴露在切膚之痛的過濾器和紀律之中。此外，通常缺乏幽默感。

綠木材謬誤（Green Lumber Fallacy）：錯認重要或甚至必要的知識——木材的新鮮顏色——來源為外界不是那麼明顯、不是那麼容易處理的其他地方。理論家如何將錯誤的權數，歸因於一個人在某項業務應該知道的事情，或者推而廣之，有多少我們稱之為「相關知識」的事情，其實並不相關。

教鳥怎麼飛效應（Lecturing-Birds-How-to-Fly Effect）：將「閱讀學術文獻→實踐或教

育↓財富」的知識箭頭反轉，使它看起來好像技術出自機構研究的科學，但事實上並非如此。見《反脆弱》。

林迪效應（Lindy Effect）：指一種技術、理念、一家公司，或者任何不易腐爛的東西，每多活一天，預期壽命就會增長——這和易腐物品（如人類、貓、狗、經濟理論和番茄）不同。所以一本書如果發行了一百年，很可能會再發行一百年（只要它的銷路保持穩健）。

遍歷性（Ergodicity）：就我們這裡的情境而言，當一段時間內，一群人和一個人有相同的統計特質（特別是期望值），遍歷性就存在。集群機率和時間機率類似。缺乏遍歷性，就會使不能從觀察到的機率，直接移轉到某種策略所獲報償的風險特質，受制於毀滅（或者吸收壁或「大叔點」）——換句話說，在機率上是無法永續的。

平常世界（Mediocristan）：由平常狀況主導的過程，極少有極端的成功或失敗（例如牙醫的收入）。沒有單一的觀察值可以顯著影響整體。也稱作「薄尾」或高斯分布的一種（Gaussian family of distributions）。

極端世界（Extremistan）：可以相信整體會受到單一觀察值影響的過程（例如作家的收入）。也稱為「厚尾」。包括碎形或冪次法則分布的一種。見附錄中的次指數性（subexponentiality）。

少數統治（Minority Rule）：全部人的行為被少數人的喜好所左右的不對稱現象。吸菸者可以待在無菸區，但不吸菸者不能待在吸菸區，所以不吸菸者占得上風，不是因為他們一開始是多數，而是因為他們是不對稱的。筆者認為語言、倫理和（一些）宗教是由少數統治所散播。

否定法（Via Negativa）：在神學和哲學，指依間接的定義，專注於不被視為比肯定法不容易發生謬誤的某件事情。在行動上，它告訴我們避開什麼事情、不要做什麼事——在成倍數增長和有無法預測副作用的領域中，減法運作得比較好，加法則不然。醫學上，要某個人戒菸，不利的影響少於開藥和治療。

可縮放性（Scalability）：實體變小或變大，往往突然改變特質：城市不同於大國，大陸非常不同於島嶼。當群體增大，集體行為會轉換。這樣的論點支持地方主義，反對不分青紅皂白的全球主義。

知識單一文化（Intellectual Monoculture）：新聞記者、學者和在某個主題缺乏切膚之痛的其他奴隸，合體成為「思想正統」（bien pensant）模態，可以被操縱，而且往往抗拒實證上的證據支持。究其原因，背離它受到的懲罰，往往是被貼上「普丁主義」（Putinist）、「嬰兒殺手」和「種族主義」等標籤（孩子們總是被騙子用來煽動情緒）。這類似於一個小島變大，生態多樣性反而減低的方式（見《黑天鵝效應》）。

美德販售（Virtue Merchandising）：使用美德作為行銷策略，而貶損它的價值。傳統上，美德需要為善不欲人知，這與現代的「保護環境」式訊息相互衝突。美德販子經常是偽君子。此外，缺乏勇氣、犧牲和切膚之痛的美德，絕對不是美德。美德販售類似於聖職買賣，中世紀允許有錢人買教會的神職或特赦，只要花錢，就可以贖罪。

黃金法則（Golden Rule；**對稱**）：你希望別人怎麼對待你，那就怎麼對待別人。

白銀法則（Silver Rule；**負黃金法則**）：己所不欲，勿施於人。注意它與黃金法則的不同，因為白銀法則阻止好事者試著掌控你的生活。

行善的原則（Principle of Charity）：運用知識辯論的對稱性；準確表述對方的論點，正如你希望對方準確表述你的論點。這是「稻草人」（strawman）的反義詞。

附註

本書附註是依主題安排，不是依內文提到的順序。

倫理：Taleb and Sandis (2013)、Sandis and Taleb (2015)。也見Nagel (1970)、Ross (1939)。**行動哲學方面**，Sandis (2010, 2012)。**政治倫理**：Thompson (1983)。**不確定性與倫理**：Altham (1984)、Williams (1993)、Zimmerman (2008)。**一般**：Blackburn (2001)、Broad (1930)。**從不同的邊爬山**：Parfit (2011)。**倫理與知識**：Pritchard (2002)、Rescher (2009)。

雖然我傾向於美德倫理，為美德本身而美德、為了存在的理由，但由於Derek Parfit (2011)所寫《論重要之事》（*On What Matters*）一書的啟發，我和共同作者康斯坦丁・桑迪斯（Constantine Sandis）發現，切膚之痛落在三大倫理體系的交會點上。這三大體系是：康德的必要性、結果論和古典美德。德里克・帕菲特（Derek Patfit, 2011）認為它們都是攀登同一座山的不同邊。

委託－代理與經濟學的道德風險（Principal-agent and moral hazard in economics）：Ross (1973)、Pratt et al. (1985)、Stiglitz (1988)、Tirole (1988)、Hölmstrom (1979)、Grossman and Hart (1983)。

不確定性下伊斯蘭教的決定：Farid Karkabi, Karkabi (2017)未出版的手稿、Wardé (2010)。Al gurm fil jurm是主要的概念。

以眼還眼不是字面上的意義：阿拉米語談到小個子傷害大個子時，並不對等，其實是誤譯。Gadol指的是「英雄」（hero），不是「大」（big），而Qatan是指「弱小」（puny），不是小（small）。

理性（Rationality）：Binmore (2008)，以及與肯・賓默爾（K. Binmore）、捷爾德・蓋格連澤（G. Gigerenzer）二〇一七年就後者的比勒費爾德（Bielefeld）紀念文集展開的私人通訊。

基督徒和異教徒：Wilkens (2003)、Fox (2006)及其他許多。見Read and Taleb (2014)。

朱利安（Julian）：阿米阿努斯・馬爾切利努斯（Ammianus Marcellinus），《歷史》（*History*），第一卷與第二卷，洛布經典（Loeb Classics）系列，美國哈佛大學出版社（Harvard University Press）。也見Downey (1939, 1959)。

歐斯壯（Ostrom）：Ostrom (1986, 2015)。此外，討論彼得・博泰克（Peter Boetke）與魯斯・羅伯茲（Russell Roberts）的經濟對談，econtalk.org/archives/2009/11/boettke_on_elin.html。

不對稱與可縮放性（Asymmetry and Scalability）：見《反脆弱》一書。

自私基因（selfish gene）：Wilson and Wilson (2007)、Nowak et al. (2010)。對於諾瓦克、威爾森等人和支持「自私基因」方法的其他人之間的辯論，平克發表的聲明，漏掉了可縮放性方法和其他的事情：edge.org/conversation/steven_pinker-the-false-allure-of-group-selection。Bar-Yam and Sayama (2006)。

籬笆隔出好鄰居：Rutherford et al. (2014)。

犧牲：Halbertal (1980)。

動態分配不均（Dynamic inequality）：Lamont (2009)、Rank and Hirshl (2014, 1015)。此外，Mark Rank, "From Rags to Riches to Rags," *The New York Times*, April 18, 2014。

遍歷性與賭博（Ergodicity and gambles）：Peters and Gell-Mann (2016)、Peters (2011)。

分配不均（Inequality）：Picketty (2015)。Piketty (1995)已經談到剝奪動產占有。

分配不均計算錯誤：Taleb and Douady (2015)、Fontanari et al. (2017)。

與厚尾不相容的分配均等之稅賦：這樣的稅賦，意味著懲罰財富創造者，相當流行，卻很荒謬，而且肯定是自殺之舉：因為上檔利益的報償嚴重削減。只有精神錯亂的人，才會當個下賭勝算機率小的風險承擔者，只能贏二十美元（稅後），而不是一百美元，然後將全部的積蓄，拿去慢慢繳財富稅繳光。最適當的策略是當個學者或法國式公務員，也就是反財富創造者。從時間的角度來看橫斷面問題：拿過了很長一段時間才有一大筆錢進帳的人（例如每二十年賺四百五十萬美元的創業家），和同期內有相同總收入的經濟學教授（每年領得納稅人給的二十二萬五千美元收入）相互比較。同期內，創業家得繳七五%的稅，其餘的部分要繳財富稅，而尋租的終生職學者對財富的形成沒有貢獻，卻只繳（例如）三〇%。

凱利賭博（Kelly gambling）：Thorp (2006)、McLean et al. (2011)。

滿足：認為公理必然導致一個人收入「最大化」，而不受任何限制是錯誤的（學術界的經濟學家曾在他們的優化計畫和思維中使用天真的數學）。這和「滿足」他們的財富是完全相容的，也就是努力爭取令人滿意的收入，加上工作勝任最大化，或者他們見到努力的成果，在情感上感到自豪。或者任何東西沒有明確的「最大化」，只是動手去做，因為人類本該如此。

暴力（Violence）：Pinker (2011)、Cirillo and Taleb (2016, 2018)。

重整化（Renormalization）：Galam (2008, 2012)。Binney et al. (1992)提到重整化群（renormalization group）。

血緣濃厚（Thick Blood）：Margalit (2002)。

有界理性（Bounded Rationality）：Gigerenzer and Brighton (2009)、Gigerenzer (2010)。

林迪效應（Lindy Effect）：Eliazar (2017)、Mandelbrot (1982, 1997)；也參考《反脆弱》。

科林斯的佩里安德（Periander of Corinth）：見《早期的希臘哲學：初期和早年的愛奧尼亞思想家》第一部（*Early Greek Philosophy: Beginning and Early Ionian Thinkers*, Part 1）。

基因與少數法則（Genes and Minority Rule）：Lazaridis (2017)，與查洛爾（Zalloua）私人討論。語言移動得遠快於基因。北歐人驚訝於聽到（一）古希臘人和現代希臘人可以實際上是相同的人，（二）腓尼基人等「閃族人」（Semitic people）在基因上更接近「印歐」古代人，甚於接近「猶太人」（Semites），但語言相距甚遠。

技術性附錄

A. 切膚之痛和尾部機率

本節將分析有委託－代理問題存在時，尾部風險與報酬的機率性不相稱。

傷害移轉：如果一名代理人的隨機變數報償有上檔利益，卻沒有下檔損失，而且只根據過去的績效評量他的表現，那麼他會有誘因，使用負偏態（或者推而廣之，不對稱）的績效分布，隱藏左尾的風險。這可以概化到一個人沒有承擔他的行動帶來的全部風險和負面後果的任何報償。

令$P(K, M)$為M誘因期間，操作者的報償：

$$P(K, M) \equiv \gamma \sum_{i=1}^{M} q_{t+(i-1)\Delta t} \left(x^{j}_{i+t\Delta t} - K\right)^{+} \mathbf{1}_{\Delta t(i-1)+t<\tau}$$

其中 $X^j = (x^j_{t+i\Delta t})_{i=1}^{M} \in \mathbb{R}$是獨立且相同分布的隨機變數，代表一段期間$[t, t+i\Delta t]$，$i \in \mathbb{N}, \Delta t \in \mathbb{R}^+$的利潤分布，而$K$是「最低障礙」（hurdle），$\tau = \inf\left\{s : \left(\sum_{z\leq s} x_z\right) < x_{\min}\right\}$是過去

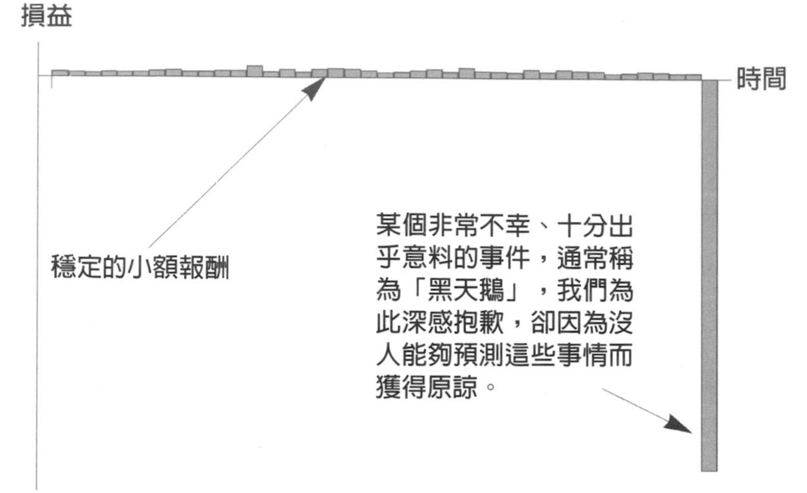
損益
時間
穩定的小額報酬
某個非常不幸、十分出乎意料的事件，通常稱為「黑天鵝」，我們為此深感抱歉，卻因為沒人能夠預測這些事情而獲得原諒。

圖七、鮑伯．魯賓交易。效益看得到（並用若干薪酬予以獎賞），但損害極為少見（並且由於缺乏切膚之痛而不受懲罰）的偏態領域中獲得的報償。可以概化到政治，以及懲罰薄弱的任何事情。

的績效狀況沒有達成時，停止時間的指標（也就是，在之前若干年中，表現出某一績效的狀況，否則報償流就會終止，遊戲結束，正誘因子停止）。常數$\gamma \in (0,1)$是一種「代理人報償」，或者從績效而來的薪酬流，但它不必是金錢（只要它能量化為「效益」）。數量$q_{t+(i-1)\Delta t} \in [1,\infty)$指在時間$t+(i-1)\Delta t$的曝險規模（原因在於伊藤滯後〔Ito lag〕，因為在s期間的績效，只由之前$<s$期間的q決定）。

令$\{f_j\}$為機率簇（family of probability），衡量f_j of X^j, $j \in \mathbb{N}$。每一個量數相對於一定的平均值／偏態特徵，而且我們可以在「中心性」（centrality）參數K的兩邊，對半分割它們的特質，成為「上層」和「下層」分布。我們把$dF_j(x)$寫成$f_j(x)dx$，如此$F_j^+=\int_K^\infty f_j(x)\,dx$和$F_j^-=\int_{-\infty}^K f_j(x)\,dx$，分別是「上層」和「下

層」分布，各相當於一定的條件期望值$\mathbb{E}_j^+ \equiv \frac{\int_K^\infty x f_j(x)dx}{\int_K^\infty f_j(x)\,dx}$和$\mathbb{E}_j^- \equiv \frac{\int_{-\infty}^K x\ f_j(x)dx}{\int_{-\infty}^K f_j(x)\,dx}$。

現在定義$\nu \in \mathbb{R}^+$為一個K中心無母數不對稱量數，$\nu_j \equiv \frac{F_j^-}{F_j^+}$，正不對稱的值>1，負不對稱的值<1。直覺上，偏態的機率和期望值是反向而動：負報償愈大，補償的機率愈小。

我們不假設「公平遊戲」（fair game），也就是報酬沒有界限。$m \in (-\infty,\infty)$, $F_j^+\ \mathbb{E}_j^+ + F_j^-\ \mathbb{E}_j^- = m$，我們可以寫成$m^+ + m^- = m$。

常數q和單一條件停止時間的簡化假設

假設 q 為常數，$q = 1$，並且簡化停止時間條件為前面幾期沒有虧損，$\tau = \inf\{(t + (i-1)\Delta t)): x_{\Delta t(i-1)+t} < K\}$，這帶出

$$\mathbb{E}(P(K,M)) = \gamma\ \mathbb{E}_j^+ \times \mathbb{E}\left(\sum_{i=1}^{M} \mathbf{1}_{\Delta t(i-1)+t<\tau}\right)$$

由於假設代理人的報償獨立且相同分布，停止時間的期望值相當於停止時間的期望值乘以代理人的期望薪酬$\gamma\ \mathbb{E}_j{}^+$。而且$\mathbb{E}\left(\sum_{i=1}^{M} \mathbf{1}_{\Delta t(i-1)+t<\tau}\right) = \left(\mathbb{E}\left(\sum_{i=1}^{M} \mathbf{1}_{\Delta t(i-1)+t<\tau}\right) \wedge M\right)$。

停止時間的期望值，可以寫成以前沒有損失的條件下，成功的機率：

$$\mathbb{E}\left(\sum_{i=1}^{M} \mathbf{1}_{\Delta t(i-1)+t<\tau}\right) = \sum_{i=1}^{M} F_j^+\ \mathbf{1}_{x_{\Delta t(i-1)+t}>K}$$

我們可以用不間斷的一連串成功運行來表示停止時間。令$\sum$為連續成功運行的有序集合$\sum \equiv \{\{F\}, \{SF\}, \{SSF\}, ..., \{(M-1)$ 連續性$S, F\}\}$，其中S是期間Δt成功，F是失敗，相關的對應機率是$\{(1-F_j^+), F_j^+(1-F_j^+), F_j^{+2}(1-F_j^+), ..., F_j^{+M-1}(1-F_j^+)\}$,

$$\sum_{i=1}^{M} F_j^{+(i-1)}\left(1-F_j^+\right) = 1 - F_j^{+M} \simeq 1$$

當M是很大的數時，由於$F_j^+ \in (0,1)$，我們可以視前者幾乎為等式，因此：

$$\sum_{i=1}^{M} \mathbf{1}_{t+(i-1)\Delta t<\tau} = \sum_{i=1}^{M}(i-1)\ F_j^{+(i-1)}\left(1-F_j^+\right) = \frac{F_j^+}{1-F_j^+}$$

最後，代理人的期望報償為：

$$\mathbb{E}\left(P(K,M)\right) = \ \gamma\ \mathbb{E}_j^+ \frac{F_j^+}{1-F_j^+}$$

它會因為(i)$\mathbb{E}_j^+$增加，(ii)將損失F_j^-的機率減到最低而增加，但核心要點是，即使犧牲從整個集合而來的總期望值m，只要發生(i)和(ii)，也是這樣。

讓人擔憂的是，由於$\mathbb{E}_j^+ = \frac{m-m^-}{F_j^+}$，如果來自分布的左端'$m$，代理人並不關心總期望報酬率$m$下降。在偏態空間中觀察，期望代理人報償在分布$j$的最低值（$\nu_j$最大負不對稱）的情況下達到最大。沒有切膚之痛的正誘因總期望值，取決於負偏態，而不是取決於m。

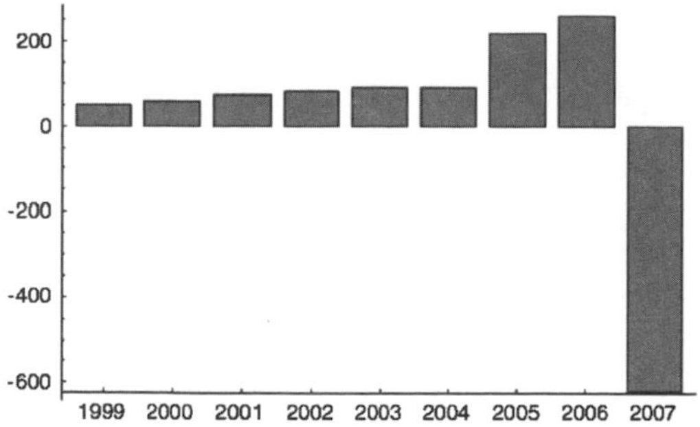

圖八、次級貸款危機期間破產的公司英地美（Indy Mac；摘自 Taleb 2009）。從這張圖可以看出在沒有虧損的情況下，風險不斷升高，直到轟然一聲爆炸。

B. 機率可持續性和遍歷性

動態風險承擔：如果你重複承擔風險——任何風險——計算方法是每個壽期的曝險，或者以縮短剩餘壽期的方式。

毀滅特質：毀滅機率是在單一代理人的時間領域，而且不對應於狀態空間（或集群）尾部機率。也不是這兩個領域之間的可取代期望。代理人從狀態空間估計算得到，對於尾部事件「高估」（將導致毀滅）所說的話，因此有瑕疵。關於代理人「理性」的許多理論，是根據錯誤的估計運算子或機率量數。

這是槓鈴策略背後的主要原因。

這是隨機變數和時間相依、路徑相依微分函數報償之間混為一談的特殊情況。

用比較少的技術語言翻譯如下：

如果平均四呎深，不要過河*。

* 引自本書作者與 P. Jorion 辯論，一九九七年，以及 Taleb 2007。

簡化的一般情況

拿個極其簡化的例子來說，有正實數$(\mathbb{R}^+)$支撐的獨立隨機變數$(X_i)_{i=1}^n = (X_1, X_2, \ldots X_n)$序列。古典機率理論的收斂定理處理總和或平均值的行為：依（弱）大數法則（機率收斂），$\lim_{n\to\infty} \frac{1}{n} \sum_i^n X_i = m$。如同第十九章的賭場故事所說的，$n$無限大之後，產生機率的收斂，得到真正的平均報酬率$m$。雖然大數法則適用於可以完全以時間分隔的$i$次抽取，但它假設（若干）獨立性，當然還有路徑相依性。

現在考慮$(X_{i,t})_{t=1}^T = (X_{i,1}, X_{i,2}, \ldots X_{i,T})$，其中每一種狀態變數$X_i$是與時間單位$0 < t < T$連動。假設「時間事件」是由完全相同的機率分布$P(X_i) = P(X_i, t)$抽取。

我們定義時間機率為單一代理人i隨著時間的演變。

在終端存在的情況下，那是不可逆的、毀滅的，每個觀察值現在都以前一個觀察值的某個屬性為條件，也就是在期間 t 發生的事，取決於t -1，在t -1發生的事，取決於t -2，依此類推。我們現在有路徑相依。

接下來就是我們所說的遍歷性失敗：

定理 1（狀態空間－時間不等式）：假定$\forall t, P(X_t = 0) > 0$及$X_0 > 0$，靜態初期期間$t$的狀態空間期望值為$\mathbb{E}_N(X_t) < \infty$，$\mathbb{E}_T(X_i)$是任何代理人$i$的時間期望值，兩者都得自弱大數法則。我們有

$$\mathbb{E}_N(X_t) \geq \mathbb{E}_T(X_i)$$

證明：

$$\forall t, \lim_{n\to\infty}\frac{1}{n}\sum_{i}^{n}\mathbb{1}_{X_{i,t-1}>0}X_{i,t}=m\left(1-\frac{1}{n}\sum_{i}^{n}\mathbb{1}_{X_{i,t-1}\leq 0}\right)。$$

其中$\mathbb{1}_{X_{t-1}>0}$是需要在上一個期間存活的指標函數。因此，t的n極限表現出時間期望值遞減的現象：

$$\mathbb{E}_N(X_{t-1})\leq\mathbb{E}_N(X_t)。$$

我們實際上可以證明分歧。

$$\forall i, \lim_{T\to\infty}\frac{1}{T}\sum_{t}^{T}\mathbb{1}_{X_{i,t-1}>0}X_{i,t}=0。$$

令$T<\infty$，我們可以看出，藉迭代期望法則的遞歸，我們得到了所有T的不等式。

我們可以看到任何期間t，風險承擔者集群的期望報酬率$m(1-\frac{1}{n}\sum_i^n \mathbb{1}_{X_{i,t-1}=0})$，而每個單一風險承擔者保證最後會一無所有。

其他方法：我們也可以用一種衡量理論方法（a measure-theoretic way），更正式地處理證明過程：指出雖然「非毀滅」空間集$\mathcal{A}$不相交，時間集卻不然。這個方法依賴一個事實，也就是對量數ν來說：

$$\left(\bigcup_T \mathcal{A}_t \bigcap_{\leq t}\mathcal{A}_i^c\right)不見得等於\nu\left(\bigcup_T \mathcal{A}_t\right)$$

透過選擇權，討論尾部風險精算「高估」的幾乎所有的論文（見Barberis 2003中的評論），因為定理一的不等式而歸於無效。它們顯然假設單一的決策或曝險，才有代理人存在。簡單的說，原始的論文記載的「偏差」，假定代理人永遠不會在他們的餘生中再做另一次決策。

這種路徑相依——如果只取決於毀滅——的一般解法，是引進一個X的函數，使集群（路徑獨立）的平均值和時間（路徑相依）的平均值——或者以存活為條件的平均數——有相同的特質。自然對數似乎是不錯的選擇。因此，$S_n = \sum_{i=1}^{n} \log(X_i)$和$S_T = \sum_{t=1}^{T} \log(X_t)$屬於相同的機率類別；因此其中之一相對於另一的機率量數是不變的——即所謂的遍歷性。從這個意義上講，在毀滅的情況下，分析績效和風險時，有必要使用變數或左尾的有界性（boundedness，Kelly 1956）的對數轉換（Peters 2011），同時將右尾的機會或左尾的有界性（Geman et al. 2015）最大化（Gell-Mann 2016）。

> 我們在這裡說明的是，除非進行對數轉換（或者在x = 0時，類似——平滑——的函數產生-∞的毀滅集），否則兩個期望值會分歧。預防原則的整個要點，是藉降低毀滅機率，以避免必須依賴對數或轉換。

Peters和Gell-Mann（2014）在他們的權威性論文指出，白努利使用對數，不是為了凹性「效用」函數（concave "utility" function），而是與凱利準則（Kelly criterion）一樣，要恢復遍歷性。我們稍微做一點歷史回顧：

- 白努利發現在「效用」的假象下有對數風險承擔。
- 凱利和索普重新找到最大成長標準的對數為最佳的賭博策略。凡事都與效用無關。
- 薩繆遜貶斥對數具侵略性，不曉得半對數（或部分對數〔partial logarithm〕），即在部分財富（partial of wealth）便可以做到。從門格爾（Menger）到艾洛（Arrow），經過切爾諾夫和薩繆遜，許多決策理論被證明犯了遍歷性的錯誤。
- 皮特曼（Pitman）於一九七五年指出，布朗運動在〇時，受制於一個吸收壁，加上截尾吸收路徑（censored absorbing paths），成為一個三維的貝塞爾程序（Bessel process）。存活路徑的偏移是$1/x$，並整合到對數中。
- 彼得斯和蓋爾曼恢復了遍歷性的對數，此外，將凱利—索普的結果置於嚴謹的物理基礎上。
- 本書作者和奇里洛（Taleb and Cirillo 2015）發現對數作為獨特的平滑轉換，產生一個雙對的分布，以消除單尾緊支撐（compact support），允許使用極值理論。
- 我們可以證明（Briys and Taleb，進行中，以及私人通訊）有必要利用對數轉換，作為簡單的毀滅避免方法，而這正好是HARA效用類別的特殊情況。

調整定理一以適用於布朗運動

簡化的討論帶來的含義，不會改變一個人是否使用更豐富的模式，例如受制於吸收壁、完全隨機的過程。當然了，在自然環境下，以前的生命有可能全部消滅（也就是說，X_t 可以是極端的負值），而不只是一個停止條件。彼得斯和蓋爾曼的論點也消除了如果你加進厚尾（因此，結果大為嚴峻，推動等同於毀滅的某種水準），以及缺乏時間和集群的可替代性之後，所謂的權益溢價（equity premium）之謎。我們不再有難題。

如果一個人使用布朗運動式、受制於吸收壁的隨機程序，現實生活中的這個問題是不變的。為取代我們將有的簡化表示，對於受制於L的一個程序，有個如下所示的算術版本吸收壁：

$$\forall i, X_{i,t} = \begin{cases} X_{i,t-1} + Z_{i,t}, & X_{i,t-1} > L \\ 0 \end{cases}$$

或者，對於幾何程序來說：

$$\forall i, X_{i,t} = \begin{cases} X_{i,t-1}(1+Z_{i,t}) \approx X_{i,t-1}e^{Z_{i,t}}, & X_{i,t-1} > L \\ 0 \end{cases}$$

其中Z是一個隨機變數。

至於連續性時間，且考慮幾何情況，令$\tau = \{\inf t : X_{i,t} > L\}$為停止時間。這種方法的目的，是讓停止時間的簡單期望值與剩餘壽期保持一致——或者維持在相同的階層中。

我們將注意焦點，從機率轉移到毀滅的停止時間τ和剩餘壽期之間的不適配。

C. 機率可持續性原則

原則：一個單位需要冒任何風險，就好像它要在剩餘的壽期內，一再——以指定的頻率——冒險那樣。

對下列論點來說，可持續性原則是必要的。雖然實驗是靜態的（我們見過狀態空間和時間之間被混為一談），生命卻是持續進行的。如果你遭遇「一次性」風險的小小毀滅性機率，活了下來，然後再做一次（另一次「一次性」交易），你最後會毀滅的機率是一。混淆的原因是「一次性」風險看起來可能合理，但這也意味著另一次風險是合理的（見圖九）。好消息是，有些類別的風險可以被視為機率實際上等於零：地球在三十億年的期間內，每天經歷數兆次自然變化而存活下來，否則我們不會在這裡。我們可以使用條件機率參數（經存活者偏差〔survivorship bias〕調整），以消除系統中的毀滅機率。

現在，我們不必使$t \to \infty$，也不需要永久的可持續性。我們可以只延長存活時間。t愈長，期望值運算元愈分歧。

以離散和簡化的模式中，無條件的毀滅期望停止時間來說：$\mathbb{E}(\tau \wedge T) \approx \mathbb{E}(\tau) = \sum_{i=1}^{\lambda N} i \left(\frac{p}{\lambda}\left(1-\frac{p}{\lambda}\right)^{i-1}\right)$，其中$\lambda$是每個期間的曝險次數，$T$是整體的剩餘壽期，$p$是毀滅機率，兩者都是在固定$p$的同一期間。由於$\mathbb{E}(\tau)=\frac{\lambda}{p}$，我們可以校準重複情況下的風險。預期壽命$T$愈長（以期間表示），毀滅的問題愈嚴重。人類和植物的存活期間短，大自然則不然——t至少為10^8

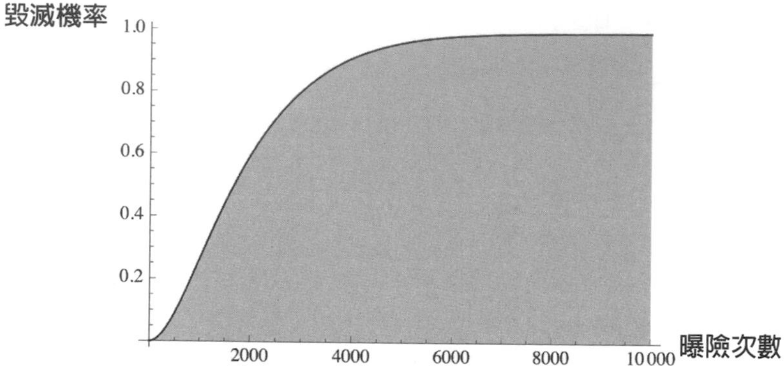

圖九、為什麼毀滅不是可再生資源。不管機率有多小，勢必擊向毀滅壁的東西，幾乎肯定會擊中。不應將風險視為「一次性」事件。

年——因此$O(10^{-8})$的年毀滅機率和（增量更加緊密的）局部性毀滅機率最多為$O(10^{-50})$。在個別物種生態系統的階層愈高，毀滅問題愈嚴重。這個二元性取決於$t\to\infty$；因此，對於非永久性、存活期間有限的項目來說，這方面的要求是不必要的。

厚尾論點：一個系統愈能交付大偏差，毀滅問題愈糟糕。

我們將更廣泛地討論厚尾問題。程序的變異顯然十分重要；但是沒有超過毀滅門檻的總體偏差無關緊要。

對數轉換

在可持續性的公理下，亦即「一個人應該承擔風險，就像你要永遠這樣做」，只有對數（或類似的）轉換適用。

厚尾現象（fattailedness）是一種特質，在隨機變數缺少緊支撐的情況下，通常令人擔憂，當變數有界時，就不那麼叫人憂心。但由於我們見到需要使用對數轉換，在[0, ∞)中得到支撐的隨機變數，現在在（-∞, ∞）得到支撐，因此，從極值理論導出的特質，現在可以應用到我們的分析中。同樣的，如果定義傷害為一個正數，上界H對應於毀滅，則有可能將它從[0, H] 轉換為 [0, ∞)。

Cramér和Lundberg在保險分析中發現了困難；見Cramér 1930。

遍歷性註解*：遍歷性在統計上不能識別，無法觀測，而且有遍歷性的時間序列未經測試，類似Dickey-Fuller之於穩態（stationarity；或Phillips-Perron之於整合階〔integration order〕）。更重要的是：

如果你的結果取自時間序列的觀察值，你如何能對集群機率量數做出宣告？

答案類似於套利（arbitrage），它未經統計測試，但重要的是，有一個機率量數確定了事前（「天底下沒有免費午餐」的論點）。此外，以透過（例如）動態避險動作（dynamic hedging）的「自籌資金」（self-financing）策略論點來說。在極限上，我們假設，大數法則將壓縮報酬率，而且永遠不會有損失和到達吸收壁。它滿足了我們的遍歷性標準，但沒有得到統計上的量數。此外，幾乎所有關於跨期投資／消費（intertemporal investments/consumption）的文獻都要求沒有毀滅。

我們並沒有斷言某種證券或隨機過程有遍歷性，但是，由於它的集群機率（假設透過主觀機率，以橫斷面方法取得，或者簡單地由套利參數確定），風險承擔策略應符合這些特質。所以遍

* 感謝 Andrew Lesniewski 的提問，有助於定義我們所說的遍歷性意義，因爲這裡的意義不同於統計物理學。

歷性涉及隨機變數或程序的函數，而不是程序本身。此外，函數不應該允許毀滅。

換句話說，假設標準普爾五百股價指數（S&P500）有一定的期望報酬率「阿爾發值」（alpha），遍歷性策略將生成一個策略，如凱利準則，以捕獲假設的阿爾發值。如果沒有的話，因為吸收壁或其他的東西，它沒有遍歷性。

D. 厚尾的技術性定義

極薄尾（Bernoulli）與極厚尾之間的機率分布範圍。由於力矩（moments）的收斂特質，通常區分開來的分布類別包括：(1)具有不退化的緊支撐、(2)次高斯（Subgaussian）、(3)高斯（Gaussian）、(4)次指數（Subexponential）、(5)指數大於三的冪次法則、(6)指數小於或等於三，以及大於二的冪次法則、(7)指數小於或等於二的冪次法則。尤其是，冪次法則分布只有在指數大於一的情況下，才有有限的平均值，而且只有當指數超過二，才有有限的變異數。

我們感興趣的是區分尾部事件主控衝擊力量的狀況，作為分布類別之間界限的正式定義，用以視之為平常世界和極端世界。這些之間的自然界限，發生在具有下述特質的次指數類別：

令$\mathbf{X} = (X_i)_{1 \leq i \leq n}$為獨立且相同分布的隨機變數，在$(\mathbb{R}^+)$有支撐，累積分布函數為$F$。次指數類分布的定義是（見Teugels 1975, Pitman 1980）：

$$\lim_{x \to +\infty} \frac{1 - F^{*2}(x)}{1 - F(x)} = 2$$

其中$F^{*2} = F' * F$是X的兩個獨立副本之和$X_1 + X_2$的累積分布。這表示$X_1 + X_2$之和超過x值的機率，是任一個別超過x的機率的兩倍。因此，x值如果夠大，每次和數超過x，和數的值不是因為其一，就是因為另一超過x——兩個變數的極大值——而另一的貢獻極微。

推而廣之，可以證明n個變數之和，是以相同的方式，由這些變數的最大值主控。正式的說，以下兩個特質相當於次指數條件（見Chistyakov 1964, Embrechts et al. 1979）。對於給定的$n \geq 2$，令$S_n = \Sigma_{i=1}^{n} x_i$和$M_n = \max_{1 \leq i \leq n} x_i$

a) $\lim_{x\to\infty} \frac{P(S_n > x)}{P(X > x)} = n$

b) $\lim_{x\to\infty} \frac{P(S_n > x)}{P(M_n > x)} = 1$

因此，和數S_n的大小和最大的樣本M_n相同，這是說尾部扮演最重要角色的另一種方式。

直觀的說，次指數分布的尾部事件應該下降得比大尾部事件不相關的指數分布要緩慢。事實上，我們可以證明，次指數分布沒有指數矩（exponential moments）：

$$\int_0^{\infty} e^{\epsilon x} \, dF(x) = +\infty$$

對大於ε的所有值而言，上式成立。但是反之則不然，因為分布可以沒有指數矩，卻不滿足次指數條件。

我們注意到，如果我們選擇將偏差表示為變數x的負值，由於極端負值的對稱性，相同的結果會維持，以$x \to +\infty$取代$x \to -\infty$。對於雙尾變數，我們可以分別考慮正負域。

參考書目

Altham, J.E.J., 1984. "Ethics of Risk." *Proceedings of the Aristotelian Society*, new series, 84 (1983–1984): 15–29.

Ammianus Marcellinus. *History*, vols I and II. Loeb Classics, Harvard University Press.

Barberis, N., 2013. "The Psychology of Tail Events: Progress and Challenges." *American Economic Review* 103(3): 611–616.

Bar-Yam, Yaneer, and Hiroki Sayama, 2006. "Formalizing the Gene Centered View of Evolution." In *Unifying Themes in Complex Systems*, pp. 215–222. Berlin, Heidelberg: Springer-Verlag.

Binmore, K., 2008. *Rational Decisions*. Princeton, N.J.: Princeton University Press.

Binney, James J., Nigel J. Dowrick, Andrew J. Fisher, and Mark Newman, 1992. *The Theory of Critical Phenomena: An Introduction to the Renormalization Group*. Oxford: Oxford University Press.

Blackburn, S., 2001. *Ethics: A Very Short Introduction*. Oxford: Oxford University Press.

Broad, C. D., 1930. *Five Types of Ethical Theory*. London: Kegan Paul.

Chistyakov, V., 1964. "A Theorem on Sums of Independent Positive Random Variables and Its Applications to Branching Random Processes." *Theory of Probability and Its Applications* 9(4): 640–648.

Cirillo, Pasquale, and Nassim Nicholas Taleb, 2018. "The Decline of Violent Conflicts: What Do the Data Really Say?" Nobel Foundation.

——, 2016. "On the Statistical Properties and Tail Risk of Violent Conflicts." *Physica A: Statistical Mechanics and Its Applications* 452: 29–45.

Cramér, H., 1930. *On the Mathematical Theory of Risk*. Centraltryckeriet.

Downey, Glanville, 1939. "Julian the Apostate at Antioch." *Church History* 8(4): 303–315.

——, 1959. "Julian and Justinian and the Unity of Faith and Culture." *Church History* 28(4): 339–349.

Eliazar, Iddo, 2017. "Lindy's Law." *Physica A: Statistical Mechanics and Its Applications*.

Embrechts, Paul, et al., 1997. *Modelling Extremal Events: for Insurance and Finance*. Berlin, Heidelberg: Springer-Verlag.

Embrechts, P., C. M. Goldie, and N. Veraverbeke, 1979. "Subexponentiality and Infinite Divisibility." *Probability Theory and Related Fields* 49(3): 335–347.

Fontanari, Andrea, Nassim Nicholas Taleb, and Pasquale Cirillo, 2017. "Gini Estimation Under Infinite Variance."

Fox, Robin Lane, 2006. *Pagans and Christians: In the Mediterranean World from the Second Century A.D. to the Conversion of Constantine*. Penguin U.K.

Galam, Serge, 2008. "Sociophysics: A Review of Galam Models." *International Journal of Modern Physics* C 19(03): 409–440.

——, 2012. *Sociophysics: A Physicist's Modeling of Psycho-Political Phenomena*. Berlin, Heidelberg: Springer-Verlag.

Geman, D., H. Geman, and N. N. Taleb, 2015. "Tail Risk Constraints and Maximum Entropy." *Entropy* 17(6): 3724. Available: http://www.mdpi.com/1099-4300/17/6/3724.

Gigerenzer, G., 2010. "Moral Satisficing: Rethinking Moral Behavior as Bounded Rationality." *Topics in Cognitive Science* 2: 528–554.

Gigerenzer, G., and H. Brighton, 2009. "Homo Heuristicus: Why Biased Minds Make Better Inferences." *Topics in Cognitive Science* 1(1): 107–143.

Grossman, S. J., and O. D. Hart, 1983. "An Analysis of the Principal-Agent Problem." *Econometrica*, 7–45.

Halbertal, Moshe, 2012. *On Sacrifice*. Princeton, N.J.: Princeton University Press.

Hölmstrom, B., 1979. "Moral Hazard and Observability." *The Bell Journal of Economics*, 74–91.

Isocrates, 1980. Three volumes. Loeb Classical Library, Harvard University Press.

Karkaby, Farid, 2017. "Islamic Finance: A Primer." Unpublished manuscript.

Kelly, J. L., 1956. "A New Interpretation of Information Rate." *IRE Transactions on Information Theory* 2(3): 185–189.

Lamont, Michèle, 2009. *The Dignity of Working Men: Morality and the Boundaries of Race, Class, and Immigration*. Cambridge, Mass.: Harvard University Press.

Lazaridis, Iosif, et al., 2017. "Genetic Origins of the Minoans and Mycenaeans." *Nature* 548, no. 7666: 214–218.

MacLean, Leonard C., Edward O. Thorp, and William T. Ziemba, 2011. *The Kelly Capital Growth Investment Criterion: Theory and Practice*, vol. 3. World Scientific.

Mandelbrot, Benoit, 1982. *The Fractal Geometry of Nature*. Freeman and Co.

——, 1997. *Fractals and Scaling in Finance: Discontinuity, Concentration, Risk*. New York: Springer-Verlag.

Mandelbrot, Benoit B., and N. N. Taleb, 2010. "Random Jump, Not Random Walk." In Richard Herring, ed., *The Known, the Unknown, and the Unknowable*. Princeton, N.J.: Princeton University Press.

Margalit, Avishai, 2002. *The Ethics of Memory*. Cambridge, Mass.: Harvard University Press.

Nagel, T., 1970. *The Possibility of Altruism*. Princeton, N.J.: Princeton University Press.

Nowak, Martin A., Corina E. Tarnita, and Edward O. Wilson, 2010. "The Evolution of Eusociality." *Nature* 466, no. 7310: 1057–1062.

Ostrom, Elinor, 1986. "An Agenda for the Study of Institutions." *Public Choice* 48(1): 3–25.

——, 2015. *Governing the Commons*. Cambridge University Press.

Parfit, Derek, 2011. *On What Matters*. Vols. 1–3. Oxford: Oxford University Press.

Periander of Corinth. In *Early Greek Philosophy: Beginning and Early Ionian Thinkers, Part 1*. Loeb Classical Library, Harvard University Press.

Peters, Ole, 2011. "The Time Resolution of the St Petersburg Paradox." *Philosophical Transactions of the Royal Society of London A: Mathematical, Physical and Engineering Sciences* 369(1956): 4913–4931.

Peters, Ole, and Murray Gell-Mann, 2016. "Evaluating Gambles Using Dynamics." *Chaos: An Interdisciplinary Journal of Nonlinear Science* 26(2): 023103. Available: scitation.aip.org/content/aip/journal/chaos/26/2/10.1063/1.4940236

Piketty, Thomas, 1995. "Social Mobility and Redistributive Politics." *The Quarterly Journal of Economics* 110(3): 551–584.

——, 2015. *Capital in the Twenty-first Century*. Cambridge, Mass.: Harvard University Press.

Pinker, Steven, 2011. *The Better Angels of Our Nature: Why Violence Has Declined*. Penguin.

Pitman, E. 1980. "Subexponential Distribution Functions." *Journal of the Australian Mathematical Society*, Series A, 29(3): 337–347.

Pitman, J. W., 1975. "One-Dimensional Brownian Motion and the Three-Dimensional Bessel Process." *Advances in Applied Probability* 511–526.

Pratt, J. W., R. Zeckhauser, and K. J. Arrow, 1985. *Principals and Agents: The Structure of Business*. Harvard Business Press.

Prichard, H. A., 2002. "Duty and Ignorance of Fact." *In Moral Writings*, ed. J. MacAdam. Oxford: Oxford University Press.

Rank, Mark Robert, and Thomas Hirschl, 2015. "The Likelihood of Experiencing Relative Poverty Over the Life Course." *PLOS One* 10(7).

Rank, Mark Robert, Thomas Hirschl, Kirk A. Foster, 2014. *Chasing the American Dream: Understanding What Shapes Our Fortunes*. Oxford: Oxford University Press.

Read, R., and N. N. Taleb, 2014. "Religion, Heuristics and Intergenerational Risk-Management." *Econ Journal Watch* 11(2): 219–226.

Rescher, N., 2009. *Ignorance: On the Wider Implications of Deficient Knowledge*. Pittsburgh: University of Pittsburgh Press.

Ross, David, 1939. *The Foundations of Ethics*. Oxford: Clarendon Press.

——, 1930. *The Right and the Good*. Rev. ed., 2002, ed. P. Stratton-Lake. Oxford: Clarendon Press.

Ross, S. A., 1973. "The Economic Theory of Agency: The Principal's Problem." *The American Economic Review* 63(2): 134–139.

Rutherford, Alex, Dion Harmon, Justin Werfel, Alexander S. Gard-Murray, Shlomiya Bar-Yam, Andreas Gros, Ramon Xulvi-Brunet, and Yaneer Bar-Yam. "Good Fences: The Importance of Setting Boundaries for Peaceful Coexistence." *PLOS One* 9(5): e95660.

Sandis, Constantine, 2012. *The Things We Do and Why We Do Them*. Palgrave Macmillan.

Sandis, Constantine, and Nassim Nicholas Taleb, 2015. "Leadership Ethics and Asymmetry." In *Leadership and Ethics*, ed. Boaks and Levine, 233. London: Bloomsbury.

Stiglitz, J. E., 1988. "Principal and Agent." In *The New Palgrave Dictionary of Economics*, vol. 3. London: Macmillan.

Taleb, N. N., 2007. "Black Swans and the Domains of Statistics." *The American Statistician* 61(3): 198–200.

Taleb, N. N., and P. Cirillo, 2015. "On the Shadow Moments of Apparently Infinite-Mean Phenomena," *arXiv preprint arXiv:1510.06731*.

Taleb, N. N., and R. Douady, 2015. "On the Super-Additivity and Estimation Biases of Quantile Contributions." *Physica A: Statistical Mechanics and Its Applications* 429: 252–260.

Taleb, N. N., and C. Sandis, 2013. "The Skin in the Game Heuristic for Protection Against Tail Events." *Review of Behavioral Economics* 1(1).

Teugels, J. L., 1975. "The Class of Subexponential Distributions." *The Annals of Probability*, vol. 3, no. 6, pp. 1000–1011.

Thompson, D. F., 1983. "Ascribing Responsibility to Advisers in Government." *Ethics* 93(3): 5466–0.

Thorp, Edward O., 2006. "The Kelly Criterion in Blackjack, Sports Betting and the Stock Market." *Handbook of Asset and Liability Management* 1: 385–428.

Tirole, J., 1988. *The Theory of Industrial Organization*. Cambridge, Mass.: MIT Press.

Wardé, I., 2010. *Islamic Finance in the Global Economy*. Edinburgh University Press.

Wilken, R. L., 2003. *The Christians as the Romans Saw Them*. New Haven, Conn.: Yale University Press.

Williams, B., 1993 *Shame and Necessity*. Cambridge: Cambridge University Press.

Wilson, D. S., and E. O. Wilson, 2007. "Rethinking the Theoretical Foundation of Sociobiology." *The Quarterly Review of Biology* 82(4): 327–348.

Zimmerman, M. J., 2008. *Living with Uncertainty: The Moral Significance of Ignorance*. Cambridge: Cambridge University Press.

LOCUS

LOCUS

LOCUS

LOCUS